上海教师教育丛书
知新书系

学语习文

小学语文阅读教学
设计指要

魏玉梅 著

上海教育出版社
SHANGHAI EDUCATIONAL
PUBLISHING HOUSE

上海教师教育丛书编委会

主　　任　王　平　尹后庆
副 主 任　李永智
编　　委　（以姓氏笔画为序）
　　　　　　王　平　王　洋　卞松泉　尹后庆
　　　　　　宁彦锋　朱益民　刘　芳　闫寒冰
　　　　　　李永智　李兴华　杨　荣　杨振峰
　　　　　　吴　刚　吴国平　张　瑾　陈　军
　　　　　　陈　霞　陈小华　陈永明　陈宇卿
　　　　　　周增为　恽敏霞　袁振国　奚晓晶
策　　划　吴国平

总　序

教育改革的步伐已经进入了关注教师发展的新阶段。不是因为课程改革已陷于制度性疲倦,不是因为评价改革终将受制于社会发展的瓶颈,也不是因为我们拥有超过千万的中小幼教师队伍,每年有数十万的青年人正在进入这个领域。课程也好,评价也罢,根本上它们都内在于教师。拥抱"教师的年代",不在于讨论有多少以教职为生计的人,而在于如何拥有师者的内在品质,值得学生效法,使自己从一名教者成长为一名真正的师者。

关注教师是国际教育改革的普遍趋势

制度化教育确立以来,课程长期占据着学校教育的中心地位。直到20世纪60年代,国际教育界才开始把视线转向教师。这是由于课程、教学、评价、管理这些学校层面的所有改革,最终都离不开教师。尽管半个世纪以来,教师职业到底算不算专业还存有不同的看法,但关于教师的专业化问题持续受到广泛关注。

中国向来具有别于西方的教育传统。中国古代教育有重教师、轻课程的传统,唯这种传统并未演化成现代意义上的教与学的机制,更未形成制度化的学校,因此循着传道授业解惑的路径发展教师素养的希冀,愿望虽好,但缺少登梯之阶,难以形成规范。近年来,随着教育国际交流的增进,尤其是上海学生在PISA项目中的表现,引来国际社会对中国教师组织化程度经验的关注,其中教研组和集体备课被认为是两大亮点。因为在西方,教师的教学行为被认为是从属于个人的专业行为,即便是同行也不得任意干预,可以想见,其结果便影响到授业与指导经验的传播。问题是,中国学校教研组的形式究竟以怎样的方式引导教师提升专业能力,尚缺乏充分的论证和公认的成果。理论上来说,一个组织如果确实发生了影响,既有可能是正面积极的,也有可能是负面消极的。教研组

对于教师的影响,既未被证实也未被证伪,能否成为经验尚待科学论证。至于集体备课,不久前在上海对近8000名中小学幼儿园教师所进行的问卷调研显示:面对庞杂的课程事实和众说纷纭的教师要求,一大批成长期的教师从茫然不知所措,到随波逐流;而所谓"成熟期"的教师则顾影自怜地停留在自我经验的世界中,真正知识讲授型教师则难觅踪影。教师发展的局限已成为深化课程改革的短板,这样的局面不改变,教育质量有大滑坡的风险。

教师的成熟需要积累丰富的社会实践

在汉语中,我们把师者称为"老师",一般解释其中的"老"无义,表尊敬。其实《荀子·致士》中强调了做老师有四个条件,其中一条曰"耆艾而信,可以为师"。古人把50岁的人称为"艾",把60岁的人称为"耆",把70岁的人称为"老"。这或是"老师"称谓的早期由来。可见,年龄本是成为教师的一项先决的基本条件。只是在制度化教育出现以后,尤其是以分科为特征的知识传授成为学习的基本形式形成以来,这种年龄的限制才被取消。

古人为什么会对为师者设置年龄限制,是因为教师的职业属性是一名"杂家",这样的"杂家"不经过长期的、丰富的社会实践积累,是难以炼成的。在今人眼里,"杂家"似乎意味着专业程度低人一等。其实,无论是在古代中国还是在近代西方,强调的都是社会中的个体应具备多方面的才能。孔子所谓的"君子不器"不是在谈"杂家"吗?而马克思关于人的全面发展又何尝不是在谈"杂家"呢?及至当代,"把一个人在体力、智力、情绪、伦理各方面的因素综合起来,使他成为一个完善的人,这就是对教育基本目的的一个广义的界说"(《学会生存》)。这句话表明"杂家"较之于"专家"更近于"完善的人"。教师面对的是多姿多彩的学生,每个学生都有各自的阅历,他们的家庭、他们的生活、他们的所见所闻都不尽相同,每个学生都是一个完整的世界,每个学生又都是一个独特的世界。教师要想成为学生精神生活的指引者,自己必须是一个精神生活丰富的人。而精神生活丰富的基础就是有渊博的知识,不仅是专业知识,而且是与之相关的各方面的知识。

岗位成长已成为教师专业发展的共识

我们拥有成熟的师范教育体系,拥有完备的教师任职制度,是否就意味着我们拥有了优秀教师的培养机制?想要回答这一问题,须明了教师是师范院校培养的吗?教师资格认证制度是从教的当然资质吗?

教师知识与技能的习得途径主要有三种:一是书本阅读,二是课堂知识传授,三是实践体悟。前两种可以通过岗前培养与训练获得,后一种则需要在岗锻炼习得。这就意味着,一名真正合格的教师无法在职前培养中完成,亦无法依靠教师资格认证制度自然解决。这也可以解释为什么近年来相当数量的示范性高中多从综合性大学招收新任教师,是示范性高中教学要求低,还是这些学校无视教育的专业属性?答案显然不是。教师的专业性主要不在于"知",而在于"行",即一名教师在从教岗位上的实践、探索、体验、反省和觉悟。可以认为,教师是在岗位实践中自我形塑的,师范院校也好,综合性大学也罢,都不过是为一名教师从教所做的预判性准备。

所谓教学,不是教师从书本上把知识搬家一样送到学生面前,它必须融入教师自己的透彻理解,没有教师的透彻理解很难有学生的透彻理解,"以其昏昏,使人昭昭"的事在教育上是难以发生的。在教师透彻理解的基础上,还必须考虑知识传授的方法。采取什么样的方法,除了教师的个人喜好外,还涉及知识的难易程度、学生的接受程度以及教学资源的承受能力等因素,取舍之间,包蕴着非常丰富的个性化知识。一名真正的优秀教师拥有丰富的个性化知识,犹如中医问诊中的察颜把脉。这种知识无法仅仅通过书本研读和知识传授获得,需要通过实践不断揣摩,从而得到一种内化了的知识。显然,它是一种非常个人化的特殊知识,需要教师在对每个学生"辨症"施教中不断积累,其习得主要依赖于教师的个人努力。由此,可以得到一条简单而又明确的结论:帮助一名从教者,使之成为一名真正的师者。可以说,帮助数以千万计的从教者,使其早日成长为师者,这是今日中国教师教育领域的一项重大课题。

助推教师成为教育的思想者、研究者、实践者和创新者

国家兴旺,教育为本;教育优先,教师为基。持续了半个世纪的教育改革浪潮把教师发展推到了历史的前台。在当代教育的历史进程中,教师不是单纯的任务执行者,而是教育的思想者、研究者、实践者和创新者。在专业发展的路径上,教师的主体地位、精神和意识得到了时代的推崇,教师专业化发展和对教师的重新发现将对教育产生重大影响。可以说,教师问题的重要性已无须讨论,而应考虑如何实践。

新一轮课程改革呼唤着教师创造性地施行教与学的行为。吊诡的是,一大批被应试熏陶出来的青年走上讲坛,他们却被要求培养有创新能力的学生。面对变化了的教学材料和教学要求,是施教者的一脸迷茫和不知所措。英国教育家沛西·能曾说过,教师是学生学习的最大动力。问题是,迷茫中的施教者如何才能让自己成为学生学习的动力呢?

基于上述认识,由上海市师资培训中心主持,联合上海师范大学、华东师范大学以及上海教育出版社等单位,倾力研发并打造了这套"上海教师教育丛书"。本丛书由"知会书系""知新书系"和"知困书系"三部分构成,分别聚焦新教师的教学规范、校本的教师研修经验以及优秀教师的成长启示,旨在从岗位上助推有资历和创造性的教师成长,这是我们的理想和愿望。

鉴于本书系不仅是上海也是国内自改革开放以来第一次全面系统开发的教师在岗培训教材,限于能力和水平,在编写过程中尚有诸多局限和不足,乞教于方家,不吝批评指正!

上海教师教育丛书编委会
2017 年 4 月

序

魏玉梅老师是上海市黄浦区语文教研员，曾在小学语文一线课堂执教12年，后任教研员工作22年。她凭着对语文教学的挚爱和热忱，始终坚守语文学科教学和研究，即便近年来承担繁重的行政管理工作，仍守望语文课堂，辛勤耕耘，不离不弃。"十三五"期间，魏老师研发并执教的《新课程背景下小学语文教学设计与实施》培训课程，经上海市教委审查通过，成为上海市小学语文教师培训共享课程。该课程聚焦一线语文教师课堂教学问题，努力体现教学理论与课堂教学实践有机结合，受到参培学员的一致好评和欢迎。这本《学语习文——小学语文阅读教学设计指要》，就是在培训课程讲稿的基础上，撷取其中最受学员喜欢的阅读教学设计部分，再度创作，经过五年的不懈努力，精心打磨而成，可以说这本书凝结着她教育生涯的全部智慧。

这是一本指导小学语文教师进行阅读教学设计的著作。教学设计理论著作的编写框架一般分为教学目标设计、教学内容设计、教学过程和方法设计、学生练习和活动设计等几个板块。魏玉梅老师的这本著作立足于小学语文教师的立场，从课堂教学实际需要出发，大胆创新编写结构。她从什么是阅读教学谈起，全面阐述了小学阅读教学的任务：着力于提升语言能力，着力于发展学生思维，着力于增强审美体验，着力于提高文化品位，瞄准学生语文核心素养的培养，凸显了鲜明的时代性。第二章"文本，指向价值"即文本解读，是当下小学语文教师最需要掌握的基本技能，魏老师结合自己多年来在教学实践中积累的文本解读经验，通过大量的实际案例，从文本解读的内容、文本解读的方法、文本解读的路径等几个方面，详细阐述了如何多元、有效地解读文本，有助于一线语文教师把握文本解读的方法，提高文本解读的能力，极具操作性。第六章"板书，历久弥新"、第七章"读写，心心相惜"都是一般教学设计著作中很少涉及的内容。魏老师打破常规，将这些内容独立成章，因为这些都是语文教师在课堂教学设计中

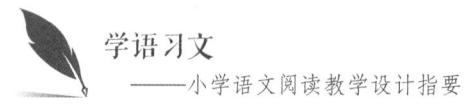

经常遇到并迫切希望解决的实际问题。这样构思全书的框架结构,既有助于语文教师获得较为系统的教学设计理论,又有助于他们掌握课堂教学设计实际的操作方法,理所当然受到广大教师的欢迎。

  这本书的一个鲜明特点就是通过大量课堂教学实例来阐述并印证教学设计的理论,使枯燥而又概念化的理论变得通俗易懂,增强了全书的可读性。特别是每章都附有"我的语文课",用鲜活的课堂教学案例佐证作者教学设计的一系列主张。难能可贵的是这些课例都是魏老师精心设计、反复打磨、亲身执教、经过课堂教学实践检验并获得专家同行好评的公开课或观摩课。以亲自执教的课例印证自己的教学主张,这一般出现在个人教学经验类书籍中,而在教学理论书籍中十分罕见。我们来读读《半截蜡烛》后附上的教学反思《一个不得不说的小故事》。魏老师为了保证教学设计的高质量,设计初稿完成后专门对学生进行了一次阅读测试,让学生自读课文完成导学题,半小时后讨论"如果你是戴高乐总统,你将会把荣誉勋章颁发给谁?理由是什么?"。从学生振振有词的辩论中可见,五年级学生独立阅读能力不可低估。她一遍遍地翻阅学生的答卷,思考学生通过独立阅读能读懂什么,以及什么才是学生学习的需求,然后推翻了原来的教案,重新进行教学设计。我曾经听过魏老师上的公开课《大瀑布的葬礼》,当时的语文课"教课文"现象非常普遍。以《大瀑布的葬礼》为例,很多教师就是引导学生认识大瀑布,了解它以前和现在不同的样子,再从大瀑布的变化、消失认识人类对环境的破坏,启示学生要保护环境,这样就把语文课上成了社会课、思想品德课。魏老师坚持"用课文来教学生学语文"。她没有停留在课文内容的分析理解上,而是把重点落在语言知识的学习上,落在"听、说、读、写"的实践活动中,真正体现了叶老说的"课文只是例子",语文课应该以课文为例子指导学生学习阅读、学习写作的思想。从这些课例中可以清楚地发现,魏老师对自己的教学设计认真负责,努力用先进的教学思想指导自己的课堂教学,旗帜鲜明地体现了语文课堂教学改革精神。

序

这门培训课程的成稿时间是在教育部统编教材出台之前,因此"语文要素""整本书阅读"等新概念在书中没有特别强烈地彰显出来。其实语文教学的原理和学生语文学习的规律基本是稳定的,不会因教材变化而发生改变。书稿编写中阐述的教学设计理论瞄准小学生语文学习规律,符合教学的基本规律,并针对当下语文课堂教学中存在的问题提出建议。比如语文教师都知道应该确定"三领域"教学目标,但教学目标呈现的往往是教师怎么教,其实教学目标的主体应该是学生,教学目标呈现的应该是学生怎么学,要表述学生的学习行为和内容,还要用行为动词对学习行为特征作出区分等。再如针对当下语文课教学内容太多太散、教师只求教过不求教会的现象,魏老师提出教学内容必须集中抓重点,要依据学生实际认知水平来选择,追求学生学会。她认为教师必须明白"伤其十指不如断其一指",要学会舍弃,这样才能使教学内容更有针对性和实效性。针对语文教学长期存在的读写失衡现象,书中特意编写了第七章"读写,心心相惜",指出将阅读材料作为写作训练的范例,让学生在感悟、模仿的基础上迁移运用。魏老师指出可设置情境或话题,让学生由这些情境话题入手,回忆已有的生活,调动已有的积累,表达自己的情感或见解,从而有效提高口头语言和书面语言的表达能力。这些问题揭示了当下语文教学中普遍存在的问题,有助于教师提高课堂教学效率,并帮助教师更深入地认识小学生语文学习规律和语文教学的基本原理,转变教学观念。

魏玉梅老师任教研员以来,一直坚持教育科学研究,对语文学科的性质、任务和教学特点的认识不断加深,教学观念发生了很大转变。《课程标准》指出:"语文课程是实践性课程,应着重培养学生的语文实践能力,而培养这种能力的主要途径也应是语文实践。"虽然语文教师一直在研究语文课如何以学生为主体,如何将课堂教学时间还给学生,但在实际教学中教师主宰课堂的顽疾一直难以根治。如何使语文课真正成为一门以学生语文实践为主的课程?最好的方法就是改变以教师讲解为主的教学方法,以学生学习语言文字运用的实践活动为主，在语言运用实践中提高学生的语言运用能力。魏老师通过悉心研究，根据文选型语文教材的特点，总结出阅读教学中设计语言文字运用活动的路径：从理解走向运用，在运用中加深理解；尝试进行语言表达方式的迁移；基于阅读材料，转换视角进行表达练习；展开想象，续编、扩写故事或写阅读感受；围绕同一主题或话题，运用相关写作知识，由此及彼迁移运用。她还总结出了单课读写练习设计方法，包括依托文本练仿写、利用留白练补写、重组语言练改写、拓展故事练续写、概括内容练缩写等。她上《大瀑布的葬礼》时创设了这样一个真实的语境：请你以巴西总统的身份写讲话稿，可以选用课文中的语句，也可以用上自己平时积累的语句，把课文中描写大瀑布今天和昨天的语句，以及菲格雷特总统号召世人为大瀑布做些什么、怎么做等内容重新整合进行表达。学生根据特定的语境、特定的身份和特定的听众对象，重新整合课文内容，这是非常有效的语言重构。她上《唯一的听众》时设计了一个写话练习，要求学生以老教授的口吻续写这个故事。她上《桂花雨》时要求学生将散落在各处描写桂花香气的句子重新组合，说说桂花盛开时、桂花成熟时、桂花摇落后的情形。这样的语言实践活动将阅读与表达融合在一体，具有挑战性，能激发学生学习语言的兴趣，极大提高学生的参与度，真正将课堂教学的时间用于学生学习语言文字运用的实践。

魏玉梅老师三十年如一日，坚持课堂教学实践研究。她刻苦学习，孜孜探索，追求卓越，笔耕不辍，这样的勇气和坚守难能可贵，非常值得广大语文教师学习。她所从事的语文教育事业还有很长的路要走，离鼎盛期还有一段距离。我们期待她继续开拓，不断创新，在语文教学改革的路上走得更好、走得更远！

上海师范大学　吴忠豪

2022 年 5 月

目 录

第一章 阅读,为学而教 /1

阅读教学基本要义 /2

我的语文课:二年级《曹冲称象》/16

第二章 文本,指向价值 /23

文本解读一般路径 /24

我的语文课:五年级《桂花雨》/36

第三章 目标,理清思路 /47

阅读教学目标设计 /48

我的语文课:五年级《大瀑布的葬礼》/60

三年级《令人神往的日内瓦》/67

第四章 内容,寻找秘妙 /73

阅读教学内容选择 /74

我的语文课:五年级《唯一的听众》/87

第五章　技巧,大道至简 /97

阅读教学方法举隅 /98

我的语文课:五年级《半截蜡烛》/119

第六章　板书,历久弥新 /133

阅读教学板书设计 /134

我的语文课:二年级《最后的玉米》/146

五年级《珍珠鸟》/152

第七章　读写,心心相惜 /159

阅读教学读写练习设计 /160

我的语文课:五年级《奇异的琥珀》/175

第八章　前辈,灯塔永恒 /185

斯霞《小壁虎借尾巴》/186

袁瑢《惊弓之鸟》/193

于永正《月光曲》/208

贾志敏《爸爸的老师》/218

李吉林《桂林山水》/227

参考文献 /240

附录 /244

后记 /248

第一章

阅读,为学而教

很喜欢林语堂说的一句话:"智者阅读群书,亦阅历人生。"他告诉我们阅读的重要性。《黄庭坚文集》里也曾这样写道:"一日不读书,尘生其中;两日不读书,言语乏味;三日不读书,面目可憎。"可见,阅读是一个人必备的能力。

曾国藩曾写家书劝诫后辈好好读书,并和他们分享了读书的方法:"一日看生书宜求速,不多读则太陋;一日温旧书宜求熟,不背诵则易忘;一日习字宜有恒,不善写则如身之无衣,山之无木;一日作文宜苦思,不善作则如人之哑不能言,马之跛不能行。四者缺一不可。"

阅读教学基本要义

语文课程围绕核心素养,可以分为四个学习领域,即识字与写字、阅读与鉴赏、表达与交流以及梳理与探究。其中,阅读与鉴赏是中小学语文课程中最为重要的学习领域。

一、什么是阅读

1. 阅读是认识世界的基本方式

什么是阅读?阅读是从文字中获取意义的心理过程,是人类社会生活的一项重要活动,是人们获取信息、认识世界的基本方式。阅读在本质上是一种智力活动。

2022年版《义务教育语文课程标准》(以下简称《课程标准》)指出,阅读是运用语言文字获取信息、认识世界、发展思维、获得审美体验的重要途径。阅读是一切学习能力的核心,阅读能力是学习其他学科的基础,它是语文学科中最重要的能力,也是现代人的基本素养。

阅读,与读书、学习几乎是同义词,学习如何阅读,就是学习如何学习。国际上通常把青少年的阅读学习分为"学会阅读"和"从阅读中学习"这两个阶段。"学会阅读"是指学生具备一定的识字量,掌握了基本的阅读技能,能对文字符号进行解码并从书面材料中获得意义;"从阅读中学习"是指为获取某种信息、查询重要的细节、解答某个问题、评估所阅读的材料、应用所阅读的材料、享受阅读的乐趣等而进行的阅读。学生在"学会阅读"的基础上,通过阅读,丰富自己的人生经验。[1]

PIRLS(Progress in International Reading Literacy Study,国际阅读素养进展研究)和 PISA(Programme for International Student Assessment,国际学生评估项

---

[1] 王荣生.阅读教学设计的要诀:王荣生给语文教师的建议[M].北京:中国轻工业出版社,2014:2.

目)这两个权威性的国际阅读测试均以"从阅读中学习"来界定"阅读"。

PIRLS 对"阅读素养"的描述是:(1)能够理解并运用书写语言的能力;(2)能够从各种文章中建构出意义;(3)能从阅读中学习;(4)参与学校及生活中阅读群体的活动;(5)在阅读中获得乐趣。可见,在 PIRLS 中,阅读能力不再局限于语文学科,它关注的是阅读的目的和情境,将阅读和生活相联系,将阅读融入生活的各个层面,并强调阅读的乐趣。

PISA 定义的"阅读素养",指以开发知识、潜能和参与社会生活为目的,对阅读材料(或文本)理解、运用和反思的能力。在 PISA 中,阅读素养的发展不只是知识和技能的发展,也涉及动机、态度和行为。

以下是一些国家和地区的课程标准对"阅读"的定义[①]:

阅读是从书面材料中获取有意义的能力,是一个需要主动参与交流的复杂行为。

——美国纽约州奥尔巴尼市小学《英语语言艺术课程说明》

阅读是一个读者与文本相互作用、构建意义的动态过程。

——美国宾夕法尼亚州《阅读评价手册》

阅读是一个复杂的过程,包括对书面语和口语之间关系的理解,显示了阅读过程中观念与信息的碰撞,显示出这些观念和信息与个人脑海里固有的知识和经历的某种关联。

——加拿大《安大略课程·语言》

读书是通过文章表现读者与著者之间发生的心理、社会的相互作用,读者调动背景知识阅读包含著者的意图与信息的文章,然后再理解文章的意思。

——《韩国语文课程标准》

2. 阅读是主动思维的过程

阅读是由阅读者根据不同的目的加以调节控制的,可陶冶人们的情操,提升自我修养。阅读是一种理解、领悟、吸收、鉴赏、评价和探究文章的思维过程。美国教育家艾德勒提出阅读的"四个层次"分别是基础阅读、检视阅读、分析阅读

---

① 王荣生.阅读教学设计的要诀:王荣生给语文教师的建议[M].北京:中国轻工业出版社,2014:5.

和主题阅读,它们之间是相互递进的关系。

第一层次是基础阅读,要能够回答这篇文章在说什么。在获得这个层次阅读能力的过程中,一个人可以学习阅读的基本艺术,接受基础的阅读训练,获得初步的阅读技巧。基础阅读在大多数情况下发生在阅读者的孩童时期,大致可分为四个阶段:阅读准备阶段、识字并掌握最初的读写能力阶段、具备功能性读写能力阶段和成为一个"成熟"的阅读者阶段。

第二层次是检视阅读,强调阅读的熟练,比如15分钟内读完一本书。这个层次要回答的问题是这本书在谈什么、总体框架是什么、属于哪一类书。检视阅读分为有系统的略读和粗浅的阅读两种。

第三层次分析阅读是最好的阅读方式,包括分析文本主题、结构、写作特色与风格等,需要有一定的分析阅读的技巧。分析阅读,既要知道作者写什么,也要知道作者是怎么写的、这样写的好处是什么,即为什么要这样写。

第四层次主题阅读也可称为比较阅读,是最高层次的阅读,是所有阅读中最复杂也最系统化的阅读。阅读者要读很多书,能列举这些书的相关之处,提出一个所有书里都谈到的主题,并且能够借助所阅读的书籍,架构出一个可能任何一本书里都没提到过的主题分析。

3. 阅读是个性化行为

阅读是人类获取知识的重要途径,是提高学生素质、健全学生人格的又一渠道。《课程标准》指出,阅读是学生的个性化行为,不应以教师的分析来代替学生的阅读实践,应让学生在主动积极的思维和情感活动中,加深理解和体验,有所感悟和思考,受到情感熏陶,获得思想启迪,享受审美乐趣,要珍视学生独特的感受、体验和理解。

在阅读活动中,阅读主体要借助自身的生活经验和语文积淀唤醒直觉经验,重构读物的具体化形态。不同主体不可能有完全相同的生活经验和语文积淀,所以即使坐在一个教室里,得到同一位教师的指导,阅读同一篇课文,阅读时的心理活动也会不同,甚至差别很大。这正如霍拉勃在《接受美学与接受理论》一书中所说:"既定作品的具体化形态由于读者不同便会不同。甚至同一读者的这次阅读与下次阅读也不同。"对一篇收入教材的文章而言,其文字符号只有经过阅读主体的理解、想象、体验,才能还原为可以构成审美的对象,而这种"还原"过程必定会因为主体各自的生活经验、情境的不同而千差万别。所谓"仁者见仁,智者见智""一千个读者就有一千个哈姆雷特"说的就是这个道理。

有位老师在教儿童诗《风》时,要求学生用彩色笔画一画风。可是谁也没有看见过风,怎么画呢?有的小朋友画了许多株绿色的小草,因为在他看来春风吹过,小草发芽了,一个个探出了绿色的小脑袋;有的小朋友用白色蜡笔画了透明的溪水,因为他认为是风把溪水吹得漾起了波纹;还有的小朋友画了晾在绳子上的漂亮衣裙,因为他觉得有风的日子里,世界是五颜六色的……尽管是同一篇课文,但每个学生的阅读体验是不一样的。

阅读是学生的个性化行为,反映了其心理规律。学生是阅读的主体,应该让学生自主阅读、自由阅读。

阅读是读者与文本、作者对话的过程,这种过程充满着发现、质疑、思考和探究。教师应成为学生阅读的导师、同伴,引导学生产生阅读兴趣,掌握阅读方法,给学生足够的时间和空间去阅读、理解和感悟。同时,教师应珍视学生独特的感受和体验。

阅读能使人与外部世界建立联系,获取外部的信息和知识,认识丰富多彩的世界;阅读能使人与人的心灵得到沟通,汲取人类文明的营养,丰富文化的积累,发展思维和智慧,接受美的熏陶,丰富精神世界,提高修养和品位;阅读能使人发展语言,提高感受、理解、交流、欣赏、评价等能力,提高搜集和处理信息的能力,提高思维能力和审美情趣。

二、阅读策略帮助学生学会阅读

阅读策略是读者为获得对文本的理解,利用已有知识经验而进行的主动建构的过程。阅读方法是组成阅读策略的基础,阅读策略建立在阅读方法之上,但不是方法的简单累加,而是要求读者面对新的阅读情境或新的阅读任务时,选择恰当的阅读方法进行学习,并能在学习过程中及时反思,调整自己的阅读行为,修正自己的理解方向,以达到阅读的目的。

阅读策略对于促进小学生的阅读理解、提升阅读能力是非常重要的。从儿童的阅读发展来讲,目前国际阅读学界通常把阅读发展分成三个大的阶段:第一个阶段是学习如何阅读(learning to read),解决字词识别和兴趣培养的问题;第二个阶段是通过阅读来学习(reading to learn),解决如何读懂文本以获取其中信息的问题;第三个阶段就是通过阅读来实践(reading to do),开始超越文本本身,超越阅读,让孩子发展合作意识、创造性、批判性等素质。

《课程标准》在总目标中提出"学会运用多种阅读方法,具有独立阅读的能力",在第一学段的学段要求中提出"喜欢阅读,感受阅读的乐趣""学习默读",在第二学段的学段要求中提出"能对课文中不理解的地方提出疑问""学习圈点、批注等阅读方法""学习略读,粗知文章大意",在第三学段的学段要求中提出"默读有一定速度,默读一般读物每分钟不少于300字。学习浏览,扩大知识面,根据需要搜集信息"。这里提及的朗读与默读、精读与略读、提出问题、搜集信息等都是阅读策略。

阅读策略有预测、推论、联结、提问、推断、图像化、释疑、综合、复述、自我监控等。统编小学语文教科书专门编排了"预测""提问""提高阅读速度"和"有目的地阅读"四个阅读策略学习内容,旨在引导学生掌握基础的、必要的阅读策略,培养他们运用阅读策略的意识和基本能力,使之成为积极的阅读者。

表1　阅读策略学习内容

年级	阅读策略	学习要求	侧重点
三	预测	一边读一边预测,顺着故事情节去猜想;学习预测的一些基本方法;尝试续编故事	提高阅读参与度,促进对文本的深入理解
四	提问	阅读时尝试从不同角度去思考,提出自己的问题	
五	提高阅读速度	学习提高阅读速度的方法	根据阅读需要,在理解的基础上提高阅读的速度
六	有目的地阅读	根据不同的阅读目的,选取恰当的阅读方法	根据阅读目的,收集资料,选择材料,综合运用学过的方法完成阅读任务

1. 预测

预测，也被叫作猜想、猜测或推理。预测策略指的是学生在阅读中根据有关信息对文本的情节发展、故事结局、人物命运、作者观点等方面进行自主假设，并在阅读过程中寻找文本信息来验证自己已有的假设，如此反复假设、验证，不断推进阅读。这样的阅读过程实际上变成了一个问题解决的过程，只有在反复假设和验证中准确理解文章的内容，学生才能获得阅读的乐趣，并推动思维发展。预测策略的学习有利于呵护并激发学生对阅读的初始期待，帮助他们积极、主动地思考。预测之后的验证则会让学生体验到阅读的趣味和快乐。在有意识阅读的过程中，学生不仅是阅读的积极参与者，还是阅读的发现者和创造者。

2. 提问

提问策略，让学生能从不同的角度对阅读材料提出问题，并在有效解决问题的过程中，主动构建对文本意义的理解，从而提高阅读的主动性。其最终目标是建构学生自己对文本意义的理解，促使他们有效地解决问题，收集信息，并且去发现新的信息，引发新的学习兴趣。大量研究也表明，提问能够显著提高学生的阅读能力。

3. 提高阅读速度

提高阅读速度，让学生能在短时间内迅速、准确地理解和把握阅读材料，并获得需要的信息，提高学生对文本信息的甄别、筛选能力。这要求学生在短时间内或在我们规定的时间内迅速地理解文章材料中的主要信息。

4. 有目的地阅读

有目的地阅读，指根据不同的阅读目的选用恰当的阅读方法。阅读目的主要有三个方面：自身的目的、文本的目的和环境的目的。能力强的学生往往能够灵活地运用各种阅读策略来达成自己的阅读目标。

阅读策略是手段，是为了让学生更好地理解课文内容，从而激起他们主动阅读的兴趣。学生最终掌握阅读策略之后，运用策略会变成自然而然的行为。他们在阅读时将不再有意识地注意策略，而是只有在遇到真正的困难时才会重新想起来。

三、阅读能力要求

语文课程的目标是使学生获得基本的语文素养。从阅读教学在小学语文课程中的地位来看,阅读教学对于培养学生的语文素养有着其独特的意义和重要的作用。

1. 阅读能力的总体要求

《课程标准》在总目标中,对中小学生的阅读能力提出了明确的要求:"学会运用多种阅读方法,具有独立阅读的能力。能阅读日常的书报杂志,能初步鉴赏文学作品。能借助工具书阅读浅易文言文。"

这段话全面、深刻地概括了语文阅读教学的基本目标。阅读教学的主要任务是培养学生的独立阅读能力。独立阅读能力的重要内涵是情感体验、丰富积累、良好语感,而要具备独立阅读能力,就要掌握正确的阅读策略,学会多种阅读方法,在阅读优秀文学作品和各种阅读材料的过程中,结合自己的生活经验和既有知识来认识世界、认识自我,增加文化积淀,充实文化底蕴,培养审美意识、审美情趣和审美能力,提升文化品位,形成正确的价值观和健全的人格。

2. 阅读能力的阶段性目标与内容

《课程标准》对各学段学生的阅读能力发展提出了具体的要求。

第一学段(小学一、二年级)阅读要求:(1)喜欢阅读,感受阅读的乐趣。(2)学习用普通话正确、流利、有感情地朗读课文。学习默读。(3)结合上下文和生活实际了解课文中词句的意思,在阅读中积累词语。认识课文中出现的常用标点符号。在阅读中体会句号、问号、感叹号所表达的不同语气。借助读物中的图画阅读。(4)阅读浅近的童话、寓言、故事,向往美好的情境,关心自然和生命,对感兴趣的人物和事件有自己的感受和想法,并乐于与人交流。(5)诵读儿歌、儿童诗和浅近的古诗,展开想象,获得初步的情感体验,感受语言的优美。(6)尝试阅读整本书,用自己喜欢的方式向他人介绍读过的书。养成爱护图书的习惯。(7)积累自己喜欢的成语和格言警句。背诵优秀诗文50篇(段)。课外阅读总量不少于5万字。

一、二年级是小学生学习语文的起始阶段。这个阶段打好阅读基础,对形成和发展阅读能力至关重要。因此《课程标准》把"喜欢阅读,感受阅读的乐趣"作为阅读教学的第一项目标,目的是让低年级的小学生喜欢语文,真正成为阅读的小主人,去感受阅读的乐趣和美好。

低年级的阅读目标十分重视立德树人,关心自然和生命,培养审美情趣。如"阅读浅近的童话、寓言、故事,向往美好的情境,关心自然和生命""诵读儿歌、儿童诗和浅近的古诗,展开想象,获得初步的情感体验,感受语言的优美"等。浅近的童话、寓言、故事、古诗、儿歌、儿童诗中有许多美好的人物、事物、景象……学生阅读这些作品,就会唤起对真、善、美的向往,接受优秀道德品质的熏陶。

第二学段(小学三、四年级)阅读要求:(1)用普通话正确、流利、有感情地朗读课文。(2)初步学会默读,做到不出声,不指读。学习略读,粗知文章大意。(3)能联系上下文,理解词句的意思,体会课文中关键词句表达情意的作用。能借助字典、词典和生活积累,理解生词的意义。(4)在理解语句的过程中,体会句号与逗号的不同用法,了解冒号、引号的一般用法。(5)能初步把握文章的主要内容,体会文章表达的思想感情。学习圈点、批注等阅读方法。能对课文中不理解的地方提出疑问。(6)能复述叙事性作品的大意,初步感受作品中生动的形象和优美的语言,关心作品中人物的命运和喜怒哀乐,与他人交流自己的阅读感受。(7)诵读优秀诗文,注意在诵读过程中体验情感,展开想象,领悟诗文大意。(8)阅读整本书,初步理解主要内容,主动和同学分享自己的阅读感受。(9)积累课文中的优美词语、精彩句段,以及在课外阅读和生活中获得的语言材料。背诵优秀诗文50篇(段)。(10)养成读书看报的习惯,收藏图书资料,乐于与同学交流。课外阅读总量不少于40万字。

三、四年级是小学生学习语文的过渡、发展阶段,不仅要继续重视语文学习兴趣的培养,还要注重阅读习惯的养成。如在低年级段提出的"养成爱护图书的习惯"的基础上,提出了"养成读书看报的习惯,收藏图书资料,乐于与同学交流"的要求。同时,学生在阅读中要十分注重情感投入,从中获得情感体验和思想领悟。如在阅读童话、寓言、故事等叙事性作品时,要用心感受人物的情感,想象他们的命运和故事,和作品中人物的思想感情产生共鸣,真正读懂作品。

中年级阅读教学要帮助学生掌握阅读策略,初步形成阅读能力。如"初步学会默读""能对课文中不理解的地方提出疑问""能联系上下文,理解词句的意思,体会课文中关键词句表达情意的作用。能借助字典、词典和生活积累,理解生词的意义""学习略读,粗知文章大意"等。默读、质疑、查字典、联系上下文等阅读策略,可有效提高学生阅读的质量和独立阅读的能力。其中,略读是一种重要的阅读策略,是现代社会对人的语文能力的新要求。学会略读,能提高阅读速度,从文本中获取更多的信息。另外,《课程标准》对各年段的背诵和课外阅读量都提出了具体的数量,如第二学段要求能"背诵优秀诗文50篇(段)""课外阅读总量不少于40万字"。

第三学段(小学五、六年级)阅读要求:(1)能熟练地用普通话正确、流利、有感情地朗读课文。(2)默读有一定速度,默读一般读物每分钟不少于300字。学习浏览,扩大知识面,根据需要搜集信息。(3)能联系上下文和自己的积累,推想课文中有关词句的意思,辨别词语的感情色彩,体会其表达效果。(4)在理解课文的过程中,体会顿号与逗号、分号与句号的不同用法。(5)在阅读中了解文章的表达顺序,体会作者的思想感情,初步领悟文章的基本表达方法。在交流和讨论中,敢于提出看法,作出自己的判断。(6)阅读叙事性作品,了解事件梗概,能简单描述自己印象最深的场景、人物、细节,说出自己的喜爱、憎恶、崇敬、向往、同情等感受。阅读诗歌,大体把握诗意,想象诗歌描述的情境,体会作品的情感。受到优秀作品的感染和激励,向往和追求美好的理想。(7)阅读说明性文章,能抓住要点,了解文章的基本说明方法。阅读简单的非连续性文本,能从图文等组合材料中找出有价值的信息。尝试使用多种媒介阅读。(8)阅读整本书,把握文本的主要内容,积极向同学推荐并说明理由。(9)背诵优秀诗文60篇(段),注意通过语调、韵律、节奏等体味作品的内容和情感。扩展阅读面。课外阅读总量不少于100万字。

五、六年级是小学生学习语文的综合、提高阶段。这一学段的阅读教学要引导学生通过阅读,丰富自己的精神世界,充实思想内涵,提升文化品位,增厚文化底蕴,形成健全人格。这个阶段还要引导学生在真实的语言运用情境中,通过自主的语文实践活动,积累言语经验,把握祖国语言文字的特点和运用规律,加深对祖国语言文字的理解与热爱,培养运用祖国语言文字的能力。《课程标准》强调掌握阅读方法,提升阅读能力,如"默读有一定速度""学习浏览",还提出"联系上下文和自己的积累,推想课文中有关词句的意思,体会其表达效果"。同时要求加强学生的思辨能力和信息处理能力,如"扩大知识面,根据需要搜集信息""在交流和讨论中,敢于提出看法,作出自己的判断"等。

3. 阅读教学的主要任务

首先,着力于提升语言能力。

阅读教学是识字的重要途径。学生在阅读过程中识字,复习巩固所学的生字词,从而不断扩大识字量,增强理解和运用词语的能力。在阅读中识字,强调的是在语言环境中识字,对于提高识字质量、促进语言发展有着重要的作用。

阅读教学能提高听话、说话和口语交际能力。在阅读教学过程中,学生除了倾听教师的讲解、描述和分析,以及同学的发言、交流和争辩之外,自己也要提出问题、讨论问题和回答问题,还有朗读、复述和背诵等基本训练,这些都将提高学生的口语交际能力,使他们树立文明交往的意识。

阅读教学应促进学生书面表达能力的形成。书面表达是运用语言文字进行表达和交流的重要方式,是认识世界、认识自我、创造性表述的过程。这种能力是语文素养的综合体现。简言之,阅读教学是指导学生学习规范化的语言,培养他们理解和运用祖国语言文字的能力。

精彩纷呈的阅读教材,为学习表达提供了丰富多彩的范例。在阅读教学中,学生掌握大量词汇、各种句式和表达方式,学会遣词造句、布局谋篇的方法,了解作者是怎样观察生活、理解生活和表现生活的,从而提高认识能力和表达能力。

其次,着力于发展学生思维。

人的思维要靠语言,阅读可以丰富学生的语言。通过学习课文作者观察生活的态度和方法,学生能提高观察的目的性、精确性、概括性等。通过理解和记忆字词句篇等语文知识,背诵一定数量的名家名作,学生能掌握记忆的方法,提高记忆的准确性、敏捷性、持久性等。通过解析课文的词句、段落,再把词、句、段联结成篇,学生能培养分析和综合能力。通过评价作品,探求其本质特点,学生能培养抽象和概括的能力,提高思维的敏捷性、灵活性、深刻性、独特性等。阅读教学中,教师要指导学生按照作者的思路,结合自己的生活经验进行思考、想象和再创造。尤其要留心文学作品的教学,因为这有利于发展学生再造想象和创造想象的能力,培养他们想象的主动性、丰富性、生动性。

再次,着力于增强审美体验。

语文教材中的课文蕴涵着生动丰富的自然、社会、艺术之美。美的表现形式,展示于形象,交融于景色,流露于情感,蕴涵于理念,引发于音韵节奏,显现于语言结构;美的内容,有亲情美、家乡美、友谊美、理想美、环境美、行为美、科学创造美、爱国情感美等。每篇课文都为学生展现了一个美的世界。阅读教学活动是充溢着情感的活动,因而容易引起学生情感上的共鸣,使他们进入课文的意境,在语言上受到美的感染,在情感上受到美的熏陶,在思想上受到美的教育。

最后,着力于提高文化品位。

在促使学生学习语言、掌握语言、运用语言的同时,阅读教学还能拓宽学生的视野,增加学生的文化积淀,使他们充实文化底蕴,提升文化品位,形成健全人格。在阅读教学的过程中,学生会激发出内心需求,对自己的生存方式、个体文化、生活态度等进行积极思考,从而依据自己的经历体验和已有知识来认识世界、认识自我,个性和能力会较充分地表现出来。

四、课外阅读课程化

钱理群先生曾经说过:"学好语文有很多要素,但最核心最根本的方式就是阅读。"朱永新先生也大声呼吁:"阅读不走入课程,就很难在学生中扎根。"苏霍姆林斯基说过:"让学生变得聪明的方法,不是补课,不是增加作业量,而是阅读、阅读、再阅读。"由此可见,学生知识的获取、能力的提高、思想的启迪、情感的熏陶、品质的铸就,很大程度上来源于阅读。

《课程标准》明确提出"培养学生广泛的阅读兴趣,扩大阅读面,增加阅读量,提高阅读品位。提倡少做题,多读书,好读书,读好书,读整本的书",《九年义务教育全日制小学语文教学大纲》也规定小学阶段课外阅读总量要达到150万字。

早在20世纪90年代,上海师范大学吴忠豪教授就提出了课外阅读课程化的理念①,他认为学生的语文素养要靠大量阅读才能培养,再也不能把阅读定位为"课外阅读",一定要把课外阅读课程化,把读书作为语文课的主要内容,把读书作为语文课的主要教学方法,把读书作为评价语文课的主要指标,把语文教学目标指向学生读书习惯养成,同时要特别关心学生是否有阅读兴趣、是否初步掌握阅读方法、是否有基本的熟练的阅读技能、是否有阅读习惯。

1. 准确定位课外阅读目标

《课程标准》对阅读教学既提出了总体目标,又提出了学段目标,对课外阅读也提出了明确要求。如:一、二年级要求课外阅读总量不少于5万字;三、四年级要求积累在课外阅读和生活中获得的语言材料,养成读书看报的习惯,收藏图书资料,乐于与同学交流,课外阅读总量不少于40万字;五、六年级则要求扩展阅读面,课外阅读总量不少于100万字。

总之,教师不仅要引导学生养成良好的阅读习惯,掌握多种阅读方法,产生阅读的兴趣,还要关注学生通过多种媒介阅读,鼓励他们自主选择优秀的阅读材料。

2. 确保在校课外阅读时间

教师要提高课堂教学有效性,摒弃不必要的分析讲解,压缩课内阅读教学的时间,为学生的课外阅读提供时间上的保证。教师须把名著阅读纳入课程规划:每个学期为学生列出必读书目、选读书目,安排阅读时间,分配阅读任务,进行阅读指导和评价。这样,名著阅读就可以有步骤、有计划地进行了。山东潍坊韩兴娥老师的"让学生踏上阅读快车道"和山东烟台的"大量读写、双轨运行"试验,都有力地证明了课外阅读课程化的可行性。

3. 有效指导课外阅读方法

首先,让学生会读。教师要在课内教会学生朗读、默读、精读、略读的方法。正所谓"得法于课内,得益于课外",学生只有掌握了一定的方法,才能徜徉于浩瀚的书海中,才能获得"书读百遍,其义自见"的效果。教师只需指导阅读的方

---

① 第六届全国"阅读领航员"教师研习活动中,上海师范大学吴忠豪教授作主题发言《小学生读书课程的构建》。

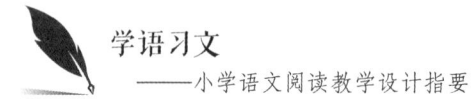

法,不必干涉学生的阅读过程。

其次,让学生会思。课外阅读既是一个人了解世界和思考世界的过程,又是一个人心灵自我观照的过程,即通过课外阅读来反思自我、提升自我,从而养成内省和深思的习惯,这对一个人的精神成长至关重要。教师要引导学生在阅读中采用批注的形式随时记录自己的思考和领悟,在主动积极的思维和情感活动中获得独特的感受和体验。

再次,让学生会做笔记。朱熹说:"读书有三到,谓心到,眼到,口到。"笔记的内容和形式可以多样化。学生可以对所读的篇章圈点批注、提要钩玄,也可以摘抄名言佳句,还可以写出读后感、书评等。

最后,让学生会用。课外阅读在开阔学生视野的同时,也为学生提供了写作的范例。因此,教师要鼓励、引导学生善于把阅读中所汲取的思想、文化、知识和写作方法自觉地运用到作文中,将阅读、写作相结合,达到以读促写、以写促读。

4. 灵活检测课外阅读效果

《课程标准》要求教师重视对学生课外阅读的评价,根据各学段的要求,通过小组和班级交流、学习成果展示等方式,了解学生的阅读量和阅读面,进而考察其阅读的兴趣、习惯、品位、方法和能力。

首先,评价主体要多元。

评价主体可以是教师,也可以是学生或家长等,因此要将教师的评价、学生的自我评价及学生之间的相互评价相结合,促进学生主动阅读、自我反思。通过学生自评,教师可了解学生对课外阅读的真切感受,以及各种积极的意见和建议,从而更有效地调整和安排课外阅读课程化的实践。教师评价包括学生阅读量的统计、阅读笔记的抽阅等,旨在督促学生完成阅读任务。

在所有评价中,学生最在意的还是教师的评价,因此教师要在充分了解学生课外阅读情况的基础上,因人而异,作出激励性评价。既要评价阅读质量,也要评价阅读态度和阅读习惯,以此激发学生的阅读兴趣。可以让家长一起参与课外阅读评价,既能增进亲子间的交流,也能促进阅读质量的提升。

其次,评价形式要丰富。

考虑到小学生的年龄特点,课外阅读的评价形式应该是丰富多彩的。以成果评价为例,每周都可举行班级读书成果展示,学生可展示自己的文档类成果,如摘抄、批注、续写、点评、读后感等。这种形式能有效地激发学生的阅读动机。

以活动评价为例,可举办各类读书交流活动,如专题阅读的研究性学习的成果展示会、读书沙龙、读书演讲会等。这种形式不仅能很好地提高学生的主动探究意识,也使教师认识到学生的自学能力、阅读鉴赏水平。

课外阅读是一个积累于当下、受益于未来的过程,是长期的、日积月累的、潜移默化的,是伴随人一生的。只要语文教师把课外阅读课程化,对学生进行悉心的指导,激发他们的阅读热情,教给他们阅读的有效方法,学生就会爱上课外阅读,进而在阅读中培养气质、净化灵魂,在阅读中丰富自己的人生。

我的语文课:二年级《曹冲称象》

教材:统编语文教材二年级上册第4课《曹冲称象》

时间:2017年5月

地点:上海市浦东新区园西小学

◆ 设计理念

小学低年级语文学习的重点除了识字、写字,便是语言的积累及和语言相关的听、说、读、写能力的训练。这里所指的语言积累有三层含义:一是语言材料的积累,不仅是与语言运用规范相关的语言材料,还包括通过积累,逐步理解句子的形式、语段的形式,最后能够理解文章的形式;二是语言知识的积累,不是指知识的概念,而是指知识的运用;三是语感的积累,这里的"感"是内心感受,即通过一堂堂语文课逐步培养、提升学生的语感,使之不断累积,不断升华。为此,在识字、写字教学的同时,我选择以下三项作为本课教学内容:(1)读懂句子的意思;(2)在理解的基础上,说清楚曹冲称象的方法;(3)体会"到底、才、果然"等词语在句子中的作用。

◆ 教学设计

一、教学目标

1. 能认读"曹"等14个生字,学会"称"等10个生字,理解"到底、才、果然"等词语的意思;积累"一头象、一堵墙、四根柱子、一杆秤"等数量词。

2. 正确朗读课文,初步了解一句句子前后表达的意思要一致;能在理解的基础上,说清楚曹冲称象的方法。

3. 分角色朗读课文,感受曹冲的聪明机智。

二、教学时间:50分钟

三、教学过程

(一)正确朗读课文,学习文中生字词语

1. 指名分自然段朗读课文。

2. 读正确。

3. 指导读好长句子"谁有那么大的力气提得起这杆大秤呢?""装到船下沉到画线的地方为止"。

(二) 略读第1自然段

过渡:曹冲称象,你们知道这头大象是哪里来的吗?

1. 男女生分别齐读课文第1自然段的两句话。

2. 学习生字"称"。

3. 当时中原地区很少能看到大象,曹操很高兴,就带着儿子曹冲和官员们一同去看象。

(三) 学习第2自然段,积累描写大象的句子

过渡:这是一头怎样的大象? 课文是怎么写这头大象的?

1. 齐读第2自然段第一句话。

(出示) 大象又高又大,身子像一堵墙,腿像四根柱子。

2. 看图理解"一堵墙、四根柱子",学习生字"柱"。

3. 学习并积累第2自然段中描写大象又高又大的句子,并尝试仿说。

大象又高又大,身子像一堵墙,腿像四根柱子。

大象又高又大……

4. 小结:句子前后表达的意思要一致。以前我们学过类似的句子,读一读。

(出示) 蓝鲸是海上巨无霸,它的心脏像一辆小汽车那么大,舌头上可以同时站50—60人,一天要吃4吨虾。

5. 这头大象又高又大,曹操和官员们有目共睹,可是它到底有多重呢? 这用眼睛看是看不出来的。曹操和官员们可想知道了呢! 你们从哪个词语看出来的? (出示)

官员们一边看一边议论:这么大的象,到底有多重呢?

官员们一边看一边议论:这么大的象有多重呢?

读一读,比一比。

(四) 略读第3自然段,看图理解"一杆秤、秤杆"

1. 自由读第3自然段。

2. 看图理解"一杆秤"和"秤杆",知道怎么用它来称东西。学习生字"杆、秤"。

3. 理解句子意思,指导朗读"谁有那么大的力气提得起这杆大秤呢?"。

（1）指名读句子。

（2）判断:在这句话正确的意思后面打钩。

A. 谁也没有那么大的力气提得起这杆大秤。（   ）

B. 没有人有那么大的力气提得起这杆大秤。（   ）

C. 谁都有那么大的力气提得起这杆大秤。 （   ）

（3）出示"有了大秤也不行啊,没有人有那么大的力气提得起这杆大秤"。

（4）指导朗读,体会课文中的句子更强调了没有一个人有这么大的力气提得起这杆大秤。

4. 曹操听了直摇头,说明大臣们说的两个方法都行不通。

（五）细读第 4 自然段,尝试说清楚曹冲称象的方法

1. 轻声读第 4 自然段,根据自己的理解给下列卡片（提前打乱）排序。

赶象上船　　把大象赶上岸　　往船上装石头

在船舷上做记号　　称石头重量

2. 说清楚曹冲称象的过程。

【交流一】

（1）指名读"把大象赶到一艘大船上,看船身下沉多少,就沿着水面,在船舷上画一条线"。

（2）学生照样子在书上圈动词。

（3）自己读句子。

（4）学习生字"船",看图理解"船舷"。

（5）学生质疑。借助图片,重点理解:看船身下沉多少,沿着水面,在船舷上。

（6）练习说清楚。重点指导:看船身下沉多少,就沿着水面,在船舷上画一条线。

【交流二】

（1）指名读"再把大象赶上岸,往船上装石头,装到船下沉到画线的地方为

止。然后称一称船上的石头。石头有多重,大象就有多重"。

（2）学生照刚才的样子在书上圈动词。

（3）自己读句子。

（4）质疑解疑。

（5）练习说清楚。重点指导:装到船下沉到画线的地方,石头有多重,大象就有多重。

（六）略读第5自然段,理解"果然"的意思,体会"才"在句子中的作用

1. 理解"果然"的意思。

2. 比较朗读,体会"才"的作用,感受曹冲的年少聪明。（出示）

曹操的儿子曹冲才七岁,他站出来,说:"我有个办法。"

曹操的儿子曹冲七岁,他站出来,说:"我有个办法。"

3. 讨论:曹操吩咐手下官员时会怎么说？课文为什么不写了呢?

（七）总结

1. 读短语:一头象、一堵墙、一杆秤、一艘船、一条线、一棵树、一根柱子、一辆汽车、一个办法。

2. 写字:10个生字中有6个是左右结构的字,均为左窄右宽,挑选其中一个在课堂上写一写。

3. 总结:感受到年仅7岁的曹冲的聪明机智;能说清楚曹冲称象的办法;知道说一句话的时候,前后意思要一致。

四、板书设计

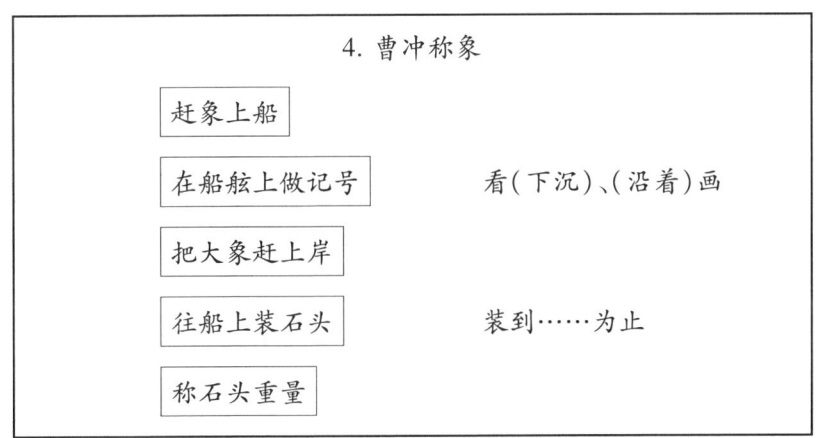

◆ **专家点评**

为了学生的学习而设计

小学低年级阶段语文学习的主要任务就是不断地积累语言,包括识字量、词汇量的增加和对词句组合方式的认识等,在此过程中逐步培养学生理解语言的能力,使他们初步具有书面语言表达的能力。

小学低年级的阅读教学就要充分利用教材的"范例"价值,让学生感受、积累和理解语言。魏玉梅老师执教的《曹冲称象》一课,充分体现了低年级语文教学的特质,特别值得一提的是魏老师能够从学生学习的角度去设计教学过程。

一、依托语境,自主识字学词

二年级学生已经具有很好的独立识字能力,但是识字依然是二年级语文学习的任务。根据目标和学生现状,魏老师采用让学生自主识字的策略,不断地提升学生的识字能力,主要表现在两方面。

1. 随文情境识字

在课文的语言环境中识字是一种十分有效的识字方法,也便于学生理解汉字的意思。这节课的汉字学习基本采用了这种方法,巧妙的是魏老师没有打破课文连贯的故事情节,而是将生字根据课文的逻辑内容进行组合,让学生边读课文边识字,很好地发挥了课文语言环境的作用。

2. 字词意义辨析

随着学生掌握的词汇量越来越多,理解意义变得尤为重要,而难点在于字词意义易混淆,所以及时地在课文的语境中进行辨析,是学生今后不断吸纳字词的基础。魏老师预见到学生可能出现的问题,很好地运用课堂教学机智,帮助学生清晰准确地掌握字词。

二、抓住句子,注重连贯

句子教学是二年级语文教学的重点,因为句子是最大的音义结合体,能够表示相对独立和完整的意思,而《曹冲称象》这篇课文的句子形式多,可以让学生学到很多丰富的内容。

1. 抓长句子,了解句子之间的关系

长句子由好几个小的分句组成,学生读几遍就能知道这些小句子的意思,但其内在的逻辑关系却未必知道,这就需要教师的指导。如"大象又高又大,身子像一堵墙,腿像四根柱子"这个句子由三个小句子组成,仔细读会发现它们之间不是并列的,第一句是核心句,讲了大象的特征,后两个小分句是对第一个小分句的补充。"这是一头怎样的大象"这个问题就能将学生的思维引向第一个小分句,再通过朗读来了解后两句与第一句的关系。魏老师没有纯粹地讲解语法知识,而是把知识转化为学生可以理解的问题指向,让学生通过句子的事实描述感受句子之间的内在关系。当然,仅停留在感知的层面是不够的,魏老师又让学生进行句子的操练,有机地将阅读和表达融合在一起。由此我们可以看到语言不断有规则地组合的特质,也看到了发展语言与思维的好方法。

2. 理顺环节,复述"称象"故事

复述是语文学习常用的方法,常用于连续性文本的教学。通过复述,学生不仅可以了解文章内容,学习表达顺序,还可以积累语言。"称象"的过程具有一定的故事性,但讲清这个过程对学生来说还是比较复杂的,于是魏老师让学生先搞清楚事情发展的先后顺序,再用合适的语言串联起来。从教学效果看,单独复述的学生几乎没有困难;从教学出发点看,这可以让学生经历必要的学习步骤,有利于学生掌握学习方法。

三、质疑问难,发展思维

"学贵有疑",疑问能引发学生更多的思考。从这节课中可以看到,魏老师教学的最终目标是让学生的语言与思维得到共同发展,为此她摒弃了机械地让学生记住语言的做法,积极地引导学生主动学习。

1. 学生质疑,促进认知发展

教师一般都会设计类似问学生有什么疑问的问题,但魏老师把引导学生的两次质疑安排在复述"称象"过程这部分内容,目的是让学生更专注、更主动地学习,这样也有助于他们后续用自己的语言复述。

2. 教师质疑,激发学生思考

教师在一节课里一定会提出很多问题,但大部分问题是为了推进教学环节,具有组织教学的作用,很少涉及语言学习的核心。而这节课中,魏老师问学生:"曹操吩咐手下官员时会怎么说?课文为什么不写了呢?"这样的问题就带有很强的思考性,从内容理解深入到语言表达,使学生进一步体会到这样写是由内容决定的。虽然学生往往不能一下子答出来,但回答问题并不是魏老师的目的,进一步从内容入手学习语言、发展思维才是其真正用意。

总体来说,这节课有很多可圈可点的教学设计,都是围绕学生这个学习主体来铺设的。理想的课堂就是这样,学生能够充分地学习,并享受学习的过程。没有什么比让学生成为学习的主人更重要的事情了,为了学生的学习而设计,就是魏老师这节课最亮眼的地方。

章健文

上海市特级教师

上海市浦东教育发展研究院教师发展中心副主任

第二章

文本,指向价值

于漪老师说:"文本解读是语文教师的'坎',要陪伴语文教师一辈子。语文教师要立得起来,就必须跨过这道坎,这非常不容易。如果说我们的语文教学是一棵大树,那么文本解读就是这棵大树的根,根深才能叶茂。"

于永正老师也曾说过:"我备课没什么诀窍,就是翻来覆去地诵读、默读,当读出自己的理解、情感,读出文章的妙处(小到一个字、一个标点符号,大到一段文字、篇章结构、文章立意),读出自己的惊喜时,我便敢走进课堂。每篇文章都有它的精妙之处,都可以从读中去发现。"

文本解读一般路径

文本解读指的是教师和学生对文本(包含课程标准、教材等)的内容和意义进行感知、理解和评价,从而对文本材料形成价值取向的过程。文本解读是语文教师的基本功,影响着教学目标的设计、教学内容的确定和教学策略的选择。从某种意义上讲,一篇课文教什么、怎么教,很大程度上取决于教师解读文本的功力。

一、什么是文本解读

文本,是指书面语言的表现形式,从文学角度来说,通常是具有完整、系统含义的一个句子或多个句子的组合。一个文本可以是一个句子、一个段落或一个篇章。从词源上来说,"文本"表示编织的东西。这与中国"文"的概念颇有相似之处。"文"取象人形,指纹身、花纹。《说文解字·叙》称:"仓颉之初作书,盖依类象形,故谓之文。……文者,物象之本。"这句话的意思是仓颉在开始创造文字时,大都是依照事物的形象画出它们的图形,所以称"文"。《周易·系辞下》记伏羲氏"观鸟兽之文",即鸟兽身上的花纹彩羽,又载"物相杂,故曰文",指物象相杂而成纹理。

文本是作者思想和体验的载体,对其价值和内涵的发掘是进行教学设计的前提。文本解读是发现文本潜在密码和意义的过程。文本解读的过程也是教师与文本对话的过程,正如特级教师于永正所说:"课前,老师得和文本对话,即钻研教材。只有教材把握好了才能和学生交流。我备课没什么诀窍,就是翻来覆去地诵读、默读,当读出自己的理解、情感,读出文章的妙处(小到一个字、一个标点符号,大到一段文字、篇章结构、文章立意),读出自己的惊喜时,我便敢走进课堂。每篇文章都有它的精妙之处,都可以从读中去发现。"

教师必须与文本进行深层次的对话,充分发掘文本的潜在价值,解读其负载的文化思想内涵,把握作者的语言特点和运用语言的特色,把握文本的系统性和整体性,提取文本的养分,与文本产生共鸣。①

特级教师钱梦龙说:"每次备课,我总要把课文一遍一遍地读,反反复复地想。有的课文语言优美,声情并茂;有的课文说理严密,逻辑性强。我就采取不同的读法来评析、鉴赏、品味,直到确实品出了味儿,读出了心得,才进一步考虑教什么和怎么教。由于这些心得都来自亲身的阅读体会,课文也早烂熟于心,因此教学中常有得心应手、左右逢源的快感,还不时带点激情。"

用语言学家吕叔湘的话来说:"文本解读就是从语言出发,再回到语言。"这句话告诉我们文本解读的起点和终点都是语言。哲学大师海德格尔也认为,文本解读就是徜徉在语言之途,即在语言之途悠闲地散步。

二、文本解读的内容②

文本解读,包括对文体的把握、对内容的梳理、对语言的品味和对文意的理解四方面。

1. 对文体的把握

文体,指的是文本体裁,是文本的类型。小学语文课文以记叙文、说明文、诗歌、文言文为主。文本的类型决定着语文教学目标的设计、教学内容的确定及教学方法和策略的选择。

比如三年级课文《看月食》记叙了"我"和表弟一起看月食的事情,具体描绘了月食开始和结束时的天文景象。作者不是单纯地描写自然景观,而是将其融入看月食的事件中。课文以表弟对奶奶的"天狗吃月亮"之说心存疑惑为线索展开描写,通过"我"和表弟的所见,再现了月食开始和结束时的景象,又通过"我"和表弟的所闻——爸爸的话,揭示了月食产生的科学知识,最后以表弟要告诉奶奶月食不是"天狗吃月亮"结束,首尾呼应,结构完整。其实从课题"看月食",我们就可以知道这不是一篇说明文,而是记叙文,但不少教师在教学中未能很好地把握这一点。

又如说明性文章可以帮助我们认识事物、获得知识。五年级课文《太阳》前

---

① 傅华强,张银华.小学语文新课程教学设计[M].武汉:华中师范大学出版社,2003:8.
② 汪潮.小学语文课程与教学论[M].上海:华东师范大学出版社,2020:208-209.

半部分说明了太阳的特征,后半部分说明了太阳与人们生活的关系。在解读课文时,教师应充分关注说明性文章的特点,即为了说明抽象、复杂的事物,使之变得通俗易懂,作者往往会使用列数字、举例子、作比较、打比方等说明方法,千万不能把语文课变相地上成科学课、自然常识课。

教师若能根据不同文体的特点设计不同的教学思路,就能较好地把握课文的教学重点,上出浓浓的语文味。

2. 对内容的梳理

解读文本,还要对课文中的主要事件、主要人物、作者的行文思路及课文中涉及的常识性知识、历史性知识等进行梳理。

比如三年级课文《司马光》中的复姓"司马"、《看月食》中关于月食的知识和五年级课文《唯一的听众》中的"首席小提琴手""月光奏鸣曲""小令""小夜曲",对于这些与课文相关的知识,教师教学时不一定要讲得很多、很透彻,但在文本解读时一定要弄清楚。

又如五年级课文《桂林山水》,很多教师往往抓住"漓江的水静、清、绿"和"桂林的山奇、秀、险"的特点来组织教学,引导学生关注文中运用的排比、比喻等修辞手法,却忽略了作者的行文思路。作者先写因听人说"桂林山水甲天下"而心生向往,接着写自己游桂林山水的亲身经历,最后不由得发出感慨:"真是'舟行碧波上,人在画中游'。"这些都是需要教师在解读文本时有所感悟、有所体会的。

3. 对语言的品味

教师在解读文本时,一定要对文本中的重点词语、句子、关键段落等细细咀嚼,慢慢品味,从而悟出个中深意和遣词造句的精妙。既可以从色彩鲜明的角度体会语言的感情色彩,也可以从修辞手法使用的角度体会语言的表达效果。

比如五年级课文《火烧云》作者萧红在描写火烧云时用词十分精准。"天空的云从西边一直烧到东边,红彤彤的,好像是天空着了火"这句话中的"烧"和"着了火"就把火烧云写得具有动感。写火烧云的色彩时,作者用了三种不同结构的表示颜色的词语,如重叠词"红彤彤""金灿灿"、联合词"半紫半黄""半灰半百合色"、偏正词"葡萄灰""茄子紫",将火烧云的变化多和变化快表现得淋漓尽致。

又如三年级课文《我爱故乡的杨梅》中有这么一句话："细雨如丝,一棵棵杨梅树贪婪地吮吸着春天的甘露。它们伸展着四季常绿的枝条,一片片狭长的叶子在雨雾中欢笑着。""贪婪"一词原意为贪心而不知满足,含贬义,但在这个句子中,作者显然是贬义褒用,形容杨梅在尽情地吮吸春天的雨水。

再如五年级课文《白鹭》开头写"白鹭是一首精巧的诗",与最后"白鹭实在是一首诗,一首韵在骨子里的散文诗"首尾呼应,表现出作者郭沫若对生活的认识、见解和对个体自由的向往。其中关键词"精巧""诗""散文诗"都值得我们在解读文本时细细品味。

教师在解读文本时要能体会重点词句、关键段落在文本中的表达效果,从而提高阅读欣赏和表情达意的水平。

4. 对文意的理解

任何一篇课文都是有"意"之作,文意在课文中具有决定性作用。解读文本,要有"立意"意识,力求达到文与意的有机统一。

比如五年级课文《珍珠鸟》是我国当代著名作家冯骥才先生的作品。这篇散文描写了人鸟相亲的动人历程,揭示了信赖能创造出美好境界的深刻道理,情文并茂,寓理于事,值得我们玩味鉴赏。

文中的"我"对珍珠鸟的喜爱之情溢于言表。"真好!朋友送我一对珍珠鸟。""真好!"独词成句,置于篇首,然后补上"真好"的内涵,如此开头真是别出心裁,充分表达了"我"对朋友送来的珍珠鸟的满意之感、喜爱之情。

在这种情感的驱动下,"我"为珍珠鸟精心营造了舒适又温暖的巢,一个竹笼子,一卷干草,长长的、串生着小绿叶的垂蔓——这简直成了珍珠鸟幽静而安全的绿色之家。在和珍珠鸟相处的日子里,"我很少扒开叶蔓瞧它们""决不掀开叶片往里看""我不管它""我只是微微一笑,依旧写东西""我不动声色地写",最后"小家伙竟趴在我的肩头睡着了",而"我手中的笔不觉停了,生怕惊跑它"。由此可见,"我"对小鸟的呵护之意、喜爱之情简直到了无以复加的地步。

正是"我"的不打扰、不驱赶,才使珍珠鸟一步一步地亲近"我"、信赖"我"。开始时,小鸟只在笼子四周活动,随后就在屋子里飞来飞去,渐渐地发展到落在"我"的书桌上,起先离"我"较远,然后蹦到"我"的杯子上喝茶,再偏过脸来瞧

"我"的反应,后来完全放心了,索性用嘴啄"我"的笔尖,啄"我"的手指……作者精当地选用了"飞、落、撞、蹦、瞧、啄、趴"等一系列动词,细致入微地把小鸟对"我"由远及近、由担心到放心、由亲近到信赖的过程表现得淋漓尽致、惟妙惟肖。这种鸟对人的信赖是历经考验、日渐形成的,也是弥足珍贵的。

又如四年级课文《一个豆荚里的五粒豆》改编自童话作家安徒生的《五颗小豌豆》。课文的后半部分讲了这最小的一颗小豌豆在一个窗台的裂缝里住了下来,而屋子里的小姑娘病得非常厉害,连妈妈都以为她快要死了。小豌豆一天天长大,它长出绿色的叶子,伸出蜿蜒的藤蔓,开出紫色的小花。小姑娘看着小豌豆的生长,身体竟然一点点恢复了。因为是童话,我们无须研究故事的逻辑性和真实性。对于作为教材的《一个豆荚里的五粒豆》,教师的文本解读和课堂教学绝不应该仅仅停留在小豌豆的"助人为乐"上,而应关注文中的小女孩乐观坚强,随着小豌豆的成长逐渐康复。

再如三年级课文《一个小村庄的故事》第1自然段这样描写:"山谷中,早先有过一个美丽的小村庄。山上的森林郁郁葱葱,村前河水清澈见底,天空湛蓝深远,空气清新甜润。"细读文本后可发现"早先有过"是一个不容忽视的词语,它确定了整个文本的"文意"基调,一开始就告诉读者这些东西是过去的,表现出一种悲凉的情怀。

三、文本解读的方法

特级教师沈大安曾表示,好的课来源于匠心独运的教学设计,而好的教学设计又来源于正确深入的文本细读。

1. 浸润其中,反复品读

文本解读首先要静下心来读,但说起来容易,真正做到并非易事。当我们读一个文本时,最好暂时忘却教师身份,丢下教学任务,以普通读者的心态轻松自在地欣赏作品,获得自然状态下的阅读体验和真实感受。这样我们才可以享受文本解读的自由和乐趣,这是一种感性的、非功利的阅读。

比如特级教师王崧舟说他在读到五年级课文《一夜的工作》中"室内陈设极其简单。一个不大的写字台,两张小转椅,一盏台灯,如此而已"这句话时,想到了这座房子原本的辉煌与华丽,想到了原主人的奢侈与铺张,想到了周总理置身其中忘我工作的种种情景,想到了作者何其芳目睹周总理一夜工作时的心潮澎湃。[①] 王崧舟老师的目光停留在课文的字里行间,心中却浮想联翩。教师只有萌生这样的阅读体验,才能创造后来的精彩课堂。

2. 潜心会文,仔细推敲

叶圣陶先生曾说:"一字未宜忽,语语悟其神。"作者一般不会在重要处加着重号,所以我们在解读文本时对每一个字、每一个词都不能轻易放过,要细细体会它们的作用,想想作者为什么用这个词而不用那个词,用这种说法而不用那种说法。

比如四年级课文《颐和园》中有这样一句话:"游船、画舫在湖面慢慢地滑过,几乎不留一点儿痕迹。"句子中"滑过"一词就很值得研究。前文"正前面,昆明湖静得像一面镜子,绿得像一块碧玉"写出了昆明湖水平如镜,没有一丝波纹,此时若有游船、画舫经过,也只是在湖面慢慢滑过,几乎不留一点痕迹,这个"滑"字照应了上一句中"静得像一面镜子"。和"划过"作比较,"滑过"似乎更能体现昆明湖面之平静。

王尚文先生曾指出"一定要倾听文本发出的细微声响",这"细微声响"就是深藏在语言文字背后的"灵魂之响"。我们在解读文本时,不仅要解读文本的字面意思,更要读懂文字背后的深刻含义,在与作者认真对话的过程中,体会重点段、重点句、重点词语的情感和意蕴。

3. 矛盾之处,多加思考

文本的矛盾之处往往是作者独具匠心所在,是作者有意安排的精妙之笔。比如六年级课文《十里长街送总理》中有这么一句话:"一位满头银发的老奶奶,双手拄着拐杖,背靠着一棵洋槐树,焦急而又耐心地等待着。"很显然,句中的"焦急"与"耐心"是相互矛盾的。准确理解这对词语,有助于我们深刻体会人们对周总理深深的爱戴与怀念之情。

又如四年级课文《中彩那天》是这样写的:"当商店的扩音器高声叫着我父

[①] 蒋军晶.我们不是"一般"的读者——从"文本解读"走向"教学解读"[J].语文教学通讯,2011.2(C):24.

亲的名字,表明这辆车已属于我家时,我简直不敢相信那是真的。不一会儿,我看见父亲开着车从拥挤的人群中缓缓驶过。只是,他神情严肃,丝毫看不出中彩带给他的喜悦。我几次兴奋地想上车与父亲共享这幸福的时刻,都被他赶了下来。"很显然,中奖后"我"的极度兴奋和父亲有悖常理的严肃是一对矛盾,准确解读其中的深意能促使我们更深刻地理解文章的内涵,领悟其独特魅力。

4. 比较阅读,更解深意

有比较才能有鉴别。如果作者有修改,我们可以把修改前后的文稿加以对照;如果选文是改写本,我们可以将它与原作进行对照。

比如四年级课文《风中的菊花》开头有一句话:

多尔先生正思忖着,小乞丐走到他跟前,摊着小脏手:"先生,可怜可怜吧,我三天没有吃东西了。给一美元也行。"

我们在解读文本时注意到了"思忖"这个词语:在站前广场上漫步借以打发时间的多尔先生会"思忖"些什么?作者又为什么用"思忖"这个非常书面的词语呢?我们百思不得其解,于是找来原文仔细对照,这才恍然大悟。原文中有这么一段叙述:

循着声音望去,他看见前面不远处一个衣衫褴褛的小男孩伸出鹰爪般的小黑手,尾随着一位贵妇人。……

"可怜可怜吧,我三天没有吃东西了。给一美元也行。"

……多尔先生的眼睛也流露出鄙夷的神色。真是缺一行不成世界。听说专门有一种人靠乞讨为生,甚至还有发大财的呢。

此时此刻,多尔先生"思忖"的是这个小乞丐是真的三天没有吃东西饿极了,还是在利用人们的同情心"做生意",文中"不管这个乞丐是生活所迫,还是欺骗,看到这个瘦骨嶙峋的小乞丐,多尔先生心中一阵难过"这句话也有了合理的解释。由此可见,和原文对照着读,原先的疑惑就迎刃而解了。

此外,我们还可以将同一事件的不同类作品进行比较阅读。比如五年级课文《刮骨疗毒》选自《三国志》,记叙了三国时代关羽被毒箭所伤,请医生刮骨去毒的故事,赞颂了关羽大无畏的英雄气概。关羽是三国时期蜀国名将,以忠贞、勇猛闻名。课文选取刮骨疗毒这样一件小事,用短短四句话突出关羽勇敢过人的品行特点,给人留下了深刻的印象。选材的典型性是此文的一大写作特点。小说《三国演义》第75回同样有名医华佗为关羽刮骨疗毒的情节,不仅再现了关羽非同寻常的英雄气概,还赞颂了神医华佗的高明医道。这是一个家喻户晓的故事,至今仍脍炙人口。

虽然两者都写了关羽刮骨疗毒这件事,但它们的区别也是显而易见的:《三国志》中并没有交代给关羽刮骨疗毒的医生,而《三国演义》中却写得很清楚;《三国志》中对刮骨疗毒这件事描写得很概括,《三国演义》则不然。究其原因,《三国演义》是小说,《三国志》则是史书。

当然,我们也可以将同类作品进行比较阅读。对《黄鹤楼送孟浩然之广陵》和《送元二使安西》这两首唐代的送别诗进行比较之后,我们发现,因朋友去的地方不同,此行目的不同,两首诗中惜别之情的表达方式及作者所抒发的感情自然大不相同。

《黄鹤楼送孟浩然之广陵》写的是李白在黄鹤楼送别孟浩然。孟浩然于阳春三月前往风景如画的扬州,一路上是享不尽的人间美景,而李白一向喜好游历,纵情山水,因此诗句中多少透露出他对孟浩然此行的羡慕之情。而《送元二使安西》这首诗中,元二即将出使的安西是西塞边陲、不毛之地。汉人西出阳关,所面对的是不同的风俗习惯、不同的语言和杳无人烟的大漠,可见元二此行前途渺茫,生死难料,送别者王维内心自然无限凄凉。对照阅读,可引导学生发现不同,使他们更容易准确体会诗句所要表达的意境和情感。

5. 查阅资料,知人论世

文本解读还有一种传统的方法,那就是"知人论世"。如果我们对作者的情况一点都不了解,对作品的把握也容易出现偏差。所以解读文本时不必一味靠自己冥思苦想,查阅必要的资料可帮助我们更好地理解作品。作者的生平介绍、写作的时代背景、作者的其他作品、作者的创作意图,以及前人对这部作品的评论,无一不是我们打开文本大门的钥匙。

比如特级教师王崧舟在教学五年级的《长相思》之前做了大量的案头准备

工作。《长相思》的作者纳兰性德是康熙皇帝的贴身侍卫。这首诗是作者随康熙皇帝出山海关祭祀长白山时所作,描写了边塞军旅途中的思乡之情。全文共两句36个字。王崧舟老师为了教好它,读完了整本《纳兰词》,了解了纳兰性德的生平,阅读了一万多字的鉴赏文章,从中找到了教学灵感,并写下了1500字的读后感。正如他自己所说:细读文本,魔术般地将短短36个字的《长相思》化成了繁华如东流水的课程资源,所以才有十足的底气把经典名作演绎为精彩课堂。

又如特级教师窦桂梅在教学《卖火柴的小女孩》这篇经典童话之前针对文本进行了细致的解读。她并未囿于这篇课文,而是把它放在一个宏大的文化背景下,阅读了《论安徒生童话的悲剧意识》《以乐写哀倍增哀——卖火柴的小女孩反衬描写赏析》《童话教学方法谈》等大量资料,以及《儿童文学教程》《小说语言美学》《相信童话》等理论书籍,并把课文和叶君健的原译文进行对比,写下了一万多字的解读札记。她认为读中自有情和趣,读中亦有策与略。

窦桂梅老师提醒广大语文教师,对于像安徒生童话这样经过历史淘洗而历久弥新的经典作品,如果能够充分利用经典文本的原生价值和教学价值,让学生获得人文素养、语文素养的熏陶,这将是求之不得的好事。

6. 多元解读,读出感悟

《课程标准》提倡"多角度的、有创意的阅读""注意教学内容的价值取向,同时也尊重学生在学习过程中的独特体验",教师解读文本也是一样,要处理好多元解读和价值取向的关系。因自身经验、知识和阅读能力不同,每个读者从同一文本中领会到的意义也不同。也就是说,不同的人阅读同一篇文章,体会不会完全相同。所以,我们可以对作品进行多元解读,从文本中读出对自己有用的东西。

三年级课文《去年的树》是日本著名作家新美南吉的作品,它讲了这样一个故事:秋天到了,树的好朋友鸟儿要到南方去,他们约定来年春天相会时,鸟儿再给树唱歌,但第二年鸟儿回来后费尽周折找到的却是已被砍伐做成火柴又燃成灯火的"树",鸟儿就对着灯火给日思夜想的"树"唱了最后一支歌。

关于《去年的树》的主旨有多种解读。一元解读指鸟和树的友情超越了生与死的界限,是一种感人肺腑的永恒情怀。多元解读涉及的内容较多:不能乱砍伐树木,要有环保意识;既然践行约定如此困难,当初就不该轻易许下承诺;通过用"他"和"她"分别指代树和鸟儿,作者向我们讲述了一个关于爱情的故事;世事多变,人生无常,谁也不知道明天会发生什么事情……

当然,提倡多元解读不等于完全弃作者的创作意图而不顾,还须考虑教学的主导倾向,把握好教育价值。

在第六届海峡两岸暨港澳地区小学语文教学观摩活动中,来自北京、香港、澳门、台北的四位小学语文教师以同课异构的形式分别执教了《去年的树》,四种不同风格的教学引起了大家的关注。

香港的王老师认为,小鸟与树的友情是那么纯真,她历尽艰辛寻找树,不只是为了恪守诺言,更是因为心里牵挂着朋友。于是她把教学重点放在什么是友谊、怎样对待朋友等话题,让学生把自己当成小鸟,对已变成火苗的树说最后几句话,或让学生讲讲自己和朋友的故事,并把体现交友之道的故事《打架的朋友》讲给孩子们听。不仅课堂上的学生对友爱的理解得到了升华,台下听课的成年人也深受启发。

台北的黄老师认为,童话故事是孩子喜闻乐见的一种文体,这篇童话故事不论是叙写方式还是字面意思,对三年级的学生而言都应算是简易的,教学时如仍停留在生字语词、故事表面意思的讨论上,会让学生觉得无趣且说教的意味过重。因此她的教学策略是让孩子通过增加细节、填补空间来深入理解诚信、友谊、牺牲等概念。比如她让学生分组讨论"树和小鸟平时除了唱歌还会做什么""小鸟寻找朋友时可能会遇到哪些危险"等。在讨论交流中,学生既加深了对课文的理解,也学习了对细节的描写,还锻炼了合作能力。黄老师认为故事里出现了三个重要的概念:第一,鸟和树是好朋友,但故事中只有简单的描述,如果要让读者更深刻地感知两者之间的友谊,可增加一些细节描写;第二,一个守信用的人一旦许下承诺一定会努力完成,故事中的小鸟答应明年还来唱歌给树听,当它回来发现树不见时,仍锲而不舍地到处寻访,这就表现出守信的特质,延伸至其他故事或生活经验,学生将更了解守信用的可贵;第三,牺牲与奉献是伟大的情操,但什么情况下的牺牲、奉献才是让人真正感动的行为其实是值得深入探讨的,通过对意愿的自觉与否进行探讨,学生将明白什么是真正伟大的情操。

北京的卢老师用一位作家的话表达了自己的感受:"这是一篇三岁孩子也

听得懂,才高八斗的大学问家也会为之动容的童话。"那么三年级的孩子对这篇课文会有怎样的解读呢?卢老师把教学重点放在学生的多元解读上,让他们通过默读、分角色朗读先熟悉故事情节,再在阅读卡上写出自己的感悟和疑问。她认为,写出来的好处是可避免有些孩子在交流中听了别人的发言就随大流,忘了自己最初的感受。教师的苦心点燃了孩子们思维的火花,大家的感悟涉及关注环保、恪守承诺、珍惜友情等。最后,卢老师提问:"火苗不是树,小鸟为什么给他唱歌?"学生在讨论问题的过程中拓宽了视野,加深了理解。

澳门的两位男老师则把培养学生的创意思维作为教学目标之一,让学生通过角色扮演深入理解课文内容,接受真善美的情感教育,并感受童话的寓意,教学中更注重身体语言的作用。

总之,解读文本时,我们可先以普通读者的身份去解读,摆脱功利目的,自由欣赏作品;接着以教师的身份去解读,潜心会文,既把握文本的主要倾向,也读出自己的独到感受;最后以学生的身份去解读,充分考虑儿童学习的困难,深入浅出地帮助学生阅读文本。

四、文本解读的路径

文本解读的路径是指聚焦特定的阅读目的而形成的解读文本的思考过程及伴随这个过程的思考方法。[①] 换句话说,文本解读的路径是探索如何在阅读过程中发现问题、解决问题的方法。

1. 关注语言形式

从阅读教学的角度出发,读懂文本的内容固然重要,但理解表现内容的语言形式及其所蕴含的思想感情和背后的文化内涵才是目的。关注语言形式,就是不仅要知道作者写什么,还要知道作者是怎么写的、为什么要这样写。

2. 确立文体意识

文体是文章和文学作品样式的总称。无论是文章还是文学作品,内容不同,形式也会不一样。《课程标准》在总目标中强调"能初步鉴赏文学作品",在学段要求中提出:第一学段,阅读浅近的童话、寓言、故事,诵读儿歌、儿童诗和浅近的

[①] 曹刚.探索文本解读的路径[M].上海:上海教育出版社,2020:序.

古诗;第二学段,阅读叙事性作品;第三学段,阅读说明性文章等。在实施建议中,《课程标准》还对教材编写提出了"题材、体裁、风格丰富多彩,各种类别配置适当,难易适度,适合学生学习"的具体要求。因此,解读文本时一定要确立文体意识。

3. 把握语言运用规律

语文课程培养的核心素养之一是语言运用,既强调了语言是重要的交际工具和思维工具,也是对语文课程性质的再次确认和呼应——语文课程是一门学习国家通用语言文字运用的综合性、实践性课程,学生在丰富的语言实践中主动积累、梳理和整合,掌握国家通用语言文字特点及其运用规律,形成个体语言经验,以及在具体语言情境中正确运用语言文字进行交流沟通的能力。学生能够在语言运用中形成良好的语感,感受语言文字丰富的内涵,产生对国家通用语言文字的深厚感情。

4. 注重读与写的结合

叶圣陶先生说:"学生须能读书,须能作文,故特设语文课以训练之。……训练必做到此两点,乃为教学之成功。"叶圣陶先生一贯主张"听说读写都重要",为什么这里只提读和写呢?原因在于阅读能力和写作能力对人的发展起奠基作用。统编教材在编写时也非常注重读与写,提出了读写并举的编写理念。

特级教师曹刚认为,初中阅读教学应依托文本解读的训练完成四项重要任务:一是读懂作者想表达什么;二是把握文章语言形式的特点;三是由解读一篇或几篇典型文章,学习解读这一类文体的阅读方法;四是充分关注表达。小学语文教师的文本解读也可借鉴一二。

我的语文课：五年级《桂花雨》

教材：统编语文教材五年级上册第3课《桂花雨》

时间：2020年9月

地点：上海市实验小学

文本解读

统编语文教科书采用"人文主题""语文要素"双线并行的方式，按单元组织课程内容。人文主题，即按照内容主题组合单元形成一条贯穿教材的潜在线索，它指向继承和弘扬中华优秀文化、革命文化，发展社会主义先进文化，重视人类文化遗产的传承，尊重和理解多元文化。语文要素，即语文训练的基本要素，包含必备的语文知识、基本的语文能力、适当的学习方法（策略）和良好的学习习惯，它是统编小学语文教科书编排体系中的一个核心概念，是建构教科书体系结构的基石。

1. 关于人文主题

《桂花雨》是统编语文教科书五年级上册第一单元的一篇课文。本单元以"万物有灵"为主题，选编了《桂花雨》等三篇精读课文和一篇略读课文。

《桂花雨》选自琦君的散文《故乡的桂花雨》，文章脉络清晰，以香气四溢的桂花为线索，回忆了桂花飘香时节的故乡生活的乐趣。文中五次提及桂花的香气：

第一次——"桂花树的样子笨笨的，不像梅树那样有姿态。不开花时，只见到满树的叶子；开花时，仔细地在树丛里寻找，才能看到那些小花。可是桂花的香气，太迷人了"。年少时的琦君对什么花都不懂得欣赏，也不喜欢梅花、木兰花，唯独喜欢桂花，喜欢它那迷人的香气。

第二次——"桂花盛开的时候，不说香飘十里，至少前后左右十几家邻居，没有不浸在桂花香里的"。桂花树终年枝繁叶茂，小小的桂花香气浓郁，幽而不露,秀而不娇,清雅而又高洁,令人久闻不厌。一个"浸"字道出了童年的琦君闻到桂花香时内心的喜悦和幸福。

第三次——和母亲一起摇桂花树,"摇哇摇,桂花纷纷落下来,我们满头满身都是桂花。我喊着:'啊!真像下雨,好香的雨呀!'"。朵朵完整、新鲜的桂花从树枝上飘落下来,如春雨一般细细密密、纷纷扬扬,落得"我"和母亲满头满身都是。此时此刻,琦君心里的快乐一定也是满得快要溢出来了。和母亲一起摇桂花,摇下来的是满满的、数不清的快乐和满足。

第四次——"全年,整个村子都浸在桂花的香气里"。原来不只是桂花盛开的时候,也不只是前后左右十几家邻居,而是全年,是整个村子,都浸在桂花的香气里。人们把桂花做成各种美食——桂花茶、桂花糕、桂花酒酿、桂花元宵……桂花一年四季都能给家乡人酿造出香甜美好的生活。

第五次——"这里(杭州)的桂花再香,也比不上家乡院子里的桂花"。母亲的话与"月是故乡明"有异曲同工之妙。母亲每年闻着桂花香,摇着桂花树,喝着桂花茶,吃着桂花糕,用各种美食馈赠邻里亲友,传递友情与亲情;母亲每年都会洗净双手,撮一撮桂花放在水晶盘中,父亲则点上檀香,炉烟袅袅,①夫妻俩吟诗作诗,琴瑟和鸣。可见家乡的桂花成了母亲生活乃至生命的一部分,唯有家乡的桂花才能承载她无尽的情思和无限的爱。而写《桂花雨》时,琦君已六十多岁,生活在台湾不得归,她正是借母亲之口道出了自己对故乡、对童年生活的千般思绪、万般情结。

故乡的桂花,有情,有义,更有灵性!

2. 关于语文要素

《课程标准》在第二学段(小学三、四年级)和第三学段(小学五、六年级)的课程目标中分别提出"体会文章表达的思想感情"和"体会作者的思想感情"的要求,因此统编教材中多次出现相关的语文要素。

如图1所示,四年级下册第一单元的语文要素"抓住关键词句,初步体会课文表达的思想感情",提示了学生阅读课文体会情感的方法。这里的"关键语句"并没有作严格规定,凡是能帮助学生理解主要内容、体会思想情感的语句,

---

① 引自琦君的散文《故乡的桂花雨》。

都可以是关键语句。"初步"一词则强调了教师教学时应把握好教学目标的度。四年级下册第四单元的语文要素是"体会作家是如何表达对动物的感情的",这一要素是在第一单元的基础上提出的,强调不仅要体会文章所表达的情感,还要关注作家是如何表达的。

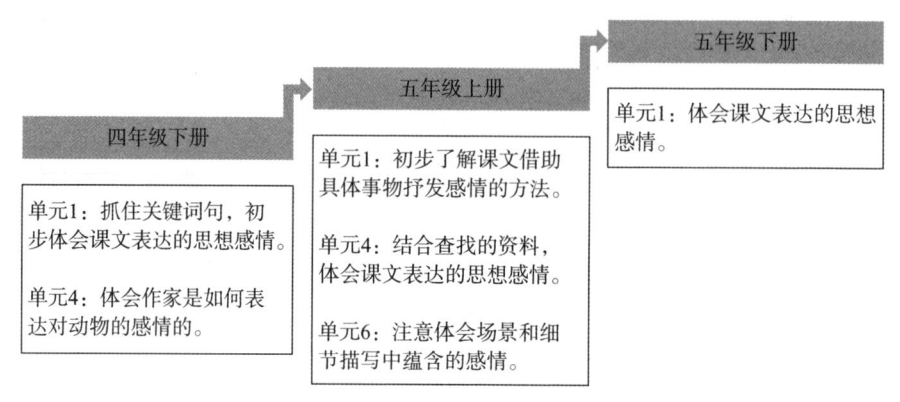

图1　教材中的语文要素

在四年级学习的基础上,五年级上册第一单元的语文要素是"初步了解课文借助具体事物抒发感情的方法"。把情感寄托在描述的事物中,是文章表达情感的常见方法。教师在教学中应引导学生品味表现事物特点的语句,体会蕴含在字里行间的感情,从课文学习中受到启发,发现事物的特征与抒发的感情之间的关联。比如琦君笔下的桂花雨,不仅带给她许多童年的快乐回忆,也寄托了她浓浓的思乡之情,读来令人感动。

3. 关于《桂花雨》

《桂花雨》一文以细腻的笔触回忆了作者童年时与桂花相关的生活场景,抒发了作者对故乡和亲人的思念及对童年生活无比怀念的感情。课文分成三部分:第一部分(第1—2自然段)写了作者小时候最喜欢桂花,喜欢它迷人的香气;第二部分(第3—6自然段)写了作者童年时与桂花有关的记忆,字里行间流露出浓浓的亲情和乡情;第三部分(第7—8自然段)写了作者离开家乡后时时回想起童年时代的"摇花乐"和桂花雨。

读完这篇文章后,我们可以发现,在作家琦君的笔下,童年时身在家乡的快乐和美好都和一样东西有关——桂花。赏桂花、摇桂花、收桂花、晒桂花、泡桂花茶、做桂花糕……做这些事情是快乐的,和母亲、邻里乡亲一起做更是快乐的。

　　童年时代的琦君用稚嫩的眼光看待事物,反映了纯真的意趣和纯朴的情感。这种情感集中体现在摇桂花这个场景中。其一,作者通过塑造人物形象来抒发情感,如摇桂花时作者和母亲的对话深藏着母女间的亲情;又如"我"摇桂花时的动作、语言的描写极富画面感,渲染了摇桂花时的热烈气氛,更把人的快乐、兴奋宣泄到极致。其二,文章一词一句处处流露着作者的思乡之情。作者的文字是温暖的、平淡的,但在这暖心笔触下流淌着的却是悠远如桂花香一般绵延的乡愁。其三,一场桂花雨,万般思乡情。古往今来,雨总是带给人一丝愁思,这是作者在自然世界中找到的反映自己心灵世界的物象,用来表达深沉的情感。

　　故乡就像一张张老照片,印在琦君童年的记忆中,挥之不去,化作了淡淡的乡愁。

教学设计

一、教学目标

1. 运用掌握的方法自主学习本课的生字新词。

2. 在理解的基础上,正确、流利、有感情地朗读课文。

3. 借助画面与文字,通过各种方式充分感受桂花之香、摇花之乐,体会作者的思乡之情,并初步了解课文借助具体事物抒发感情的方法。

4. 尝试运用课文中的语句,写一写校园里的桂花树,表达自己的真情实感。

二、教学时间:40分钟

三、教学过程(第二课时)

(一) 回顾前课学习内容,体会作者对桂花迷人香气的喜欢

1. 复习回顾,找出课文中五处描写桂花香气的句子,朗读并体会作者的情感。

2. 出示句子,指名朗读。

(1) 不开花时,只见到满树的叶子;开花时,仔细地在树丛里寻找,才能看到那些小花。可是桂花的香气,太迷人了。

(2) 桂花盛开的时候,不说香飘十里,至少前后左右十几家邻居,没有不浸在桂花香里的。

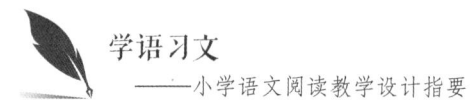

（3）摇哇摇,桂花纷纷落下来,我们满头满身都是桂花。我喊着:"啊！真像下雨,好香的雨呀！"

（4）全年,整个村子都浸在桂花的香气里。

（5）可是母亲说:"这里的桂花再香,也比不上家乡院子里的桂花。"

【设计意图】课文中五个地方写到了桂花的香气,有直接写"桂花的香气,太迷人了",也有间接写"整个村子都浸在桂花的香气里",更有通过"我"和母亲的语言来写桂花香。可见桂花的香气贯穿全文。因此第二课时教学伊始,让学生复习回顾是很有必要的,既可积累句子,也可为接下来的学习活动打好基础。

（二）借助时间支架,选用课文中的语句说说花开花落的过程

这篇文章很有意思。作者先用比较的方法写自己喜欢的是桂花,特别是桂花迷人的香气,紧接着通过三个时间点,写了桂花开放及摇落后的境况。

1. 快速浏览课文第4—6自然段,找出这三个表示时间节点的词语。

（桂花盛开的时候、桂花成熟时、桂花摇落以后）

2. 默读课文第2—6自然段,尝试说说桂花花开花落的过程。

3. 建议选用课文里现成的语句,也可以将散落在各处的句子重新组合。

（PPT出示）

桂花盛开的时候……

桂花成熟时……

桂花摇落以后……

4. 学生交流,适时点评。（随机板书:香气太迷人、浸在香气里、好香的"雨"）

【设计意图】这是一个语言实践活动。对处于语言发展关键期的小学生而言,最有效的教学是课文语言的学习积累和运用。课文中的语言具有示范性,是学生学习表达的最好材料,有助于直接提高学生的语文素养,是最有价值的教学内容。在这个环节,学生通过再读课文,借助时间支架,有条理地描述花开花落的情景。这个练习不仅是复习环节的延伸,还是课后作业练习的前奏。

（三）品读重点语句,体会"我"在桂花（香）上寄托的情感

1. 比较下面两句话,想一想在表达上有什么不同之处,以及作者为什么会选择文中的那一句。

（PPT出示）

A. 桂花盛开的时候,不说香飘十里,至少前后左右十几家邻居,没有不浸在桂花香里的。

B. 桂花盛开的时候,不说香飘十里,至少前后左右十几家邻居,全浸在桂花香里的。

(1) 指名两人读。

(2) 讨论作者用这样的句式想要强调什么。(板书:浸在香气里)

(3) 齐读句子。

2. 读下面的句子,比较两个"浸"的含义是否一样,并说说自己的理解。

(PPT出示)

A. 桂花盛开的时候,不说香飘十里,至少前后左右十几家邻居,没有不浸在桂花香里的。

B. 全年,整个村子都浸在桂花的香气里。

(1) "浸"可以组成哪些词语?

(沉浸、浸润、浸没、浸泡、浸透……)

(2) 哪些词语可以替换到这句话中?

(3) 再读句子,比较两句句子中"浸"的不同含义。

(时间、范围、香气的内容、人的感受)

3. 朗读第6自然段。

(出示)桂花摇落以后,挑去小枝小叶,晒上几天太阳,收在铁盒子里,可以加在茶叶里泡茶,过年时还可以做糕饼。全年,整个村子都浸在桂花的香气里。

想象在做这些事情的时候,是一种什么样的感觉?

(学生在黑板上写下自己的感受:迷恋、热爱、幸福……)

【设计意图】四年级下学期我们学习了"抓住关键词句,初步体会课文表达的思想感情"。在这个环节,可让学生抓住"没有不"来体会双重否定句的表达效果。通过对句子的比较,学生将体会到桂花盛开的时候,前后左右十几家邻居全部都浸在桂花香里,无一遗漏。

(四) 体会借物抒情:怀念故乡,怀想童年

1. 情境朗读(角色朗读),体会摇桂花树之乐。

(PPT出示)摇花对我来说是件大事。……这下,我可乐了,帮大人抱着桂

花树,使劲地摇。摇哇摇,桂花纷纷落下来,我们满头满身都是桂花。我喊着:"啊!真像下雨,好香的雨呀!"

(1) 情境朗读,角色扮演读。

(2) 学生交流并再次在黑板上写下自己的感受:期待、兴奋、激动、快乐、迷恋、幸福、享受……

【设计意图】纵观全文,摇桂花是作者琦君童年生活中的一件大事,也是童年时代的琦君真正亲历的乐事,因此作者此处的文字极富画面感,课文插图描绘的也是这一情景:纷纷扬扬的桂花雨中,摇花的母亲,欢呼雀跃的稚童和竹匾里一簇簇小巧精致的桂花。教学中,采用角色扮演的情境朗读是不错的方法。教师可运用课件创设情境,通过语言渲染气氛,从而激发学生的情感,使其融入作者的思想感情中,去感受作者的快乐、兴奋、满足……

2. 结合课后"阅读链接"中琦君的《〈烟愁〉后记》《家乡味》选段,体会母亲对故乡的怀念。

(PPT 出示)

A. 桂花盛开的时候,不说香飘十里,至少前后左右十几家邻居,没有不浸在桂花香里的。

B. 杭州有一处小山,全是桂花树,花开时那才是香飘十里。可是母亲说:"这里的桂花再香,也比不上家乡院子里的桂花。"

(1) 读句子,说说从文字上看,哪里的桂花更香。

(2) 母亲为什么会这么说?

(交流并板书:思念故乡、怀想童年)

【设计意图】在琦君的作品中,母亲所占的分量是很重的,琦君写得最感人的几篇文章几乎都是写她母亲,可以说母亲是琦君最重要的创作源泉。写此文时,年逾花甲的琦君因生活在台湾无法回归故里,便借母亲之口说出了"月是故乡明"的内心独白。

3. 讨论课题,总结板书。

(1) 讨论:课文写了那么多的"香",香气太迷人、浸在香气里、好香的"雨",能不能把课题改成"桂花香"呢?

(2) 交流中补充琦君父亲所作的诗"细细香风淡淡烟,竞收桂子庆丰年。

儿童解得摇花乐,花雨缤纷如梦甜"。

（3）总结:作者迷恋家乡的桂花,是因为家乡的桂花给她带来了那么多丰富的感受,而这丰富的感受慢慢地汇聚成一种思乡之情、怀想之意,这就是作者借着桂花来表达自己的情感。

【设计意图】关于课题的讨论,不是为讨论而讨论,是对文章主旨、人物情感的提炼。桂花是香的,桂花的香气里承载的是作者的情感,那是作者对故乡的眷恋、对故乡人们的思念及对童年幸福生活的追忆。其中摇桂花是乐中之乐,摇落的桂花雨犹如作者的思绪,飘飘洒洒,纷纷扬扬,又带着一丝愁思。难怪人们都说琦君的文章温馨中总是透着幽幽的怆痛。

（五）布置作业(三选一)

★书面完成课堂练习:选用课文中的语句写一写故乡桂花花开花落的过程。

★★小练笔:用上"不开花时、开花时、盛开时、成熟时、花落以后"等词语,介绍校园里、小区里或公园里的桂花树。

★★★有一天,你毕业了,离开了生活了五年的小学。当你回想童年生活时,会不会想到母校,会不会想到母校的某一处、某一样东西？请你写一写,抒发一下自己内心的情感。

四、板书设计

```
                3. 桂花雨
                琦君(中国台湾)
   香气太迷人        喜欢
   浸在香气里        期待、兴奋      ⟶    思念故乡
   好香的"雨"        激动、迷恋           怀想童年
                    热爱、幸福……
```

◆ 专家点评

一场桂花雨　万般思乡情

围绕"人文主题"和"语文要素",采用双线并行的方式按单元组织课程内容,

这是统编语文教材编写的一大亮点。魏玉梅老师紧紧抓住教材编写的这个特点来解读课文、设计教学,反映出对统编教材编写特点和教学内容体系的深刻认识。

一、角度新颖,富有创意地解读文本

《桂花雨》是台湾作家琦君写的散文,语言优美,脉络清晰,表达了作者对故乡生活的怀念。魏老师以文中五次提到的桂花香为线索,对文本进行深入解读,将故乡的桂花解读得有情、有义、有灵性,角度新颖,富有创意,有助于学生深入领会课文的思想感情和写作特点,同时展现出文本解读的深厚功力。

二、前后联系,立体式地解读语文要素

《桂花雨》这篇课文所在单元的语文要素是"初步了解课文借助具体事物抒发感情的方法"。魏老师没有停留在课文本身,而是结合《课程标准》中的学段目标,将四、五年级教材中与"体会课文思想感情"有关的语文要素联系起来作立体式解读:四年级下册第一单元的语文要素是"抓住关键词句,初步体会课文表达的思想感情",第四单元的语文要素是"体会作家是如何表达对动物的感情的";本单元的语文要素是在四年级学习的基础上,引导学生品味表现事物特点的语句,体会蕴含在字里行间的感情,了解课文借助具体事物抒发感情的表达方法。这样前后联系立体式地解读语文要素,切实领会教材的编写意图,纵向把握本单元的教学目标,体现出一位优秀教师的专业素养。

三、重视朗读,促进语言经验积累

语文是一门经验性课程,尤其在小学阶段,积累语言经验是学习语文课程的基础。语文教学强调朗读课文,但很多教师仅仅把朗读视作理解课文的手段,这样做就窄化了朗读的功能。其实朗读的主要功能是积累语言经验,包括语感的培养。如果仅仅是理解课文内容,那么读一两遍就够了;如果是要内化课文语言,形成语感,就必须反复读,读得滚瓜烂熟。读熟课文是积累语言、形成语感的前提或基础,所以朗读是最基本、最重要的学习语文的方法。

魏老师在学生第一课时读懂读熟课文的基础上,第二课时仍然设计了一个板块,引导学生进行复习回顾式的朗读。另外,在第三板块"品读重点语句"、第四板块"体会借物抒情表达方法",魏老师也有意识地安排学生反复朗读课文,通过个别读、全班读、情境朗读、角色扮演读等多种方式,让学生饶有兴趣地熟读课文。这样的教学设计,有利于学生实现课文语言的内化,也反映出执教者对朗读功能的深刻认识。

四、精心设计，体会借景抒情表达方法

体会借景抒情表达方法是这堂课的教学重点，也是学生理解的难点。魏老师围绕这一语文要素，用比较句子的方法，引导学生体会句中"没有不"双重否定句的表达效果。通过对具体句子的比较，学生能比较感性地体会到桂花盛开时弥漫在全村十几家邻居的桂花香。课文中的"浸"是一个富有表现力的词，怎样让学生体会到这个词语用得好呢？魏老师先通过组词，让学生知道"浸"的不同解释；再将词放入句子中，让学生理解"浸"在句子中的意思；最后从时间、范围、香气的内容及人的感受四个方面比较两句句子中"浸"的不同含义，并鼓励学生在黑板上写下自己内心的感受。在第四板块，魏老师利用课后"阅读链接"中琦君的《〈烟愁〉后记》《家乡味》选段，引导学生体会桂花香气里承载的是作者对故乡的眷恋、对故乡人们的思念及对童年幸福生活的追忆。通过这样层层递进的设计，学生沉浸在文本中一步步走近作者，不仅体会到作者运用词语的巧妙，也较好地领悟了借景抒情的表达方法。

五、创设情境，强化语言运用实践

读熟课文、品读关键词句、积累语言经验的最终目标是能够运用语言，只有会运用了才是真正地理解了。魏老师设计的第二板块为学生创造了一次口头表达的实践机会，即根据课文创设情境，"选用课文中的语句说说花开花落的过程"。这个环节乍一看并不起眼，其实恰恰反映出教师对学生运用语言的重视。语文教师一般都很舍得花时间让学生品味课文遣词造句的巧妙或表达方法的精彩，却往往不肯花时间引导学生经历建构话语的实践，忽视了课文高质量语言的运用。大家都知道，看房子和造房子完全是两回事，明白房子的式样和结构特点是否就会造房子了呢？当然不是。要想会造房子，必须自己学着去造。语文课上教师不能只是带着学生"看房子"，更应该花时间让学生自己去"造房子"，因为"造房子"比"看房子"更难，需要花费更多的学习时间。

魏老师在这堂课上设计的"选用课文中的语句说说花开花落的过程"，就是要求学生根据新的语境去建构话语，这样的语言表达实践不仅训练了学生的语言建构能力，也是思维能力的培养、想象能力的培养、创新精神的培养，更包含着审美教育。现代语文教学若始终把重点放在对课文的理解上和对语言的品味上,学生的语言质量不会得到明显提高,即使提高了幅度也不会很大,因此一定要把重点转移到"运用"上,强化语言建构实践这个环节,这样的教学设计体现的是一种新的语文教学观。

当然,这堂课并非尽善尽美,也有提高的空间。比如引导学生品味表现事物特点的语句,体会蕴含在字里行间的感情,这是领会课文借景抒情表达方法的关键环节。但这个环节教师抓的"没有不"双重否定句及词语"浸"都是其自身对文本的阅读体会,而非学生的阅读体会,所以学生在这个环节中的学习是被动的。其实课文中蕴含作者情感的词语、句子不止这两处,更好的方法是让学生自己去读,主动去体会,这样他们就能够从字里行间体会出更多蕴含作者情感的词语、句子。随后通过师生交流,教师可适当点拨,加深学生的认识,让课堂上产生真正的学习行为。

吴忠豪

上海师范大学教授、初等教育系原主任

教育部国培计划小学语文示范性培训项目首席专家

第三章

目标,理清思路

《礼记·经解》:"《易》曰:君子慎始,差若毫厘,谬以千里。"目标亦是如此,如果目标设定有误,走得越快离想要达到的境界就越远。因此,我们可以毫不夸张地说,教学目标是教学活动的出发点和归宿点,是课堂教学的灵魂。它是教师选择教学内容、运用教学方法、调控教学环境、评价教学效果的基本依据,也是学习者自我激励、自我评估的重要手段,更是教学活动得以顺利实施的重要保证。

阅读教学目标设计

在教学设计的过程中,教学目标的设计是其重要环节之一。理想的教学目标不仅是教学的出发点,也是教学的必然归宿,是教师对学生达到的学习成果或最终行为的明确阐述。教学目标的制定是否准确、叙述是否恰当,对于教学有着重要的现实意义。

一、教学目标及其分类

教学目标指的是教学活动预期所要达到的最终结果,是人们对教学活动结果的一种主观愿望,是对学生掌握的知识、能力及应具备的个性品质的具体陈述。[1]

1. 教学目标指导教学设计

教学目标不仅对教学设计起着指导和制约作用,还能为教学测量和评估提供标准。由于教学目标可指导相应的教学活动,因而教学目标确定后,教学设计就有了明确的思路,教学中的诸多变量必须围绕教学目标加以设置。从某种意义来说,教学目标的实质就是学习目标,教学设计看似以教什么、如何教为研究对象,其实却是以学什么、如何学为核心的。教学目标指导教学设计的过程,实际上是制约着教师从学生角度出发,运用学习原理来设计教学的过程。教学测量和评估是监控和保障教学的一项基本活动。一节课、一个教学单元或一门课程结束之后,有必要对教学效果进行测评。教学目标因其具体性和可操作性,使测评结果更具可靠性。

2. 教学目标以系统形式存在

教学目标一般以系统形式存在,不同层次和水平的教学目标构成了一个完整的教学目标体系。按照它们在教学实践中的具体化程度,我们可以将教

---

[1] 吴忠豪.小学语文课程与教学论[M].北京:北京师范大学出版社,2004:190.

学目标分为三个层次:第一层次即培养目标,指的是各级各类学校根据教育目的及各自的具体任务和特点而确定的目标,比较抽象,陈述也较为宽泛;第二层次即课程目标,指的是各门学科的教学目标,即各门学科的教学所要达到的最终结果,是对培养目标的具体化;第三层次即课堂教学目标,指的是根据教学内容所划分的若干个单位的教学目标,是对课程目标的具体化和操作化,包括学期教学目标、单元教学目标和课时教学目标。

3. 教学目标的分类

教学目标的分类,指的是运用分类学理论,把各项具体教学目标按照从简单到复杂、从低级到高级连续递增的分类体系形式进行有序的排列与组合,使之系列化的过程。国内外比较流行的教学目标分类理论有以布卢姆为代表的教育目标分类理论、加涅的教学结果分类理论,以及巴班斯基的教学目标分类思想。

比如以布卢姆为代表的教育目标分类理论将教学目标分为认知领域、情感领域和动作技能领域,每一个领域又由简单到复杂、低级到高级划分为若干层次。其中,认知目标和情感目标应在语文教学设计中重点关注。

认知目标包括识记、理解、应用、分析、综合、评价六个层次。

(1) 识记,指对先前学过的材料的记忆,包括知道事物的名称、具体事实、处理具体事物的方法和程序,以及有关的基本概念、原理和法则。如对每课生字的认识。

(2) 理解,指掌握意义的能力,包括解释事实、原理和法则,解释语言材料、图像,对要点作出分类、摘要和归纳,将材料从一种形式转换成另一种形式,根据材料的内容推理未来的结果。如句式的变换练习。

(3) 应用,指将学过的材料运用到新的和具体的情境中的能力,包括概念、原理和法则的实际应用。如用部首法查字典。

(4) 分析,指将材料分解成若干部分,以了解其组织结构的能力,包括识别未经说明的设想、识别推理中的逻辑错误、辨别事实和推理、评价材料的相关性、分析作品的组织结构。如给课文分段。

(5) 综合,指组合各个不同部分形成一个新的整体的能力,包括综合运用知识以解决问题、写出组织得很好的作文或其他有创造性的作品、制订计划或提出方案。如对中心思想的推断。

（6）评价，指依据一定的目的判断材料价值的能力，包括评价书面材料的逻辑一致性，评价证明结论的材料是否适当、充分，评价作品的价值。如对人物情感和心理的判断。

情感目标包括接受、反应、价值判断、价值组织、价值个性化五个层次，由美国学者柯拉斯霍于1964年提出。

（1）接受，指对某种现象和刺激的感知。

（2）反应，指主动注意，积极地参与反应。

（3）价值判断，指将接触到的事情、现象或行为与一定的价值标准相联系，作出价值判断，并以此指导自己的行为。

（4）价值组织，指将多种价值观组合在一起，并发展自己的价值系统。

（5）价值个性化，指学生已形成了自己稳定的、独具个性的价值观与价值体系，处于这一层次水平的学生能按照自己的信念行事，表现为行为方式的一贯性和可预期性。

动作技能目标包括知觉、定势、指导下的反应、机制、复杂的外显反应、适应和创作。

（1）知觉，指通过感觉器官觉察客体、性质或关系的过程。如通过机器运转的声音知道机器运转的毛病。

（2）定势，指为某种特定的行动或经验而作出的预备性调整或准备状态。如渴望熟练地操作钻床。

（3）指导下的反应，指个体在教师指导下或根据自我评价表现出来的外显的行为。如根据示范表演一种舞蹈，或通过尝试各种程序发现烫平短衫的最有效的方法。

（4）机制，指已成为习惯的习得的反应。如混合各种原料制作奶油蛋糕。

（5）复杂的外显反应，指个人能够表现复杂的动作和行为。如演奏小提琴。

（6）适应，指改变动作活动以符合新的问题情境。如通过改编已知的舞蹈技能形成一种新的现代舞蹈。

（7）创作，指创造出新的行为方式及动作。如创造一种现代舞蹈。

二、语文教学目标的表述

对语文教学目标清晰而明确的表述至少包含行为和内容两个方面，也就是说，既要指出期望学生养成的行为，又要指明运用此行为的领域或范畴。所用的行为动词必须能对行为的不同特征进行区分。

1. 教学目标表述的四要素

语文教学目标的表述一般包括四个要素，即行为主体、行为表现、行为条件和行为结果。行为主体，即谁能完成所预期的行为，通常指学习者。教学目标描述的应是学习者的行为，如"学生能够正确迅速地抓住对方说话的意图"，在一般情况下，"学生"两个字是可以省略的。行为表现，指达到目标的具体学习行为，一般用行为动词来加以描述，如写出、列出、认出、辨别、比较、对比、指明、绘制、解决、背诵等。行为条件，指影响学习者学习结果产生的有关情境或条件。对条件的表述有三种类型：一是对使用辅助手段的说明，如"能利用图书指南或说明书去读书"，图书指南、说明书即辅助手段；二是对时间限制的说明，如"能在1分钟内认读20个汉字"，1分钟即时间限制；三是对完成行为情境的说明，如"在课堂讨论时能发表自己的意见"，课堂即完成行为的情境。行为结果，指行为产生的结果，也可称为表现程度，指学生在此目标上所达到的表现水准，用以测量学习结果所达到的程度，如"能准确无误地说出……""详细地写出……""客观正确地评价……"等表述中的状语部分，便是限定了目标水平的表现程度。

2. 教学目标的叙写要集中、明确、适切

"集中"是指一堂课的教学目标要重点呈现这堂课的主要任务，将知识与技能、过程与方法和情感态度与价值观作为一个整体来考虑。"明确"是指所制定的教学目标指向清晰，表述具体得当，要陈述可观察到的学生的具体行为，说明产生这些行为的条件，并指出评定行为的标准，以便操作和评价。比如字词学习应具体到能认读识记哪些字，在什么条件下积累哪些词语并达到什么程度。又如了解课文内容应具体到了解什么内容，在什么条件下完成并达到什么程度。

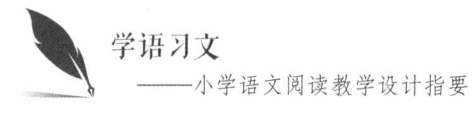

"适切"是指所制定的教学目标应符合学生实际和教材特点,不随意拔高或降低教学要求,针对性强。

表2　学习水平界定表

学习水平	基本含义	常用行为动词举例
知道A	识别或记住有关汉语的基础知识与基本语言规范 积累语言材料	认读、认识、了解、说出、复述、背诵、辨认、识别、列举、积累、熟悉
理解B	感知或领会语文知识及知识之间的内在联系 结合语境,对语言材料进行剖析,明确各部分的含义,及部分与部分、部分与整体之间的内在联系,从整体上把握语言材料的思想内容和表现特征	感受、体验、领会、比较、质疑、剖析、概括、归纳、演绎、梳理、推断、解释
运用C	应用已习得的语言知识与经验,解决简单的语文问题,形成自己的思考与感受	说明、判断、选择、反思、撰写
综合D	综合运用知识与经验,解决复杂的语文问题,建构新的知识结构,形成对自然、社会和人生的新的感受与体验	设计、探究、评价、整合、建构

三、教学目标设计的方法和路径

教师在确立教学目标时,应依据课程标准、教材、学生需要等因素,选择恰当的行为主体、行为表现、行为条件和行为结果将教学目标正确地表述出来。其操作路径一般为:解析课程标准,细化阶段要求;结合教材资源,梳理教学内容;根据学情实际,区分认知水平;明确学习行为,叙写教学目标。

1. 关注教材的文本特点

文本有什么特点?这是备课首先要思考的。备课时,我们首先要细读文本,因为只有把文本研究透了,才能深刻把握文本的规律,制定出切合文本特点的教学目标。

比如统编教材六年级课文《穷人》是俄国著名作家列夫·托尔斯泰的作品。托尔斯泰用非常简练的语言勾画出沙俄时代穷人的困苦生活。一个"穷"字隐现于课文的字里行间,典型环境描写塑造了鲜明的人物性格特点。文章着力写了桑娜的两段内心独白,刻画出她的善良、乐于助人;渔夫和桑娜的对话也很精彩,看似是不紧不慢的聊天,背后却是思绪万千,充分表现了渔夫对生活的积极态度。课文里包含着丰富的语言教学因素,需要教师在制定教学目标时加以取舍。经过反复、深入的解读,根据课文的特点,确定本课教学目标如下:

(1) 会读本课"搁板、埋怨、掀起、抱怨、魁梧黧黑、倒霉、勉强、寡妇"8个词,理解"勉强、寡妇"的意思;

(2) 能理清人物关系,概括课文主要内容;

(3) 认识课文通过心理描写刻画人物品质的表达方法;

(4) 完成心理描写的小练笔。

2. 关注学生的学习起点

制定教学目标时还要关注一个重要的维度,那就是学情。如果把整个小学的语文学习过程比作一次漫长的旅行,教师必须随时了解学生从何处起步、总体上到达了什么地方及接下来将往哪里前进。也就是说,我们要对学生曾经掌握了什么、将要掌握什么及已经有了哪些本领和将要练习哪些本领有一个清晰的了解。

上海师范大学的王荣生教授在接受《中国教师报》的采访时曾说:"教学内容是影响语文教学最主要的方面,调整语文教学内容是改善教学方法,也是提高语文教学有效性的最根本的一个起点。……学生最需要什么,这才是教学的起点,也是提高教学有效性最本质的东西。"

比如统编教材四年级课文《琥珀》,可根据四年级学生的实际情况,设计教学目标如下:

(1) 在语境中认识"琥、珀"等12个生字,书写"吼、脂"等14个生字,读准"飒飒地响、掸翅膀、拂拭、晌午、黏稠"等词语,理解"约莫、总有、推测"等词语的意思,体会用词的准确性;

(2) 朗读课文,知道并能简要说说什么是琥珀、琥珀形成的过程及其条件,

初步了解科学小品文与一般说明文的不同之处和阅读方法；

（3）根据所给材料，仿写科学小品文（片段）。

又如五年级课文《半截蜡烛》，这篇文章篇幅不长，故事性强，对五年级学生来说几乎不存在阅读障碍。那么这样的课文教什么呢？如何制定教学目标呢？课前教师组织学生进行了一次阅读测试，了解了对他们而言，究竟什么是已知的，什么是未知的，什么是通过独立阅读能读懂的，什么是学习这篇课文的需求及所得等。最后，基于学生学习本课的起点，设计教学目标如下：

（1）学习生字新词，在具体语言环境中理解"绝密、绝妙、厄运"等词语的意思；

（2）预习交流，知道课文以半截蜡烛为线索，叙述了一个发生在二战期间真实的故事，能根据提示概括课文第3—7小节主要内容；

（3）有感情地朗读课文，感受人物在危急时刻表现出来的机智、镇定和勇敢，尝试对故事主人公作出评价；

（4）体会文本语言表达方式，尝试以第一人称讲述故事。

3. 关注课程标准的落脚点

制定教学目标时还应紧扣课程标准。比如统编教材二年级课文《难忘的泼水节》的教学目标，以课程标准为依据，目标具体可测，凸显了低年级语文学习的特点和重点，具体如下：

（1）能在语言环境中认读"泼、族、民"等17个生字，会写"忘、泼、度"等8个生字，理解"火红火红、四面八方、笑容满面"等词语的意思；

（2）正确朗读课文，并能根据提示说说傣族人民欢迎周恩来总理的场面及周总理和傣族人民一起过泼水节的情景；

（3）感受周总理和傣族人民心连心，体会傣族人民和周总理一起过泼水节的幸福及他们对周总理的爱戴之情。

4. 正确理解三维目标的内涵

三维目标指教育教学过程中应该达到的三个目标维度，包括知识与技能、过程与方法、情感态度与价值观。

知识与技能主要包括人类生存所不可或缺的核心知识和学科基本知识、基本技能,包括获取、收集、处理、运用信息的能力,以及创新精神和实践能力、终身学习的愿望和能力。

过程与方法主要包括人类生存所不可或缺的过程与方法。过程指应答性学习环境和交往、体验。方法包括基本的学习方式(自主学习、合作学习、探究学习)和具体的学习方式(发现式学习、小组式学习、交往式学习等)。

情感态度与价值观中,情感是学生在学习结束后应该具有的感情体验,它不仅指学习兴趣、学习责任,还包括乐观的生活态度、求实的科学态度、宽容的人生态度;态度是指学生在学习结束后应该形成的一种对周围事物、事件的态度;价值观是指学生在学习结束后应该具有的对周围经济利益、金钱的看法。价值观不仅强调个人价值,更强调个人价值和社会价值的统一;不仅强调科学价值,更强调科学价值和人文价值的统一;不仅强调人类价值,更强调人类价值和自然价值的统一,从而使学生内心确立起对真善美的价值追求,以及人与自然和谐和可持续发展的理念。

三维目标是统一的不可分割的整体,是一个教学目标的三个方面,而不是三个独立的教学目标。

四、阅读教学目标设计案例解析

案例1:统编教材五年级课文《刷子李》

【教材简析】

《刷子李》是统编教材五年级下册第五单元的课文。本单元的人文主题是"字里行间众生相,大千世界你我他",语文要素是"学习描写人物的基本方法,初步运用描写人物的基本方法,具体地表现一个人的特点"。

这篇课文选自冯骥才的《俗世奇人》,以刷子李的高超手艺为话题,借一件极富戏剧性的小事窥见人物的大本领、大智慧。文章先交代了刷子李广为流传的高超的粉刷技艺,然后写了他收的一个徒弟曹小三听说这一绝活半信半疑,亲眼瞧见了之后对师傅佩服得五体投地,就在这时,他发现刷子李裤脚上有一个小白点,师傅那如山般的形象轰然倒去。不料刷子李最后解开谜底:那白点是黑裤子上烧了一个洞造成的。故事内容简单,但情节一波三折,使刷子李的"奇"得到了一次次渲染。纵览全文,文章所要传达的情感集中体现在刷子李最后对曹小三说的那句话:"好好学本事吧!"作者旨在通过这篇课文告诉人们:手艺人必须要有本事,真本事是勤学苦练出来的。

《刷子李》是一篇写人的文章,其中正面描写和侧面描写对塑造人物个性起到了重要作用,这是课文在写作手法上的一个显著特点。文中刷子李的黑衣黑裤、刷墙时娴熟的动作,还有他对自己立下的严苛的规矩等正面描写使刷子李这个人物形象变得生动鲜活。课文的主角是刷子李,但作者又用了大量笔墨描写他的徒弟曹小三,这是为烘托人物形象进行的侧面描写。作者以徒弟曹小三的心理变化为暗线推进故事情节,读来更有趣味性。

【教学目标】

1. 在阅读过程中自主认识本课 7 个生字,能在语言环境中理解"包袱、蘸浆、匀匀实实"等词语。

2. 有感情地朗读课文,体会刷子李粉刷技艺的高超,初步感受手艺人的工匠精神。

3. 重点阅读文中描写刷子李和曹小三的句子,了解作者运用正面描写和侧面描写的方法刻画鲜活的人物形象。

【教学目标解析】

就教学目标 1 而言,五年级学生已具备自学生字词的能力,班级里大部分学生都能在阅读的过程中联系上下文或借助工具书来理解词语。但对于一些包含多重含义的词语,如"包袱",学生在理解时仍需要指导和帮助。另外,通读全文可发现"蘸浆"和"匀匀实实"对学生来说属于"有新鲜感的词语",在读音和词义理解上都有一定的难度。

就教学目标 2 而言,五年级学生自读课文时基本能做到正确、流利、有感情,但往往比较关注词句的字面理解,缺乏深层次的解读,容易忽略描写中隐含的作者的情感表达。《刷子李》是一篇写人的文章,作者分别从刷子李的装束、动作和立规矩三方面彰显了他的工匠精神。因此应重点引导学生关注正面描写刷子李的句子,通过朗读指导和圈画重点词句,让学生读懂作者塑造的这位"俗世奇人"身上有值得我们崇拜和学习的匠人精神。

就教学目标 3 而言,五年级学生对写人的文章已具备一些学习经历和一定的学习能力,能找到正面描写刷子李的句子,感悟这一人物形象。但《刷子李》这篇课文在表达上有一个特别之处,即对刷子李进行了丰富的侧面描写,也就是描写曹小三的句子,学生在学习时往往容易忽略这一点。应引导学生体会作者抓住了曹小三的心理变化特点——从半信半疑到佩服,再到失落,最后是敬佩,通过感受曹小三内心的起伏来体会故事情节的一波三折,从而领略到冯骥才小说的魅力。为了让学生习得这种描写人物的写作方法,将这条教学目标列为教学重、难点。

案例2:统编教材六年级课文《月光曲》

【教材简析】

统编教材六年级上册课文《月光曲》记叙了德国著名音乐家贝多芬谱写钢琴曲《月光曲》的传说。课文主要讲述了一天夜晚,贝多芬在幽静的小路上散步,听到有人在断断续续地弹奏他的曲子,感到十分好奇。当走近茅屋听到兄妹俩的谈话后,贝多芬被他们尽管生活贫穷但互相体谅的真挚情感所感动,于是走进茅屋为他们弹奏一曲,后来贝多芬又因盲姑娘不仅懂音乐,而且非常了解他的音乐而激动万分。此时,他看到月光下茅屋里的一切,迸发了创作激情,即兴创作了《月光曲》,兄妹俩陶醉其中,感受到音乐带给他们的幸福。

《月光曲》在表达上的一大特点是作者以生动的文字,借皮鞋匠的联想表达情感:天高云淡,月朗星稀,平静的海面上"洒满了银光",月下的一切是那么幽静,月亮"穿过一缕一缕轻纱似的微云。忽然,海面上刮起了大风,卷起了巨浪。被月光照得雪亮的浪花,一个连一个朝着岸边涌过来……"我们在体味作者用词精妙的同时,更为文中流露出的兄妹之间的手足亲情、盲姑娘对音乐的热情和音乐家博大高尚的情怀所感动。哥哥因"音乐会的入场券太贵",家里"又太穷",无法使妹妹得到满足而遗憾、内疚。妹妹听出哥哥话中的不安之意,反过来温言相慰,懂事地叫哥哥"别难过",并把自己梦寐以求的愿望淡淡地称作"随便说说",于凄楚中饱含对哥哥的体贴。正是兄妹俩的手足深情感动了贝多芬,使他即兴创作《月光曲》,并进行演奏。

【教学目标A】

1. 自主学习课文生字,理解"传说、谱写、幽静、纯熟、清幽、恬静、陶醉"等词语的意思。

2. 正确流利地朗读课文。在阅读理解的基础上,有感情地朗读文章中的关键语段,了解并简要概括贝多芬创作《月光曲》的经过。

3. 从贝多芬的言行中体会他丰富的心理和情感,感受音乐家对穷人的同情和对音乐的热爱。

4. 初步感受联想的表达作用,体会《月光曲》的魅力,背诵文中描绘的《月光曲》情景。

5. 想象贝多芬离开后兄妹俩的对话,续写课文内容。

【教学目标B】

1. 正确读写并理解"蜡烛、茅屋、清幽、盲姑娘、琴键"等词语。

2. 了解贝多芬创作《月光曲》的经过,在质疑理解、感情朗读、想象写话的语言实践过程中体会贝多芬创作时思想感情的变化,并了解产生这种变化的原因。

3. 感受贝多芬博大高尚的情怀,体会音乐艺术的魅力。

【教学目标C】

1. 正确读写并理解"蜡烛、茅屋、清幽、盲姑娘、琴键"等词语。

2. 了解并详细复述贝多芬创作《月光曲》的经过。

3. 认识"事物和联想",尝试在写景的短文里补写联想。

4. 从贝多芬的言行中体会他丰富的心理和情感,感受音乐家对穷人的同情和对音乐的热爱。

【教学目标解析】

三位教师的教学目标设计都充分关注到了课文的重点内容——贝多芬创作《月光曲》的经过,但教学的落脚点却不尽相同。

教学目标A的重点是了解并简要概括贝多芬创作《月光曲》的经过,通过想象贝多芬离开后兄妹俩的对话续写课文内容,进一步感悟贝多芬对穷人的同情。概括能力的训练对五年级学生来说是必要的,相信他们能在简要讲述贝多芬创作《月光曲》经过的过程中感受到贝多芬对穷人的同情和关爱。而在理解的基础上,学生可想象到贝多芬走后兄妹俩除了感激他的弹奏,还会交流聆听音乐时的感受。这样的说话写话训练不仅是思维能力、想象能力的训练,更是语言表达能力的训练——文本语言的内化。

教学目标 B 的重点则是了解贝多芬创作《月光曲》的经过,在质疑理解、感情朗读、想象写话的语言实践过程中体会贝多芬创作时思想感情的变化,并了解产生这种变化的原因。可见教师将"质疑"和"体会贝多芬创作时思想感情的变化"也作为教学的重要内容。

和前两个教学目标设计不同,教学目标 C 的重点是以《月光曲》为例,学习描写事物和联想的方法,并通过实践让学生掌握如何在阅读和写作中运用这种方法。教师不仅让学生通过阅读课文来认识"事物和联想",还创设情境,让学生尝试在写景的短文里补写联想,从而体会联想的表达作用。

每堂课的目标不是孤立的、静止的,学生的学习水平是循环反复、螺旋上升的。教师备课时应从学生的知识积淀、心理期待等方面进行全面的分析,结合单元目标、学期目标和年段目标整体思考,使近期目标和远期目标、重点目标和一般目标有机结合。

我的语文课:五年级《大瀑布的葬礼》

教材:人教版语文教材五年级上册第28课《大瀑布的葬礼》
时间:2009年5月
地点:上海市黄浦区卢湾二中心小学

设计理念

英国著名语言学家帕尔莫博士曾说:"理解一种语言是如何运作的,与学会如何使用这种语言之间存在着重大的区别。"衡量学生是否学会语文,不是看理解了多少语言知识和规则,也不能仅看积累了多少词语句子,而应该看能否熟练地运用这种语言,并将其作为评价的主要标志。

以《大瀑布的葬礼》为例。学生在学习课文第4—5自然段后,对文中描写大瀑布昔日雄伟壮观景象的语句有了比较感性的认识和理解。通过反复朗读、视频再现等手段,学生对这些语句印象深刻,此时我设计了一个语言实践活动:请以一个自豪的巴西人的身份向远道而来的朋友介绍大瀑布,或以一个普通游客的身份述说自己置身于大瀑布的感受和体验,要求是用上课文第4—5自然段及自己积累的语句。这样的练习并不难,学生"跳一跳就能摘到果子",因此很乐意去做。这样的练习也很有意义,学生能积累不少描写大瀑布的优美语句,最重要的是他们能够运用这些语句。

课文学完后,我又设计了一个语言实践活动:请以巴西总统的身份把"讲话"补充完整,可以选用课文中的语句,也可以用上自己平时积累的语句。这个练习的意义在于"整合",即在前面多次语言运用练习的基础上,把文中描写大瀑布今天和昨天的语句及菲格雷特总统号召世人为大瀑布做什么、怎么做的语言整合成一段话。这个练习看似有难度,但由于教学中的层层铺垫由易到难,学生做起来并不觉得很困难。

教学设计

一、教学目标

1. 学习积累词语"咆哮而下、滔滔不绝、一泻千里、生命垂危、形容枯槁、奄奄一息",读准"奄"的字音,理解"形容枯槁、预测、惆怅"等词语的意思。

2. 有感情地朗读并积累描写大瀑布今昔不同情形的语句。

3. 能概括大瀑布逐渐枯竭的原因,感悟为大瀑布举行葬礼的特殊意义。

4. 结合巴西总统葬礼上的演讲进行写话训练。

二、教学时间:40分钟

三、教学过程

(一) 预习反馈,巩固字词,揭示课题

1. 默写词语并核对。

咆哮而下　滔滔不绝　一泻千里

生命垂危　形容枯槁　奄奄一息

2. 重点指导"滔"右边部分的笔顺,理解"形容枯槁"的意思。

3. 揭示课题,练习读好瀑布名字。

(二) 了解今昔,积累并有感情地朗读描写瀑布的语句

1. 看图片朗读词语。

咆哮而下　滔滔不绝　一泻千里

生命垂危　形容枯槁　奄奄一息

2. 学习第4—5自然段。

(1) 让我们随着摄影师的镜头一起领略大瀑布昔日雄伟壮观的风光。(观看大瀑布的视频)

(2) 有感情地朗读课文第4自然段。

(3) 师生合作读第5自然段。

(4) 说话练习。

如果你是巴西人,你带着远道而来的朋友来到这世界著名的大瀑布前,你

会说——

如果你是一个普通的观光者,此时此刻你站在从天而降的巨大水帘前,你会说——

你仰慕大瀑布的盛名,来到这里,你置身于这细细的水雾中,感受着这清新空气,你会说——

(5) 有感情地朗读第4—5自然段。

3. 学习第8自然段。

(1) 自由读课文的第8自然段。

(2) 说说"见此情景"是怎样的情景,体会其中的无奈。

(3) 理解"惆怅"的意思。

4. 对比朗读第4、5、8自然段。(随机)

(三) 了解原因,理解葬礼的特殊意义

1. "科学家们预测,过不了多久大瀑布将完全消失"中,"预测"是什么意思?科学家根据什么作出这样的预测?

2. 默读课文第7自然段,简要说一说。

3. 理解举行"葬礼"的特殊意义。

昔日雄伟壮观的大瀑布,由于人为的破坏,逐渐枯竭,如今像生命垂危的老人一般。科学家们预测过不了多久大瀑布将完全消失,这令人们震惊。

(1) 读第10自然段。

(2) 理解"葬礼"的意思。

(3) 理解"特别的葬礼"的含义,读第11自然段。

(4) 拦河建坝已成事实,无法改变,但是我们可以呼吁人们赶快行动起来,我们再也不能……不能……(板书:警示、呼吁)

(四) 读写训练,深化认识

请以巴西总统的身份把下面这段"讲话"补充完整,可以选用课文中的语句,也可以用上自己平时积累的语句。

女士们、先生们：

大家好！

今天，我们聚集在这里，沉痛悼念塞特凯达斯大瀑布。因为科学家们预测，过不了多久，塞特凯达斯大瀑布就会永远地从地球上消失了。我们不会忘记……我们也不会忘记……

可是今天，我们的塞特凯达斯大瀑布是什么样子呢？……

这一切，都是谁之过？

女士们、先生们！为了不让这样的悲剧重演，让我们携起手来，从现在做起……

（五）拓展总结，布置作业

总结：同学们，保护生态平衡，爱护我们赖以生存的地球，任重而道远！

1. 观看母亲河——黄河的对比照片，感受保护环境刻不容缓、义不容辞。

2. 学习菲格雷特总统在大瀑布葬礼上的讲话，写一份倡议书，呼吁全国人民行动起来保护黄河，保护我们的地球。

四、板书设计

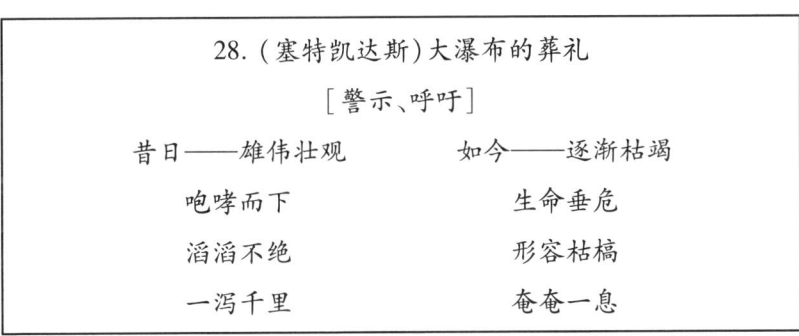

专家点评

为有源头活水来

今天，我听了一堂非常好的课，感觉仿佛享受了一顿语文大餐，这是我最近听到的一堂比较难得的、很正宗的语文课。

近来听到的一些课语文味越来越淡。不少语文课上,教师的表演很精彩,但学生一堂课下来究竟有何收获,在语文方面有何提高,似乎总说不出个所以然。但今天这样的语文课,学生很有启发,很有收获。

前不久,我参加了全国阅读教学的观摩活动。人民教育出版社《小学语文》的编辑跟我说:"吴老师,你对语言文字训练比较有研究,能否对这两次观摩活动六十几节课中学生语言训练比较出彩的案例评点一下?"我仔细地搜寻了一番,这样说一点儿也不夸张,因为有些教师几乎整堂课都在研究文本的思想内容,讨论学生的情感体验。这是20世纪90年代我们批判过的现象,在新世纪又重新出现了,这种现象具有一定的普遍性。

为什么会造成这种情况呢?问题可能出在我们的语文课程形态。现在教师上语文课就是教一篇篇课文,其主要责任好像就是让学生读懂课文的内容。其实正确的做法应该是用课文教学生学语文,而不是教课文。这完全是两个概念。如果是教课文,我们就要研究这篇课文的"道"。以《大瀑布的葬礼》为例,就是要研究如何让学生认识大瀑布,知道它以前是怎样的、现在是怎样的,以及如何让学生从大瀑布的变化、消失认识到人类对环境的破坏,从而启示学生要保护环境。这是社会课的目标、思想品德课的结论。如果是用课文教学生学语文,我们就不能只停留在大瀑布消失带给人们的启示上,而应在理解这一思想内容后,通过设计、指导,让学生在"听、说、读、写"的实践活动中获得更多的语文启示、更多的语文收获。换句话说,教师把立足点放在教课文上还是学语文上,学生在语文知识和语文能力方面的收获是截然不同的。

魏老师的这堂课是一个非常好的研究课例,真正做到了让学生通过一篇课文来学习语文。

一、抓好字词教学

现在低年级识字教学抓得还比较实,因为大家都知道识字教学不抓紧是要闯祸的。到了中高年级,字词教学逐步淡化,有的教师的课堂上甚至看不到字词教学,这很不正常。为什么媒体上经常出现大学生错别字很多,硕士、博士写文章语病很多的报道?主要根子在中小学,特别是小学。语文学习习惯形成的关键期在小学阶段,所以小学语文课中的字词句教学一定要抓住、抓实。魏老师这堂课的词语教学一开始就先声夺人。我觉得这个处理相当有智慧,先让学生默写 6 个词语,我想后面还需要一个核对订正的环节。整个过程中,"滔"字的笔顺、"枯槁"的意思、"生命垂危"的"垂"与"垂下头"的"垂"两个词义的比较都反映出教师教学的细致和深度。语文课就是要这样扎扎实实地抓字词教学。例如对"惆怅"的理解,魏老师也处理得非常好,让学生在语言环境中感悟、理解,把语言知识教学落到实处。

二、关注语感与语言的积累

魏老师在这堂课上让学生大量地积累词语,如板书中出现的这些词,又让他们在说话训练中反复地运用,这样的教学设计有助于学生理解、积累词语。如何让学生把这些词语深深地印刻在脑子里?最基本的方法就是读,多读,读到烂熟于心。学语文最基本的一个要点是熟读课文,熟读课文既能培养并规范学生的语言习惯,也能有效促进学生语感的形成。众所周知,我国传统语文教学非常重视朗读、背诵。以文言文为例,成绩一般的学生至少读 20 遍,成绩落后的学生甚至读 100 遍、200 遍,因为文言文不读,就不会有语感。现代语文,即语体文也需要形成相应的语感,而语感的形成必须靠朗读。语文课中包含各种各样的词语和句型,要想把这些规范的语句输入学生的头脑,最有效的办法就是朗读。现在有些教师把大量时间花在抓关键词句的理解上,效率往往不高,其实他们应该让学生通过朗读,把课文语言内化为自己的语言,这样学生的语言才有可能过关。孩子之所以会出现语病,就是因为他本身头脑里的语言不规范。而朗读能够使学生不规范的内部语言规范起来,这是提高语文课堂有效性的基本途径。读,不是只读一句,而是一篇篇地读,甚至熟读成诵。

除了规范语言,熟读成诵也是丰富语言的基本手段。语言丰富的标志包括词汇量丰富和句型句式丰富。有的人说话都是短句、大白话,没有文采。如果句子富于变化,善用成语,则令人感觉很有语言素养。这些词语、句子正是源于平时大量吸收、多读课文。假设小学阶段有 300 篇课文(现在新教材可能还不止),学生能够熟读成诵,那么学生语言的规范性、丰富性问题就能得到解决。可惜的是,很多语文课在这方面的工作还没做到位。

三、注重语言实践活动

为学生创设一个个语言环境,让他们用课文的语言来说话,把自己的感受、思想说出来,这一点在魏老师这堂课上尤为突出。《大瀑布的葬礼》这节课之所以充满语文味,一个很重要的原因是教师在课堂教学中很注重学生的语言表达实践。例如"如果你是一个普通的观光者……你会说——"这个设计增强了学生的身份感,学生不仅有话可说,还可借助课文的语言来说话。这个环节,四位同学进行了说话练习,时间很充裕,但如果让学生先在小组内讨论一下,每个人先自己练习一下,效果可能会更好。第二个设计是让学生以巴西总统的身份来说话。这个环节,教师指导得比较多,这很有必要,因为学生不太容易把这段话说好,这可能和这种类似命题说话的练习平时出现得较少有关。教师应该在语文课上训练学生的这种说话能力,这对他们今后踏上社会,在各种场合说话大有帮助。

语文课的确很难上,主要难在一堂课中要把"听、说、读、写"的训练和"字、词、句、篇"的教学融合在一起,还要结合得非常自然。今天,魏老师处理得相当好,很不容易,这是她教学智慧的表现。语文教师只有这样上语文课,才能不断提高语文教学的效率,切实增加语文课堂教学的有效性!

吴忠豪

上海师范大学教授、初等教育系原主任

教育部国培计划小学语文示范性培训项目首席专家

第三章　目标,理清思路

三年级《令人神往的日内瓦》

教材:沪教版语文教材三年级上册第23课《令人神往的日内瓦》

时间:2013年11月

地点:华东师范大学

◆ 设计理念

语文是一门实践性很强的学科,学生的语文学习不仅是一种认知活动,更是一种体验活动。文本的阅读过程,就是学生对文本的语言内容、语言形式及语言形式与内容之间关系的体验过程。听说是一种语言体验,读写也是一种语言体验。这种体验不是语文学习的终端,它贯穿于学习和运用语文的整个语言实践中,对学生语文能力的可持续发展和个体终身全面的发展都将产生逐渐显性化的长效作用。

基于阅读的读写训练就是一种体验性的学习活动。在阅读教学中,学生在阅读文本、理解文本语言的基础上,根据文本语言的特征,在教师的指导下进行语言体验,为今后独立运用这些语言打好基础。它是学生将阅读过程中已经理解的语言转化为能够运用的语言,从而提高语言表达能力的有效途径。

◆ 教学实录

一、记诵课文语句,回顾写作方法

师:昨天我们学习了《令人神往的日内瓦》,现在复习一下,谁还记得课文中描写日内瓦湖的句子?

生1:湖的南岸,高耸的雪峰上,白雪皑皑。

生2:湖的形状略像一弯新月,水色湛蓝,犹如翡翠铺成。

生3:沿湖公园密布,一幢幢造型奇特的别墅掩映其间。

生4:湖中有一座高达130米的人工喷泉,群群白鸽在湖畔漫步,天鹅、海鸥、野鸭在湖中追逐嬉戏。

生5：这些水上"居民"受到日内瓦人的精心保护，也充分享受着和平的幸福。

师：你们真棒！我们连起来读读这段话。（生齐读）

【点评】《令人神往的日内瓦》是小学三年级语文教材中一篇写景的课文，文中描写日内瓦湖的句子写得很美。第一课时，学生已在理解的基础上记诵过这些句子，这堂课（第二课时）一开始，教师便让学生回顾并背诵这些已经熟读成诵的句子，这有利于激活学生的已知，帮助他们为接下来尝试运用做好准备。

师：课文是按什么顺序来写日内瓦湖的？

生：课文先写湖，再写湖南岸的景色，接着写沿湖的景色，然后写湖中的景色，最后写湖中的水上"居民"和人的和谐相处。（教师依次板书：湖、湖南岸、沿湖、湖中）

师：湖南岸、沿湖、湖中分别写了哪些景物呢？（根据学生的回答依次板书：形状，水色，雪峰，公园，别墅，人工喷泉，白鸽，天鹅，海鸥和野鸭）

【点评】充分关注表达是阅读教学的任务之一。关注表达，不仅要关注课文写了什么，更要关注课文是怎么写的，是按什么顺序写的，即要充分关注文本的表达方式，因为这更能体现一篇文章作为语文教材所具有的教学价值。这一环节是对第一课时学习内容的复习和巩固。同时，教师还十分注重提升学生的语言能力，要求学生能用清晰、准确的语言完整地说一说。

师：最后谁再回忆一下课文是怎么把这些景色写生动、写具体的呢？

生：课文用了比喻的手法，把湖的形状比作新月，把湛蓝的湖水比作翡翠，多美呀！

生：课文还用了好多形容词——白雪皑皑、造型奇特、掩映其间。

生：课文还用了拟人的手法，说白鸽在"湖畔漫步"、野鸭在"追逐嬉戏"。

生：还用了列数字的方法，湖中央的人工喷泉高130米。

师：对呀，作者运用了很多形容词及比喻、拟人等手法把这些景色写生动、写具体，突出了日内瓦湖的美丽，让我们这些没有去过的人也仿佛身临其境。

【点评】对三年级的学生来说，按照一定的顺序把一个事物介绍清楚或把一件事说清楚，并不是一件容易的事。教师借助课文这个例子，利用图片、板书帮助学生回忆这段课文的写作顺序,为接下来的仿写做好了铺垫。学语文,归根结底是学语言,学习课文中规范的、富有表现力的语句,从而提高自己的语言能力。

二、运用已知,尝试表达

师:同学们,你们知道上海有个新天地吗?新天地里有个远近闻名的——太平湖。瞧,这是它的俯瞰图。(出示图片)

师:今天在座的来听课的老师中,有很多是第一次来上海,还没去过新天地。我们能不能学着课文的样子来介绍新天地的太平湖呢?(生答:能!)

师:我们也可以像课文那样先总的介绍太平湖,然后按照湖两岸、沿湖、湖中央的顺序来介绍。(出示:湖、湖两岸、沿湖、湖中央)

师:怎样才能把它们介绍得具体而生动呢?

(出示课文第2—3自然段)

生1:湖的形状略像个"S",弯弯曲曲的。水色碧绿,清澈见底,犹如翡翠铺成一般。

生2:湖的形状略像"S"形。清清的湖水微波荡漾。看着这平静的湖面,人的心情也放松了不少,感觉很舒服。

生3:湖的形状像一只可爱的小海马。平静的湖面,好像一面硕大的银镜。湖水清澈见底,水底的鹅卵石清晰可见。

师:你们能用上之前在课文里学到的句子来介绍,很棒!

【点评】理解、积累了语言,不等于会运用。在这堂课上,教师设置了一个任务,创设了一个让学生尝试运用课文语言的机会,即让学生用在阅读《令人神往的日内瓦》时学到、积累的语句来写自己生活中的事物——太平湖。

师:介绍完了湖,剩下的这几个方面你们就以小组为单位,挑选其中一个来说一说、写一写。

(学生奋笔疾书,教师巡视指导,并提醒学生注意写字姿势,教室里回响着优美的音乐)

三、交流共享,修改短文

师:老师给你们一个开头:你可曾去过新天地太平湖?那儿可美了!

生1:湖的形状像一只活泼可爱的小海马,湖水碧绿碧绿的,如同翡翠铺成一般,水里的鹅卵石也清晰可见,真是美丽极了!

生2：湖南岸、西岸有一幢幢像城堡一样的高楼和别具一格的石库门房子。高楼大厦就像雨后春笋般拔地而起。

生3：沿湖的树林，郁郁葱葱，枝繁叶茂，有柳树、松树和梧桐树。站在柳丝轻拂的岸边，柳枝摇摆着身子，薄雾像轻纱笼罩着水面，美妙极了！

师：写得太好了！特别是"站在柳丝轻拂的岸边"那一句，是《西湖名堤》课文里的，你用上去了，真棒！

生4：湖中央有一个2010年世博会吉祥物——海宝，它通身碧蓝，眼睛大大的，非常可爱！喷泉犹如一位女子在翩翩起舞，水珠像一颗颗珍珠，真美丽啊！

生5：湖中央有许多黑天鹅，它们时而高昂着头在水中嬉戏，时而曲颈低头，像一个仙子，它们的羽毛在阳光的照射下闪闪发光，真是美妙极了！

师：现在老师的要求更高了，哪位同学能连起来完整地介绍一下美丽的太平湖呢？自己先准备准备，尤其要注意句子之间的衔接。

（生交流略）

【点评】在有限的时间里，教师让学生自由选择一个方面来写，既降低了难度，又提高了兴趣。随后，孩子们在交流、合作、共享中完成了一段话的构思，相信回家落笔时不会再叫苦连天。教师教的过程也是学生学的过程。在这堂课上，通过随文练笔，学生不仅学会了按照一定的顺序介绍一个地方，还实现了文本语言的内化和外显，也就是将自己在阅读课文时理解、积累的语言内化为自己能够运用的语言，这是非常难能可贵的，也在真正意义上提高了语文学习的效率。

专家点评

读写体验　一课一得

新课程标准把语文课程的基本特点定位于"工具性和人文性的统一"，语文教学的主要任务之一是指导学生理解和运用祖国的语言文字，提高学生听说读写的能力。众所周知，习作与阅读既各成体系，又相辅相成。教师可将课文中有些材料作为习作训练的范例，让学生在感悟、模仿的基础上创造；也可设置情境或话题，让学生从感知这些情境话题入手，回忆已有的生活，调动已有的积累，表达自己的情感或见解……

当一篇文章作为社会阅读客体存在时,其主要价值在于传递信息,这种价值被称作文本的"原生价值";当作为语文材料时,其肩负的责任更主要的是让学生了解和学习它是怎样运用语言传递信息的,即所谓的"教学价值"。语文教材为这种语言表达训练——基于阅读的语言实践活动提供了许多例子。魏教师正是抓住课文《令人神往的日内瓦》中的语言素材,引导学生在阅读、理解并积累描写日内瓦湖景色的语句的基础上,尝试模仿课文的写法,运用课文中的语句来写自己熟悉的新天地太平湖。

比如课文中"湖的形状略像一弯新月,水色湛蓝,犹如翡翠铺成"一句运用比喻的方法,写出了湖的形状、湖水的颜色。学生在亲身体验了新天地太平湖的美景之后,写出了这样的句子:"新天地太平湖的形状像一只可爱的小海马。平静的湖面,好像一面硕大的银镜。湖水清澈见底,水底的鹅卵石清晰可见。"也有学生这样写道:"太平湖的形状像一只活泼可爱的小海马,湖水碧绿碧绿的,如同翡翠铺成一般,水里的鹅卵石也清晰可见,真是美丽极了!"虽然模仿的痕迹清晰可见,但对三年级的学生来说,从仿到创是学习写作的必由之路。

再如课文中写道:"湖中有一座高达130米的人工喷泉,群群白鸽在湖畔漫步,天鹅、海鸥、野鸭在湖中追逐嬉戏。这些水上'居民'受到日内瓦人的精心保护,也充分享受着和平的幸福。"学生在阅读时明白了作者是运用列数字、打比方、拟人等方法来突出喷泉的高和动物们的快乐。于是,在孩子们的练笔中出现了这样的句子:"最吸引人的是湖中央的音乐喷泉,它随着音乐时起时落,好像在跳舞一般。湖中央还有2010年上海世博会吉祥物——海宝。可爱的海宝正挥着手,好像在和我们打招呼呢!几只羽毛乌黑油亮的黑天鹅在湖中追逐嬉戏……"

　　学生在学习课文的过程中所接触到的各种语言素材,是他们学习语言的蓝本,也是整个学习过程的起点。我们可以说《令人神往的日内瓦》是今天学生习得语言、学习表达的蓝本,也是学生体验读写过程的一个新起点。叶圣陶先生说:"读与写甚有关系,读之得法,所知广博,眼光提高,大有助于写作练习。"课堂的学习时间是有限的,魏老师"一课一得"的做法值得大家借鉴。

吴立岗

原全国小学语文教学研究会学术委员会主任

上海师范大学教育科学研究所所长、研究员

第四章
内容,寻找秘妙

夏丏尊曾说:"一般科学的教科书应该偏重于阅,语言文字的教科书应该偏重在读。……像国文、英文两门是语言文字的功课,应在形式上多用力,只阅不够,该好好地读。"他主张学习国文应着眼于文字的形式方面。

叶圣陶说:"国文是语文学科,国文教学的重心在于语言文字。虽然国文教学富有'教育意义',但这不是它的'专任'。国文教学自有它独当其任的任,那就是阅读与写作的训练。"

阅读教学内容选择

由于《课程标准》没有明确语文课程具体的教学内容,教科书也没有清楚地规定每篇课文具体应该教什么,教师主要凭个人经验去判断和选择每篇课文的教学内容,因此如何确定教学内容显得尤为重要。

20世纪30年代,夏丏尊与叶圣陶合编的《国文百八课》将内容安排为"每课一单元,有一定的目标,内含文话、文选、文法或修辞、习问四项,各项打成一片"。其中文话是编排的纲领,文选配合文话,文法、修辞又取材于文选,这样不但让每一课成为一个单元,而且让全书成为一个有机的整体。其主要目的就是将国文教学细化为108课(单元),明确每一课的教学目标和教学内容,以提高国文教学的科学性。《国文百八课》从1935年到1938年先后印出四册,第五、六册因进入全面抗战阶段没能继续编印,实际只有72课。

例如第二册第12课的文话是抒情方式,分为明显与含蓄两种。文选则选了归有光的《先妣事略》和朱自清的《背影》分别作为明显抒情与含蓄抒情的范例,让学生从比较中理解和掌握这两种抒情方式。教师在教授时就要传授"抒情"这一语文知识。诚如叶圣陶先生在《文章例话》中所言:"我在每篇之后加上的一些话,……有的是指出这篇文章的好处,有的是说明这类文章的做法,有的是就全篇说的,有的只说到其中的一部分。……只希望对读者的阅读和写作方面有些帮助。"

新中国成立以后,除了1956年的教学大纲对各年级的阅读、汉语、作文、写字教学内容作了表述之外,之后各个时期颁布的"教学大纲"都没有对教学内容作具体表述。直至2011年修订的《义务教育语文课程标准》将"课程目标和内容"作为第二部分标题,也就是说在"课程目标"后面加上了"内容"。可见《课程标准》的编制者已意识到没有教学内容的缺憾,并为此付出了很大的努力,但似乎依然没能从根本上解决问题。

第四章 内容,寻找秘妙

一、什么是教学内容

语文教学内容指的是语文课程实施活动中供教师和学习者教与学的内容,是语文教师根据语文课程标准和学生学习的实际需要在备课中对教材内容进行选择、加工和设计的内容,以及在教学过程中对既定内容的实施和适当的补充、删改。语文教学内容包括语文教学的重点内容、难点内容等。

1. 语文教学内容不能等同于语文课程内容

语文课程内容是语文课程具体形态层面的概念,指为达到语文学科特定的课程目标而选定的事实、概念、原理、技能、策略、态度、价值观等。它主要回答"为什么教"的问题,即为了有效达成语文课程标准所设定的语文素养目标,语文课程研制者建议"一般应该教什么"。语文课程内容是学生学习语文必须掌握的且可以终身受用的语文知识、语文方法和语文技能。这些知识、方法和技能应该是相对稳定、不可替代的。

2. 语文教学内容不能和教材内容画等号

语文教材内容是语文教材具体形态层面的概念,指为有效反映、传递课程内容诸要素而组织的文字与非文字材料及其所传递的信息。它包括根据语文教学大纲或课程标准编写的供师生在语文教学中使用的材料,如教科书、习题集、练习册等,其中尤以语文教科书,即课本所占据的地位最为重要。

"教材是教学内容的重要成分,但它不过是一种成分。"①教学内容不仅包括教材内容,还包括引导作用、动机作用、方法论指导、价值判断、规范概念等。总之,教学内容是课程内容的最终归宿,它来自教材,更来自教与学的共同创造。

二、确定教学内容的策略

《课程标准》指出:"语文课程是一门学习语言文字运用的综合性、实践性课程。义务教育阶段的语文课程,应使学生初步学会运用祖国语言文字进行交流沟通,吸收古今中外优秀文化,提高思想文化修养,促进自身精神成长。工具性

---

① 钟启泉.语文教育展望[M].上海:华东师范大学出版社,2002:204-210.

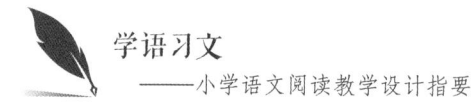

与人文性的统一,是语文课程的基本特点。"根据学科的课程性质,可以看到语文课程的核心任务是"学习语言文字运用","初步学会运用祖国语言文字进行交流沟通,吸收古今中外优秀文化,提高思想文化修养,促进自身精神成长"是义务教育阶段语文学习的主要目标。

1. 依据课程标准确定教学内容

每一门课程都有反映其学科本质特征、区别于其他课程的教学内容,如语文课程的语文知识、语文策略(方法)和语文技能。这类教学内容是语文课程必须承担的本职任务,反映出语文课程区别于其他课程的本质特征;完成这些教学内容,就能为学生学习各门课程、提升人文素养奠定基础。语文作为一门以培养学生语言文字运用能力为主要目标的综合性、实践性课程,理应以语文知识、方法和技能为主要教学内容展开教学,而情感、态度、价值观等应渗透在语文知识、方法和技能的学习过程中。

特级教师于永正曾经公开教学《高尔基和他的儿子》这篇课文。第一课时,于老师先教学生有感情地朗读课文。因为所教学生来自五年级,所以正确、流利地朗读基本没问题,只是没有感情。接着于老师示范朗读课文,学生聆听。于老师读得声情并茂,学生不由自主地鼓起掌来。于老师问大家为什么鼓掌,学生说于老师读得很投入,和课文中的人物思想感情完全融为一体。随后于老师让学生模仿着有感情地朗读课文。这一次孩子们都非常认真,使劲地想把感情读出来。

第二课时,于老师和学生一起讨论这篇课文哪些地方最让人感动,并要求他们把这些语段画出来,然后在旁边学写批注。于老师告诉学生不动笔墨不读书,读书时要写下自己的体会,这是好的阅读习惯。学生写完后,先同桌交流,然后进行全班评点,接着于老师出示自己的评点,让学生体会好的评点应该是什么样的。最后,于老师让学生根据这篇课文内容,以"儿子"的身份给"父亲"(高尔基)写一封信,每个学生都经历了一次动笔写的练习。

这堂课的教学内容有三项:有感情地朗读课文,写批注,根据课文内容写一封信。整堂课,学生就是围绕这三个内容进行学习的,而对高尔基父子之间的亲情及"给永远比拿愉快"这一哲理的体会,则渗透在朗读、批注、写信这些教学内容之中。

中国教育学会小学语文教学专业委员会理事长崔峦说:"阅读教学是干什么的?凭借文本的语言,着重培养感受语言、理解语言、积累语言、运用语言的能力,同时受到情感的熏陶、思想的启迪,享受审美乐趣,丰富精神世界,从而在学习语文的同时学习做人。"

2. 根据教材编写意图确定教学内容

一篇文章的"原生价值"是满足社会大众的阅读需要,读者阅读的主要目的是从中获取自己所关注的信息。入选教材后,文章则在其"原生价值"的基础上生发出"教学价值",即让学生了解和学习它是怎样传递信息的,或者说是怎样运用语言传递信息的。"教学价值"包括知识价值、情意价值、智能价值(语言信息处理价值)三个方面。[①] 因此教材编写者在选择文本作为课文时,一定有其明确的编写意图,它们往往隐含在单元导语、课后练习和语文园地里,领会教材编写意图有利于教师选择合适的教学内容。

比如统编教材五年级上册第六单元围绕"舐犊之情,流淌在血液里的爱和温暖"这一主题,选编了《慈母情深》《父爱之舟》《"精彩极了"和"糟糕透了"》三篇课文及口语交际、习作和语文园地等。在本单元的导语页上有这样两句话"注意体会场景和细节描写中蕴含的感情""用恰当的语言表达自己的看法和感受",显然编者是在告诉我们教学中要重点关注这两个语文要素。在《慈母情深》的课后有这样的练习:默读课文,边读边想象课文中的场景,把你感触最深的地方画出来,说说哪些地方体现了"慈母情深"。在《父爱之舟》的课后也有类似的阅读要求:说说在"我"的梦中出现了哪些难忘的场景,哪个场景给你的印象最深。

在语文园地的"交流平台"中,编者就本单元主题和语文要素作了进一步说明:"作者的感情有时是通过场景描写表达出来的,如《父爱之舟》中描写了'我'与父亲逛庙会的场景,流露出父子之间的温情。有时,浓厚的感情藏在字里行间,需要用心品味,如《慈母情深》有一个细节描写:'母亲掏衣兜,掏出一卷揉得皱皱的毛票,用龟裂的手指数着。'从中可以感受到母亲工作的辛苦,挣钱的不

---

① 胡立根.中学语文教材教学价值特征简论[J].深圳教育学院学报,1999,4(2):43-48.

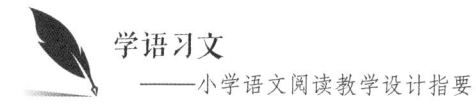

易,还可以联系上下文体会到'我'的羞愧和自责。""交流平台"还提示学生阅读时关注课文中抒情的语句,品味令自己印象深刻的场景描写和细节描写,从而更好地体会作者的思想感情。

把这几个体现编者意图的板块联系起来思考,可发现它们是一个有机联系的整体。单元导语页上的人文主题和语文要素是本单元教与学的重要提示,从中可以明确"体会场景和细节描写中蕴含的感情"和"用恰当的语言表达自己的看法和感受"是本单元教学内容的重点。

根据教材编写意图选择教学内容,还需要关注单元教学重点内容之间的联系。比如"如何读懂一篇课文",三到六年级依次安排了八个单元进行重点学习:三年级是"借助关键语句理解一段话的意思"和"借助关键语句概括一段话的大意",四年级是"关注主要人物和事件,学习把握文章的主要内容"和"学习怎样把握长文章的主要内容",五年级是"结合查找的资料,体会课文表达的思想感情"和"抓住关键词句,初步体会课文表达的思想感情",六年级是"体会文章是怎样围绕中心意思来写的"和"体会文章是怎样表达情感的"。这些为教师选择适切的教学内容提供了依据。

3. 根据课文自身的特点及其教学功能确定教学内容

每一篇入选教材的课文都有其自身的特点:有的情节曲折,引人入胜;有的言简义丰,意蕴深远;有的构思巧妙,明暗交错……文章的内容各具特色,文章的结构各不相同,文章的表达方式各有千秋,这些特点也是我们选择教学内容的重要依据之一。

比如四年级课文《诚实与信任》记叙了"我"深夜驱车回家途中,不小心撞碎了路边小红车的反光镜,"我"主动留下写有自己姓名、电话的纸条,后来双方通过电话沟通使事情得到圆满解决。本文选取的是生活中极其平常的小事,按照事情的发展顺序叙述。课文第1—3自然段用平实的语言叙述了一天深夜,"我"驱车回布鲁塞尔,快到家时不小心碰碎了停在路边的小红车的反光镜,于是"我"留下字条,希望车主与我联系。而从第4自然段至文末,则采用对话的形式讲述了事隔三天小红车的主人打来电话,向"我"表示感谢并说"诚实和信任比金钱更重要"。

根据四年级的年段要求及教材本身的特点,特级教师薛法根确定了以下三个教学内容:(1)练习概括"一天深夜"和"事隔三天"发生的事情,并完整地概括课文主要内容;(2)学写留言条;(3)学习分角色朗读对话,知道口头语言和书面语言的不同之处。以下是薛老师的《诚实与信任》教学片段。

【片段1】学写留言条

师:你们写过留言条吗?(板书留言条的基本格式)

师:留言条是有格式的。首先,你要知道是写给谁的,这叫称呼;中间部分是留言的内容;右下角写是谁留的;最后留下日期。

师:猜一猜"我"会在这张字条上写什么。

生:留下姓名、电话。

师:留言条上还留了几句重要的话,会是什么?

生:对不起,我不小心撞碎了您汽车的反光镜。

师:好,有道歉的语言,有事实的真相。

师:还有没有留下让人感动的话?

生:让车主联系自己,进行赔偿。

生:亲爱的车主……

师:为什么要用"亲爱的"?告诉你,对方是陌生人,对陌生人不要过分亲密。换个说法吧,表示热情,但又不能过于热情。

生:敬爱的……

师:老师告诉你们,可以说"尊敬的"。

生:尊敬的车主。

师:写了称呼、自己真实的姓名与电话、事实的真相、表示的歉意,还要告诉车主小红车超出停车线二三十厘米。怎么写?同学们,动动脑筋,打开本子,写一张留言条。3分钟时间。要写出事实的真相,表示歉意并愿意赔偿,还要提醒对方车子违规了。

(生练写,师巡视并提醒写上真实的姓名和电话,做到言简意赅)

全班交流。

生:尊敬的车主,您的车子超出停车线二三十厘米,因此,我不小心碰坏了车子的反光镜,实在对不起!请您打我的电话与我联系,我会做出赔偿。电话……

杨莹,11月3日。

师:哈哈,如果我是车主,会想:什么?看这么仔细?用尺子量过了?责任不就在我了吗?这个地方要修改!

生:尊敬的车主,您好!昨天夜里,我不小心将您车子左侧的反光镜碰坏了。您的车子虽然超出了停车线,但责任应该在我。在此,我想对您说声对不起。罗嘉欣,电话……11月3日。

师:留下了"我"的联系电话,不错。责任在"我",说清楚了。还有谁写得不一样?

生:尊敬的车主,我不小心把您汽车的反光镜弄坏了。虽然您超出了停车线,但您的车毕竟是停着的,责任在我。修车的费用应由我来支付。我的联系电话……曹静泽,11月3日。

师:看,他很真诚,除了说"对不起",还愿意赔偿。我们要把表示愿意赔偿的话写上。

生:尊敬的小红车车主,我不小心把您汽车的反光镜弄碎了。真对不起!请您联系我,我会赔偿您的。我的电话是……还有一件事我不得不提醒您,您停的车超出了停车线。张嘉英,11月3日。

师:如果这张留言条有一点温度的话会更好。比如这样说:温馨地提醒您,停车不要超过停车线,以免发生类似事故。

(生修改留言条)

师:一张小小的留言条不仅能感动别人,还能表达自己的责任、歉意,是不容易的。(指名再交流)

师:在四周无人的情况下,"我"留下了一张字条。这张字条是这样写的:

尊敬的车主,我不小心把您汽车的反光镜弄坏了。我愿意赔偿,请您跟我联系。我的电话是……但我想温馨提醒您,以后停车不要超过停车线,以免发生类似事故。××　×月×日

在这个教学片段中,薛老师先指导学生复习留言条的格式,然后根据课文第1—3自然段讲述的事情,讨论留言条的内容。在学生动笔之后的交流过程中,薛老师敏锐地捕捉到学生语言表达中出现的种种问题,并加以一一点拨、指导。

随后,学生再修改,再交流。整个过程自然流畅,扎扎实实。这个教学环节一方面指向了语用,指导学生学写留言条,另一方面指向阅读理解,让学生进一步体会"诚实与信任"的丰富内涵。这正是课堂上薛老师花不少时间来指导学生讨论、交流、练写留言条的意义所在。

【片段2】还原打电话情境

师:事隔三天,他们进行了一次通话,我们称之为"对话"。(板书:对话)

师:谁能够完整地叙述一下?

生:事隔三天,车主打来电话,"我"在电话中向他表示歉意,并提出赔偿。他却向"我"表达了谢意,谢绝"我"的赔偿。他还说,诚实和信任比金钱更重要。

师:如果后面的故事不用对话的方式写,而和前面部分一样,就叫作叙述。(板书:叙述)

师:作者为什么用对话的方式而没有用叙述的方式写呢?

生:如果叙述的话,感觉比较拖沓。

师:哦,对话更直接。

生:难以表达出谢意。

师:对话能够表达诚意。

师:这番对话来自两人的电话交流。如果将对话改成叙述,表达效果就不一样了。如实地用对话的形式呈现,电话的内容就更完整、更真实了。

师:谁愿意和老师一起来打个电话?

(生上台和师打电话)

师:我们来背靠背打个电话。这可是世界上最遥远的距离。(生笑)

师:同学们,认真听,看看谁更能打动你。

师:喂,您好!

生:您好!

师:您是谁呀?

生:我就是小红车的车主。

师:哦,对不起,对不起!我不小心把您汽车的反光镜碰坏了。

生:没关系,已经换上了!我打电话是向您表示感谢的。

师:不不不,是我要向您表达歉意。请您把购货单据寄来,我好把钱寄给您。

生:不用了。你在无人知晓的情况下主动给我留下字条,这使我很感动。

师:这是应该的,这笔费用应由我来支付。

生:不,人与人之间还有比金钱更重要的东西,你给我留下了诚实和信任,这比金钱更重要。我再一次谢谢你!(生鼓掌)

师:好了,同学们看看,我们两个人的通话,谁更热情?谁的话更有温度?(生评价)

师:从哪里看出我表达了歉意?

师:"对不起,对不起……"是重复,"不不不,是我要向您表达歉意"也是重复。为提高真诚度,有时候可以适度重复礼貌的语言。虽然他的感情比我丰富,但是我的语言形式也能表达这种真诚的情感。你们也来试试看。

(生练读对话)

在这一教学片段中,薛老师聚焦"对话"与"叙述",引导学生体悟语言表达形式的不同意味。薛老师先结合文本引导学生认识什么是"对话",什么是"叙述",然后让学生进行语言重组,将对话改为叙述,再辨析对话与叙述的不同之处,最后通过还原打电话的交际情境,让学生进一步体会如何通过语言形式表达情感。

"打电话"这一口语交际环节的设计与处理特别巧妙。学生在电话交际的情境中充分感到语言的温度,并通过辨析生活语言与文本语言,体会到在口语交际中适度的重复更能表达真挚的情感。

正如薛老师所言,每篇课文都隐藏着作者的言语意图,这种意图是借助特定的语言表达方式与语言结构体现出来的。每一种特定的语言表达方式或语言结构都具有独特的语言交际功能。教师只有深入研读教材,敏锐而准确地发现内容背后的语言形式,才能科学地确定具有语文学科特征的教学内容,担负起语文教学的"独当之任"。

再如曾发表在《初中生世界》上的小小说《恶魔约翰》,全文仅有280字。学生通过阅读知道了美国西部有个酒吧,知道了有恶魔约翰这个人;但是当教师把它拿到课堂上作为教材时,《恶魔约翰》就不仅仅是传递信息了,而是要让学生知道文章是如何传递信息的。

第四章 内容，寻找秘妙

恶魔约翰

杰克到刚刚开垦的美国西部地区谋生。他在一个小酒吧当上了酒保,这个酒吧的主要顾客是附近地区的牛仔和农民。上班第一天,酒吧老板特别提醒杰克:"如果听到别人说'恶魔约翰来了',你就赶紧逃跑,因为这个约翰是方圆几百英里内最危险的通缉犯,连警察都拿他没办法!"

这天中午,酒吧外面一阵大乱:"约翰来了,恶魔约翰来了!"杰克正在洗手间,等他提着裤子走出来,酒吧里的客人早就跑得干干净净。只听见有人"砰"地踢开前门,一个凶神恶煞般的大汉气势汹汹地大步走进酒吧,把手枪往吧台上一拍:"给我一杯墨西哥烈酒!"

这时候杰克已经来不及逃跑了,只好战战兢兢地递给那大汉一杯墨西哥烈酒。那大汉将酒一饮而尽,然后将酒杯砸在吧台上。

"您……您再要一杯吗?"杰克哆嗦着问。

"见鬼,我没有时间!"大汉冲他吼道,"你不知道恶魔约翰就要来了吗?"

《恶魔约翰》中的恶魔如何之"恶"？文章并没有言及,甚至连恶魔约翰的影子也没有出现,只是让"一个凶神恶煞般的大汉气势汹汹地大步走进酒吧,把手枪往吧台上一拍",通过大汉的两句话"见鬼,我没有时间!""你不知道恶魔约翰就要来了吗?"把约翰的"恶魔"形象烘托渲染得淋漓尽致。

特级教师贾志敏根据这篇小小说的特点,选择"烘托"这一写作手法作为教学内容。以下是贾老师的《恶魔约翰》教学片段。

【片段1】朗读课文,理解词语的意思

师:《恶魔约翰》全文共280个字。请两名同学站到前头来读。

(指名一女生朗读,师板书:酒保、吼道)

师:好。读书可以分成四等:很好、好、可以、不好。你读得好。

(指名一男生朗读,师板书:一饮而尽)

师:从"约翰来了,恶魔约翰来了"开始读得好一些了。很抱歉,你只能算"可以",和刚才的女生相差一个等级。

师:"酒保"是什么意思?

生:酒店或酒吧里的服务员。

生：服务生。

师："吼道"是什么意思？

生：大声地叫。

师："一饮而尽"呢？

生：一下子喝完。

【片段2】朗读文中四个人物的语言，读出不同的语气

师：文章中写人物语言的有四个人五句话。第一是"老板"，第二是"酒保"，第三是"大汉"，第四是"杰克"。请四位同学读四个人说的话，读的时候要注意语气、心情是不一样的。

生1：（读）上班第一天，酒吧老板特别提醒杰克："如果听到别人说'恶魔约翰来了'，你就赶紧逃跑，因为这个约翰是方圆几百英里内最危险的通缉犯，连警察都拿他没办法！"

师：很好。

生2：（读）这天中午，酒吧外面一阵大乱："约翰来了，恶魔约翰来了！"

师：很好！

生3：（读）只听见有人"砰"地踢开前门，一个凶神恶煞般的大汉气势汹汹地大步走进酒吧，把手枪往吧台上一拍："给我一杯墨西哥烈酒！"

师：很好，像个凶神恶煞的大汉。

生4：（读）"您……您再要一杯吗？"杰克哆嗦着问。

生5：（读）"见鬼，我没有时间！"大汉冲他吼道，"你不知道恶魔约翰就要来了吗？"

师：很好，都很好。

【片段3】找出描写约翰的语句

师：现在，老师提出一个既容易也不容易的问题：为什么说约翰是恶魔？请你从文中找出描写约翰语言、动作、神态的句子。

（学生读文章，找句子）

师：好了吗？

（刚开始没有学生举手，后来在教师的催促下有几个学生举起了手）

生1：只听见有人"砰"地踢开前门，一个凶神恶煞的大汉气势汹汹地大步走

进酒吧,把手枪往吧台上一拍:"给我一杯墨西哥烈酒!"

师:大汉怎么喝的?

生1:那大汉举起酒杯一饮而尽,然后将酒杯重重地砸在吧台上,碎了。

生2:大汉冲他吼道。

生3:"见鬼,我没有时间!"大汉冲他吼道,"你不知道恶魔约翰就要来了吗?"

生4:大汉气势汹汹。

师:课文里根本没有出现约翰,哪来约翰的语言、动作、神态?但是课文里虽然没有约翰语言、动作、神态的描写,恶魔约翰的形象却呼之欲出,这种方法叫"烘托"。你看,那个大汉多厉害,可是听说约翰要来了,还不是吓得说没有时间,赶快逃跑。

(最后两个自然段教师和一名学生一起读)

师:"您……您再要一杯吗?"杰克哆嗦着问。

生:"见鬼,我没有时间!"大汉冲他吼道,"你不知道恶魔约翰就要来了吗?"

4. 依据学生的实际情况确定教学内容

一篇课文可以选择的教学内容往往很多,这需要教师正确判断、合理取舍。现在我们的语文课往往教的内容太多、太散,教师解读文本时认为有价值的都要教,但都是蜻蜓点水,浮光掠影,只求教过,不求教会。

比如五年级课文《桥》塑造了一位普通的老共产党员的光辉形象:面对狂奔而来的洪水,他以自己的威信沉稳、高风亮节、果决指挥,将村民们送上跨越死亡的生命桥。他把生的希望让给别人,把死的危险留给自己,用自己的血肉之躯筑起了一座不朽的桥梁。这篇课文情节跌宕起伏,扣人心弦;语言简练生动,极富韵味。在表达方法上有四个突出的特点:(1)以洪水作为线索,不断加剧冲突,推进情节的发展,直至高潮;(2)构思新颖别致,设置悬念,前后照应;(3)多用简短的句、段渲染紧张的气氛;(4)大量运用比喻、拟人等修辞方法,增强表现力。

这样的课文可以教的知识点肯定很多:有的教师认为课文中的对比描写很突出;有的教师说这篇课文层层推进,一层一层地揭示了老支书高大的形象、崇高的思想;另一位教师说这篇课文最后才揭开悬念,所以结尾非常精彩。如果每个知识点都教,再加上这篇课文的字词教学要求,那么每个知识点的教学都只能是蜻蜓点水,一掠而过。其实语文课不应该追求教过,而应该追求教会。备课讨论后大家达成共识,就是要学会舍弃,"伤其十指不如断其一指"。

课文最后写洪水退了后,一个老太太来祭奠两个人,一个是她的丈夫,一个是她的儿子。故事到这里戛然而止,这时人们才恍然大悟,知道了同时牺牲的"老汉"和"小伙子"的关系。这样安排结构,虽让人深感"意料之外",但联系前文仔细想想又在"情理之中",达到了震撼人心的艺术效果。结尾揭开悬念对五年级学生而言是可以掌握的,这篇课文的教学可以围绕这个知识点设计教学过程:先让学生想一想是否可以一开始就点出他们是父子关系,再让他们读一读现在这样写了有什么好处。通过比较,学生认识到课文最后揭开悬念,能够增强文章的吸引力,有悬念感。那么这个方法怎么用?教师可另选一篇一开始就交代结果的文章,让学生模仿课文修改成最后揭开谜底。这篇文章该怎么改?改了后有什么效果?通过实践操练,学生很容易掌握这一表达方法。在实践中学习,在体验中成长,符合儿童学习的规律。

教学不仅涉及教师想教什么、怎么教的问题,更要考虑学生需要学什么、怎么学的问题。归根结底,教师要根据学生的实际情况,依据学生的学习状态来决定教什么和怎么教。因此,教师在选择教学内容时,要选择学生预习时理解不了、想不明白、揣摩不出的内容。

根据学生的实际情况选择教学内容,还应该具有儿童本位意识,考虑到儿童的年龄特征、生活经验、认知水平及思维特性等,这样才能使阅读教学更有针对性和实效性。

教学内容的确定关系到教学目标的达成,我们不仅要明确教什么比怎么教更重要,学习语言形式比了解故事内容更重要,还要明确语文课程致力于培养学生的语言文字运用能力,提升学生的语文素养,为他们学好其他课程及终身学习和有个性地发展打下基础。

第四章　内容,寻找秘妙

我的语文课:五年级《唯一的听众》

教　材:沪教版语文教材五年级下册第 28 课《唯一的听众》
时　间:2015 年 5 月
地　点:上海师范大学附属卢湾实验小学

◆ 设计理念

"语文是一门学习语言文字运用的综合性、实践性课程。"按照《课程标准》对语文课程功能的阐述,我们可以把语文课程的教学内容大致划分成两大类:一类是语文本体性教学内容,一类是非本体性教学内容。

语文本体性教学内容就是前文所说的反映这门学科本质特征、区别于其他课程的教学内容,包括语文知识、语文策略(方法)和语文技能。非本体性教学内容包括情感、态度、审美、价值观教育、多元文化学习、思维能力(包括创新精神)培养等,这类内容由基础教育各门课程共同承担,且学校、家庭、社会对学生情感、态度、价值观的形成所发挥的作用远远超过语文课程。由此可见,语文课程应该以语文知识、方法和技能,即本体性教学内容为目标展开教学。

以五年级课文《唯一的听众》教学为例,这是一篇不多见的文质兼美的课文,讲述了"我"是一位小提琴爱好者,在一位自称耳聋的老人(音乐学院的教授)的鼓励下,坚持不懈地练琴,终于拉出了美妙的曲子。不少教师在教学这篇课文时往往抓住人物的神态、动作、语言描写,让学生想象人物的心理活动,感受老教授对"我"真诚无私的鼓励和帮助,使"我"懂得了要想获得成功就要有勇气、有信心、有毅力;也有教师在带领学生研读了老人三次"平静地望着我"之后,让学生联系上下文想象老人内心想要说的话来进行写话练习。通过这样的学习,学生收获了什么?学生知道了课文写了什么,知道了有这样一位可敬可爱的老人,以及发生在"我"和老人之间的故事……但是,学生的语言学习是否有长进呢?语言运用能力是否有提升呢?

我在细细研读了课文之后,把这篇课文的核心教学目标定位在复述——创造性地复述,这是语文本体性教学内容,即借助《唯一的听众》这个例子来学习创造性地复述课文,从而进行一次语言实践活动。创造性复述的方法有很多,本课主要尝试将多种复述方法组合起来:补充内容的复述,改变叙述顺序的复述,转换角色的复述。整堂课就是围绕这个目标展开教学,而对课文思想内容的理解,以及对老教授给予"我"的不同寻常的教育和帮助的体会,也就是非本体性教学内容,则渗透在朗读背诵、词句理解和创造性复述这些本体性教学内容的学习过程中。

两课时上完后,学生完成了一个"作品",即通过创造性复述完成的习作:以老教授的口吻,采用倒叙的手法,讲述了一个青年小提琴爱好者成长的故事。习作中,老教授的所见所闻来源于课文中的有关描写,老教授的所思所想则是学生读课文后的想象。由于课文中优美的语句给了学生很大的语言支撑,学生写起来并不觉得困难,大多数练笔完成得非常好,学生不仅尝到了练笔的乐趣,还获得了成功的喜悦。

教学设计

第一课时

一、课时目标

1. 正确、流利地朗读课文,理清脉络,了解课文主要内容。

2. 理解"沮丧、诅咒、潜滋暗长、指点"等词语的意思,并能联系上下文说说"林中和谐的美"的含义。

3. 创造性地复述一天早晨"我"和老教授初次见面的情形。

4. 品读课文中描写老妇人语言、神态的语句,感受人物的美好心灵。

二、教学过程

(一) 预习反馈,交流对"唯一的听众"的了解和认识

1. 指名分自然段朗读课文,要求读正确。

2. 交流:唯一的听众＿＿＿＿＿＿＿＿＿＿＿＿＿＿。

(板书:身份、外貌、言行)

(二) 指导分段,理清脉络,了解课文主要内容

1. 课文哪几个自然段写那天早晨"我"和老教授初次见面的情形?

2. 给课文分段:第 1 段即第 1 自然段,第 2 段即第 2—8 自然段,第 3 段即第 9—12 自然段,第 4 段即第 13 自然段。

3. 说说课文主要内容。

(三) 重点学习第 2 段,感受老人美好的心灵,练习复述"一天早晨"发生的事情

1. 自由读课文第 2—8 自然段。

2. 自由提问。

(预设)

这个音乐学院的教授为什么要装聋子?

为什么说老人说的话在"我"听来是"诗一般的语言"?

"我"从未有过的感觉是什么感觉?

为什么在老人说的两句话中插入景色描写?

为什么这里没有父亲和妹妹的评论,"我"还是感到懊恼?

为什么"我"被老人诗一般的语言打动了会羞愧?

……

3. 释疑。

那天早晨老妇人看到了什么?听到了什么?想到了什么?又说了什么(理解"诗一般的语言")?

看到——

一个小伙子在一棵树下站好,庄重地架起小提琴,像一个隆重的仪式,拉响了第一支曲子。

小伙子冲她笑了笑,准备溜走。

小伙子指了指琴,摇了摇头,意思是说他拉不好。

听到——

锯桌腿般的琴声。

小伙子低声说:"我真是个白痴!"

想到——

小伙子爱音乐,爱小提琴;对自己没信心,怕难为情;要增强他的自信心,要鼓励他持之以恒。

说到——

是我打搅了你吗？小伙子。不过,我每天早晨都在这里坐一会儿。

我猜想你一定拉得非常好,只可惜我的耳朵聋了。如果不介意我在场的话,请继续吧。

也许我会用心去感受这音乐,我能做你的听众吗？就在每天早晨。

4. 创造性复述。

假如你就是那位音乐学院的老教授,你会怎么叙述这天早晨发生的事情呢？教师建议:

（1）可以下面这句话作为开头（出示句子）:那天早晨,林子里静极了。我像往常一样坐在木椅上休息……

（2）不仅要叙述"我"（老教授）的所见所闻所言,还要想象"我"的心理活动,使故事更生动。

（四）布置作业

1. 有感情地朗读课文第 2—8 自然段,再熟读第 9—13 自然段。

2. 将课内复述的内容写下来（见第一课时学习单）。

三、板书设计

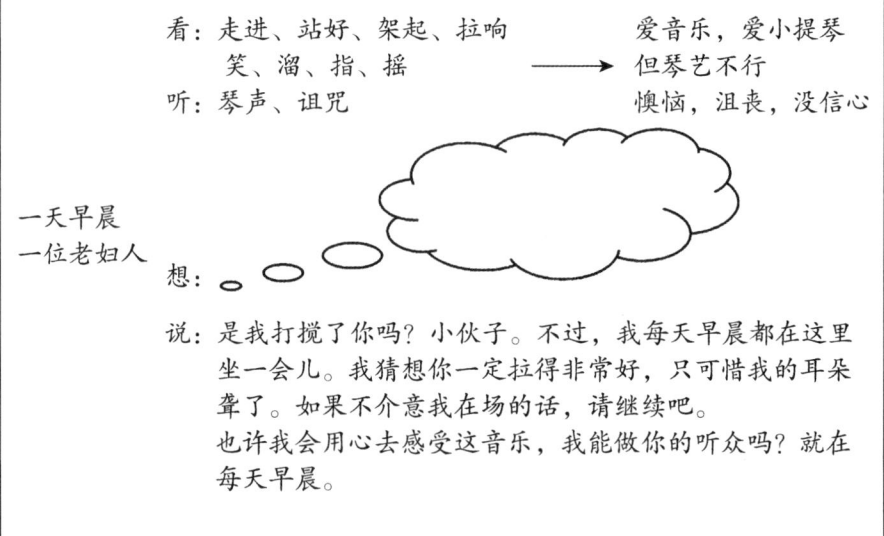

四、学习单设计

第一课时学习单

假如你就是那位音乐学院的老教授,你会怎么叙述这天早晨发生的事情呢?

那天早晨,林子里静极了。我像往常一样坐在木椅上休息。_____
_____
_____
_____

第二课时

一、课时目标

1. 朗读课文,理解两个"秘密",重点读好"每天清晨"三段话。

2. 背诵课文第12自然段,练习复述有关内容,并感受老人美好的心灵。

3. 练习运用文中的有关语句进行续写。

4. 复习归纳创造性复述的方法。

二、教学过程

(一) 作业交流:根据创造性复述的要求集体交流、评价

(二) 围绕两个"秘密",读好"每天清晨"三段话

1. 出示:

我一直珍藏着这个秘密,终于有一天……

我一直珍藏着这个秘密,珍藏着一位老人美好的心灵。

这两个"秘密"一样吗?为什么?

2. 研读:我一直珍藏着这个秘密,终于有一天……

（1）有感情地朗读,理解"一种从未有过的感觉"。

（出示）以后,每天清晨,我都到小树林去练琴,面对我唯一的听众——一位耳聋的老人。她一直很平静地望着我。我停下来时,她总不忘记一句:"真不错。我的心已经感受到了。谢谢你,小伙子。"我心里洋溢着一种从未有过的感觉。

讨论:在拉小提琴这件事上,我有过的感觉是什么？如今这种"从未有过的感觉"是什么？

（2）有感情地朗读,体会"我的琴声能给她带来快乐和幸福"。

（出示）同时每天清晨,我还要面对一位耳聋的老人尽心尽力地演奏；而我唯一的听众也一定早早地坐在木椅上等我了。有一次,她竟说我的琴声能给她带来快乐和幸福。我也常常忘记了她是个可怜的聋子。

3. 研读:我一直珍藏着这个秘密,珍藏着一位老人美好的心灵。

（1）读读。

（出示）每天清晨,我总是早早地来到林子里,面对着这位老人,这位耳"聋"的音乐家——我唯一的听众,轻轻调好弦,然后静静地拉起一支优美的曲子。我渐渐感觉我奏出了真正的音乐,那些美妙的音符从琴弦上缓缓流淌着,充满了整个林子,充满了整个心灵。我们没有交谈过什么,只是在一个个美丽的清晨,一个人默默地拉,一个人静静地听。老人靠在木椅上,微笑着,手指悄悄打着节奏。她慈祥的眼睛平静地望着我,像深深的潭水……

（2）说说。

她慈祥的眼睛平静地望着我,像深深的潭水,似乎在说——

（3）背背。

我一直珍藏着这个秘密,珍藏着一位老人美好的心灵。终于有一天……虽然我们没有交谈过什么……但是我看到了老人……

（三）创造性复述（续写）

1. 自由准备:描述"我"（老教授）看到的舞台上青年的样子和听到的乐曲声。

（出示）晚上,我坐在音乐厅的观众席上。"下面请青年小提琴演奏家落雪为大家演奏。"主持人话音刚落,一个青年人健步走到舞台中央。只见他……那曲子（琴声）……

2. 交流前两个省略号应该补充的内容。

3. 写段练习。

4. 交流点评。

5. 学生组合两节课的练笔,并为自己的习作取名。

(补充出示)看着这似曾相识的脸庞,我想起来了:他就是当年那个每天在树林里练琴的小伙子。我还清楚地记得我们第一次见面时的情景……(此处贴上前一天学生的回家作业)

(四) 总结

1. 师生合作朗读"每天清晨"三段话。

2. 总结两课时的学习内容。

3. 总结创造性复述方法(本次我们运用到的方法):改变人称,改变叙述的顺序,增加想象的内容。

三、学习单设计

第二课时学习单

晚上,我坐在音乐厅的观众席上。

"下面请青年小提琴演奏家落雪为大家演奏。"主持人话音刚落,一个青年人健步走到舞台中央。只见他＿＿。

那曲子(琴声)＿＿＿

看着这似曾相识的脸庞,我想起来了:他就是当年那个每天在树林里练琴的小伙子。我还清楚地记得我们第一次见面时的情景。

(此处可贴第一课时学习单)

◆ **专家点评**

复述,阅读教学的主旋律

魏老师今天执教的《唯一的听众》这篇文章阅读的主旋律是什么?显而易见,是复述。复述是一种要求,是一种形式,也是语言训练的重点之一。通过复述,学生可以沉浸到文本中,所感受、了解到的不只是故事本身,而是支撑这个故事的语言形式。

那么魏老师今天这堂课,是怎么把学生引入文本的语言环境中的呢?

一、立足文本,理解两个"秘密"

首先,魏老师是立足整个文本把学生引入文本中的。魏老师带领学生感受文中的两个"秘密",不仅再现了内容,还引导学生感受表现这些内容的语言。

第一个"秘密"包含两方面的意思。一是每天清晨,"我"拉琴给一位耳聋的老人听。这个事实本身就是秘密,而这个秘密最核心的东西是"我"后来感受到的:"我"不仅不在乎妹妹的讽刺了,还发觉自己变了,感受到了老人由衷的幸福感。二是在老人不断的赞许和鼓励下,"我"体会到自己的进步,体会到自己在艺术上的发展。这个秘密是这么长一段时间里"我"每天清晨到林子里练琴而带来的进步。然而这秘密是守不住的,因为"我"的妹妹是音乐学院学音乐的,"我"的进步她不可能感受不到。

第二个"秘密"是什么呢?妹妹告诉"我"一个事实:自称耳聋的老人是乐团的首席小提琴手,是音乐学院德高望重的教授。"我"知道了!而这位老人隐瞒自己的身份,隐瞒自己灵敏的耳朵,虔诚地听"我"拉琴,是这位老人的秘密,所以这个秘密就是"我"把老人美好的心灵藏在心里,我们相互之间都不说透。

这两个"秘密"牵一发而动全身,读懂了"秘密",也就读懂了整篇文章。

二、关注语言形式,积累文本语言

如果教学停留在对这两个"秘密"的理解上,学生只是知道了文章内容。其实,这两个"秘密"还引出了许许多多需要让学生感受的相关的语言形式。比如:我一直珍藏着这个秘密,珍藏着一位老人美好的心灵。(终于有一天)我感觉我奏出了真正的音乐,那些美妙的音符从琴弦上缓缓流淌着,充满了整个林子,充满了整个心灵。(虽然)我们没有交谈过什么,只是在一个个美丽的清晨,一个人默默地拉,一个人静静地听。(但是我看到)老人靠在木椅上,微笑着,手指悄悄打着节奏。她慈祥的眼睛平静地望着我,像深深的潭水……

魏老师引导学生去关注课文语言形式的过程,就是学生学习文本语言、积累文本语言的过程,这为他们今后的语言发展打下了基础。

本课至此并没有结束。课的最后,魏老师设计了一个写话练习:再次以老教授的口吻续写这个故事。这个练习和第一课时的作业是呼应的,是有关联的。这种训练形式如同我们中考所说的续写,但又不是简单的续写,不是完全凭想象,而是结合文本背景、文本语言形式的一次练笔,是对语言感受的进一步升华。

魏老师在课堂中是这样点拨学生的:这位青年(文中的"我")走到舞台中央是怎样一个形象呢?他的神态是怎样的?这就要和课文中的相关语言有机地融合起来,通过对语序的调整、语句的提炼、语言的重组,使之成为一个个完整的句子。

而关于琴声的描写,魏老师则引导学生不仅可以重组课文中现有的句子,还可以补充老教授的内心感受:琴声让老教授感受到了什么?如果说当初的打动还带有鼓励赞许的意味,那么这里真正打动老教授的是音乐,是这个青年人演奏出的真正的音乐!

　　创造性复述,不仅是语言训练,还隐含着思维训练。以创造性复述贯穿整篇课文的教学,贯穿整堂课的学习,不是为了复述而复述,而是为了让学生更好地感受语言、学习语言、运用语言。魏老师今天的教学是成功的,给我们做了一个很好的示范!

步根海

上海市特级教师

原上海市教委教研室中学语文教研员

第五章

技巧，大道至简

　　"道"在中国哲学中是一个重要的概念，指向的是终极真理。"大道至简"的意思是大道理（也可以说是基本原理、方法和规律）其实是极其简单的，简单到一两句话就能说明白。在我们的语文教学中，如果每堂课都能做到不琐碎、不繁复、不故弄玄虚、不喧宾夺主，那么简简单单教语文、扎扎实实学语言就不再遥不可及。

阅读教学方法举隅

语文阅读教学应该让学生既要通过课文的语言文字理解课文的内容和作者的思想感情,又要认识这样的内容和思想感情是如何通过语言文字来表达的,既要知道作者写了什么,又要知道作者是怎么写的、为什么要这样写,从中吸收文本语言,积累语文经验,习得理解和运用祖国语言文字的能力,同时接受情感的熏陶和人格的培养。

一、常见的阅读教学方法

阅读教学方法指为实现阅读教学目标而采用的手段、方式、途径等,包括教师教的方法和学生学的方法,是教的方法和学的方法的有机结合与统一。常见的阅读教学方法有讲授法、提问法、情境法、诵读法、练习法、导读法、比较法等,这些方法各有所长,教师应在教学中灵活使用。

1. 讲授法

讲授法指教师运用简明、准确而又生动的语言讲述有关知识、内容,使学生明了的教学方法,是讲解、讲述、演讲等方法的总称。讲授法能保证讲述知识的完整性、科学性,适应大多数学生系统求知的需要;能训练学生的听知能力、听记能力,调动学生的注意力和想象力;能针对学生普遍存在的问题去讲解,使他们直接接受教师教给的知识,单位时间里知识容量最多,运用起来也最简便;有利于教师发挥主导作用,显示出教师在知识理解和语言运用方面的示范作用。

有一位教师在教《将相和》"负荆请罪"一段时就运用了这一方法。教师是这样讲述的:"负荆请罪"是什么意思呢?(指着插图)"负"是背着,"荆"是荆条,"请罪"是请求处分。课文中指廉颇背负荆条请求处分。大家想想,廉颇这个白发苍苍的老人跪着向人承认错误,多不容易!

2. 提问法

提问法也叫问答法、谈话法，是以问题为中心，通过师生的对话或讨论，使学生理解所学内容、获得知识的一种方法。提问法能促使学生定向思考，注意教材的重点、难点，培养学生积极主动地分析问题和解决问题的能力，发展他们的思维能力；能促使学生在问答和讨论中提高表达能力，增强应变能力；有利于及时反馈教与学的信息，营造融洽的课堂气氛，增进师生之间的感情。

请看特级教师李吉林教学一年级课文《小小的船》的片段。

师：这儿用了两个"弯"字，"弯弯的月儿"，你觉得这月儿怎么样？把"弯的月儿"和"弯弯的月儿"比比看。

生：用了两个"弯"字，觉得这月儿弯得要命。

生：不是弯得要命，是弯得很好看。

生：我觉得月儿弯得很可爱。

师："弯弯的"表示很弯，弯得很可爱，谁能举个例子？

生：我知道，弯弯的小路。

生：还有弯弯的小河。

师：那么，这弯弯的月儿像什么呢？

生：这弯弯的月儿像小小的船。

师：对。"小船""小小的船"比一比哪种更小？

生："小小的船"比"小船"更小，就是很小很小的船。

师："很小很小的船"和"小小的船"意思一样，但你觉得哪一种可爱？

生：我觉得"小小的船"可爱。

3. 情境法

情境法是指在教学过程中，教师为达到教学目标，从教学需要出发，创设与教学内容相适应的具体场景或氛围，帮助学生正确而迅速地理解教学内容。情境法能使学生在特定的情境中感知、理解，缩短认识的时间，提高教学的效率；能调动学生的智力因素和非智力因素，情知对称，实现教书育人的统一；能寓教于乐，满足学生学习中的情感需要，促成学生乐学。

比如特级教师窦桂梅执教二年级课文《落叶》时，就在黑板上画了秋天的树林,树林里有许多落叶。窦老师还用落叶做了一枚"胸针"别在自己的衣服上,把自己也变成了落叶姐姐。不仅如此,教学过程中,窦老师请孩子们把自己当成千万片落叶中的一片,自由选择舞姿——孩子们的朗读或调皮或凝重,或伤感或愉快,展现了他们不同的个性体验。通过这样的教学,孩子们很容易走进文本,受到文本语言的感染和熏陶。

4. 诵读法

诵读法包括朗读和背诵。读是一种目视其文、口发其声、耳闻其音、心通其情、意会其理的综合阅读活动。诵读法有助于学生从诗文的声调、节奏、气韵等方面体味作品丰富的内涵和情感,增进体验、感受和理解。古人云:"书读百遍,其义自见。"诵读法能使学生如闻其声,如临其境,唤起情感共鸣,受到熏陶感染,从而更好地理解课文内容,培养良好的语感,提高阅读写作能力。

特级教师支玉恒一直主张"用语文的手段解决语文的问题"。在阅读教学中,支玉恒老师尤其重视朗读的训练。他曾说:"读,是语文教学中最重要的语言实践,是学生学习语言、积累语言最重要的手段。"[①]以下是支老师的《第一场雪》教学片段。

师:这场雪下在什么地方了?

生:这场雪下在了胶东半岛的一个山村。(师板书:山村)

师:下雪的主要时间是白天还是黑夜?

生:黑夜。

师:对,黑夜。(板书:夜)这个夜是什么样的?

生:静静的。

师:(板书:静)可以说是一个(读板书)"山村静夜"。那么怎样才能把这个静夜读得很静?谁来试试?

(生读课文"冬天的山村……偶尔咯吱一声响")

师:他读得静不静啊?(生答:静)他为什么能读得这样静?你给大家介绍一下。(指读课文的学生)

---

① 施茂枝.支玉恒语文教学艺术研究[M].福州:福建教育出版社,2016:150.

生:因为我读得有点轻,还有点慢,所以显得静。

师:对。一轻二慢。怎样才能体现这一点呢?我告诉大家——读这样表示非常静的句子,要用虚声来读,不要读得太实。听我来读。

师:(用"实"和"虚"两种读法读句子,让生对比)哪种读法显得静呢?

师:那谁来"虚一虚"呀?(笑声)

(生读课文)

师:(赞赏地)嗯,还"咯吱一声响"。(模仿生读的声调)

师:既然那么静,就应该一点声音都没有,那他还写那么多声音干什么?一会儿簌簌往下落,一会儿咯吱一声响。

生:作者写的声音都是很小的,如果不安静,就不容易听见。

师:对不对?(生答:对)这叫"静中微响,更觉其静"。你们写作文时经常这样写,比如教室里非常安静,简直能够听到……

生:(接着说)一根针掉在地上的声音。

师:好,再来试试,比他读得还要静。(笑声)

(生读课文)

师:他读得静不静啊?(生不答)看来大家不太满意,是吧?你来推荐一个同学再读一下。(生读课文)

师:好不好?(生答:好)的确不错。你们看这场雪大不大?(生答:大)大得简直弥天漫地(板书:雪弥天),"山村静夜雪弥天"(读板书),你们看是不是这样的景象啊?(生答:是)

支玉恒老师十分重视朗读训练,整堂课以读为主,以读代讲,以朗读为手段,实现了多个教学目标。此外,这个片段也让我们体会到,有感情地朗读课文,除了需要理解内容,还需要适当的朗读技巧,比如一轻二慢、用虚声读。

5. 练习法

练习法又称巩固法、总结法、复习法等,是指教师指导学生在完成口头和书面作业的过程中阅读和理解课文,从中获得知识,并把知识转化为技能和熟练技巧。练习法能使学生巩固和运用知识,并形成一定的技能、技巧和行为习惯;能促进学生智力的发展和能力的形成;能培养学生克服困难、一丝不苟的良好

品质。

请看特级教师袁瑢教学二年级课文《颗粒归公》的片段。

师:现在我们一起来学习第2自然段。(出示小黑板)

> 我奶奶养了五只鹅。( )红嘴巴,高额头,浑身雪白。我弟弟特别喜欢( ),常常给( )喂食。( )一看见他,就伸长了脖子围着他转。

师:读一遍这段话,在括号里填上适当的词。(生说,师逐一填写)

生:第一个括号里填上"这些鹅"。

生:第二个括号里填"它们"。

生:第三个括号里填"它们"。

生:最后一个括号里填"鹅"。

师:填得对。(指第一个括号)"这些鹅"是指哪些鹅?

生:"这些鹅"指的是奶奶养的五只鹅。

师:对了,是指奶奶养的五只鹅。"我弟弟特别喜欢它们",这里的"它们"是指谁?

生:是指那五只鹅。

师:"常常给它们喂食"中的"它们"也是指这五只鹅。第二个括号里还可以填什么?

生:我弟弟特别喜欢"这五只鹅"。

师:可以的。

生:我弟弟特别喜欢"这些鹅"。

师:可以的。这句话如果改填"这些鹅",我们一起读读看。

生:(齐声)我弟弟特别喜欢这些鹅,常常给这些鹅喂食。

师:从"这些鹅红嘴巴"开始读到"给这些鹅喂食",一起读。

生:(齐声)这些鹅红嘴巴,高额头,浑身雪白。我弟弟特别喜欢这些鹅,常常给这些鹅喂食。

师:想想看,你们觉得用"它们"好,还是用"这些鹅"好,为什么呢?

生:用"它们"好,因为用"它们"是很简洁的。

师:哦,简洁了。

生:因为"这些鹅"用得太多了。

师:对呀,用得太多了,听起来就显得啰唆了。用"它们"很明确,就是指这些鹅。用"它们"来代替"这些鹅",就不啰唆了,所以这句话要用"它们"。讲话要有变化。看下面一句"鹅一看见他,就伸长了脖子围着他转"。如果这儿不用"鹅",用"它们"来代替,好不好?

生:这里用"它们"的话,小弟弟也用"他",别人搞不清楚这是指谁。

生:"它们"又用得太多了。

师:对呀,要是这个地方再用"它们","它们"又用得太多了。我认为还有一个原因,上面一句主要是讲谁的事情?

生:是讲弟弟喜欢鹅的事情。

师:对,这一句是讲谁的事情?

生:这句话是讲鹅的事情。

师:对,是讲鹅对弟弟的态度,主要是讲鹅的事情,所以一开始要说清楚"鹅"怎么样,刚才同学们说的也是对的。所以这地方用"鹅"好。

袁瑢老师通过一个填空练习教学"如何用好代词"这一知识点,将看似平淡无奇的一段文章教出了浓浓的语文味。特别是关于第四个括号所填词语的讨论,袁老师指出如果这里再用"它们","它们"就用得太多了,而且指代会不明确。这样的教学充满辩证法特点,充分体现了袁瑢老师钻研教材深入、细腻,反映出她"细、实、活、深、严"的教学风格。袁瑢老师的高明之处,就在于她紧紧扣住语文课程的性质和任务,围绕学习语言文字运用进行指导,让学生在掌握语文知识的同时理解课文的内容。

又如于永正老师教三年级课文《翠鸟》时,在学生初读课文后,让学生完成一道填空题:翠鸟喜欢停在(水边的苇秆上),它的羽毛(鲜艳);翠鸟鸣声(清脆),爱(贴着水面)疾飞;它捕鱼的动作(迅速或敏捷),住在(陡峭石壁的洞里)。学生通过填一填、读一读,一下子就捕捉到有关翠鸟的主要信息,掌握了课文的主要内容。

采用练习法,不是把字词句和课文剥离开来,编拟出各种题目让学生机械地练习,这种做法忽视了课文的内在情感,容易把课文搞得支离破碎;而是以练代讲,让学生在积累运用语言的练习中,加深理解课文内容并领悟作者的情感,二者互为载体,互相依存,如此才能一举两得,事半功倍。

6. 导读法

导读法又称教读法、自读法、探索法、发现法,是指教师指导学生自己阅读,以学生的阅读活动为课堂教学的主要形式。导读法有利于正确处理教学过程中的各种关系,如师与生、教与学、知识与能力的关系,语文训练与情感陶冶的关系;有利于促使学生主动发现和获得知识与技能。

请看根据江苏省名师诸向阳教学实录整理的一个教学片段——统编教材五年级课文《冬阳·童年·骆驼队》,其教学目标是从取题、选材、语言、结构四个方面指导阅读经典作品的策略。

【片段1】取题

(1)再读课题:这个课题和一般的课题有什么不一样?

(2)课题由三个词语组成,词与词之间还有个点儿——间隔号,朗读的时候要注意适当停顿。再读课题。

(3)这个课题让我们想起了元代散曲家马致远的一首小令《天净沙·秋思》,一起来背诵。(枯藤老树昏鸦,小桥流水人家,古道西风瘦马……)

(4)马致远用三个词语组成诗句,构成了一幅画面,营造了一种意境。再读课题,说说读课题的时候你的眼前会出现怎样的画面。

(5)齐读课题。

这里引用马致远小令中描绘的三个画面,引导学生体会课题的画面感,有助于学生比较感性地理解这篇课文的取题艺术,顺便认识课题中的间隔号。

【片段2】选材

(1)课文写了英子的几件童年往事?

(2)分别用一句话概括四件事:①英子在冬阳下学骆驼咀嚼的样子;②英子和爸爸讨论骆驼脖子上的铃铛的用处;③英子想去剪驼毛;④夏天的时候,英子问妈妈骆驼去哪里了。

(3)英子的童年往事有很多,为什么选这四件事情写在序言里呢?

①这四件事情都写到了骆驼。为什么?(林海音紧紧围绕"骆驼"来选材,文章更集中,不散漫)②这四件事情都很有趣。从哪里看出来的?

（4）读了这四件事,你发现英子是一个怎样的小女孩?

①要求:读课文,画句子,写批注。②重点交流"我"和爸爸关于驼铃的对话(出示"我"和爸爸)。③随机板书:天真可爱、想象丰富、心地善良、充满好奇。④小结:研读具体事例,体会人物形象,并作出评价,这是一种很好的阅读方法。

让学生通过对具体事件的研读,体会英子这个人物形象,并且对人物作出自己的评价,是一种良好的阅读方法的指导。读课文,画句子,写批注,有助于学生对人物形象作出较为全面的评价。

【片段3】语言

（1）品读第一件事——学咀嚼。

① 指名朗读。

② 你觉得林海英写得好吗?好在哪里?

（出示）那样丑的脸,那样长的牙,那样安静的态度。(如果改成"那样丑的脸,长的牙,安静的态度"好不好?)

（出示）它们咀嚼的时候,上牙和下牙交错地磨来磨去,大鼻孔里冒着热气,白沫子沾在胡须上。(读后感:文字平实,看似普通,却韵味十足)

③ 总结林海英的语言特点:朴素至极,韵味无穷。

④ 齐读第一件事。

（2）找一找林海音写季节转换的过渡句,用波浪线画出来。说说你从这些句子中读出了什么。

小学生阅读文章往往比较关注情节内容,很少会主动体会作者的用词造句。如何让学生感悟作者遣词造句的魅力,需要教师进行细致、具体的指导。

【片段4】结构

（1）这篇文章是从哪个季节开始写的?一般人们会先写哪个季节?

（2）林海音为什么要从冬天开始写起?

（3）从中你得到了什么启发?

文章从冬天写起,最后又回到冬天,学生体会到了作者对童年的深深的怀念,以及文章结构安排的精巧。阅读经典作品,不仅要品味语言表达,还要关注文章结构安排,这是对学生阅读经典名著的方法指导。

7. 比较法

比较法是指通过比较、分析某种知识的相同点和不同点,从而系统地掌握这类知识,并能举一反三、触类旁通。比较的方式有联想比较、假设比较、抽象比较等。比较法能培养学生的参与意识,激发学习主动性;能拓宽学生的思路,加深对事物和语言的理解和认识;能培养学生的联想、综合、辨析、归纳等方面的能力,使学生由此及彼,促成其对知识与技能的迁移,提高其解决问题的能力。比如有一位教师在教五年级课文《关羽刮骨疗毒》(选自《三国志》)之后,让学生阅读《三国演义》中第75回名医华佗为关羽刮骨疗毒的内容,通过对两者进行比较,学生对小说与史书的不同之处有所了解。

8. 表演法

表演法是借助教师和学生的表演,展示语言的内涵,或让学生分角色表演,凭借角色效应,促进感悟。请看特级教师于永正教学三年级课文《小稻秧脱险记》的片段。

师:谁知道"气势汹汹"的意思?(师喊几位举手的学生到讲台前)

师:这几位同学都懂了,还不懂的同学请看我们表演。我当小稻秧,你们几个当杂草。杂草把小稻秧团团围住,你们应该怎么站?(学生把教师围住,台下发出笑声)

师:你们要干什么?

生:快把营养交出来。(声音低)

师:你们没有读懂。要凶,声音要大,把腰卡起来。

生:(卡腰,大声,凶恶地)快把营养交出来!

师:我们刚搬到大田不久,正需要营养,怎么能交给你们呢?(学生不知所措)

师:(对全体同学)他们应该干什么?

生:他们应上前抢营养。

师:对,要抢。营养在地里,快!("杂草们"一拥而上,抢起营养,"稻秧"无精打采地垂下头,台下的学生哈哈大笑)

师:杂草厉害不厉害?凶不凶?(生:厉害,凶)这就是"气势汹汹"。杂草野蛮不野蛮?(生:野蛮)讲不讲道理?(生:不讲道理)这就叫"蛮不讲理"。杂草让小稻秧说话了吗?(生:不让)这就叫"不由分说"。各位"杂草"请回去。(台下发出笑声)

没有照搬词典理性的解释,没有进行抽象晦涩的解说,一段妙趣横生的表演就把理性抽象的含义转换成鲜明生动的形象,使学生触手可及,取得了"此时无声胜有声"的效果。

二、多种方法,有机整合

1. 导入的艺术

导入是一门艺术。一堂课导入方法的设计要因文而异,因人而异,既不能为导入而导入,又不能花太多时间喧宾夺主,更不能给人以画蛇添足之感。"运用之妙,存乎一心",要有心,要用心。特级教师于永正执教的《新型玻璃》一课的导入就很值得我们学习。

于老师一上课便开始绘声绘色地讲述故事:"这是一个伸手不见五指的夜晚,陈列着珍贵字画的展览馆四周寂静无声。突然一个黑影闪过,来到窗下,摸出小刀,准备划破玻璃,入室盗窃。可是,小刀刚碰到玻璃,四周顿时响起警报声!警察立即赶来,窃贼束手就擒!"

"哎——,这是什么玻璃?它怎么会报警呢?想不想知道?告诉你们吧,这是一种新型玻璃……"于老师讲得扣人心弦,学生们听得入了迷,先是紧张,继而放松,最后惊奇,迫不及待地打开了书本。这样的教学导入不仅制造了悬念,更激发了学生的兴趣。

有时候课堂教学的导入还可以从课题上的标点符号入手。下面这个片段中,于永正老师在板书《"番茄太阳"》的课题时故意漏写了双引号,引起了学生的注意。整堂课的教学就从这个被不小心"漏掉"的标点符号开始。

师:刚才有同学说于老师写课题时少了一个标点符号,是吗?少了什么标点符号。

生:(齐声)双引号。

师:老师补上双引号。(在课题上补上双引号)为什么要加引号呢?谁知道

引号有什么作用呢?(出示引号的四个作用:①表示引用;②表示强调;③表示有特殊含义的词语;④表示讽刺、否定)

师:(指着板书的课题)这里"番茄太阳"上的引号有什么作用呢?

生:表示特殊含义。

师:同意的请举手。(学生纷纷举手,师示意发言的学生)在这里加上双引号,显然是表示有特殊的含义。那么,它有什么特殊的含义呢?请大家默读课文,读到加引号的"番茄太阳"的句子画下来。

(生默读,画句子)

师:课文里一共出现了几次"番茄太阳"?每一处"番茄太阳"有什么特殊的意义?想好了,用笔把你想的话写在这句话的旁边。

(生做批注,师巡视)

2. 令人回味的词语教学

(1) 特级教师袁瑢教词语"天安门",从具象到抽象,从生活到课本,给了我们不少启示。

师:我们先来看一幅图。小朋友,在这幅图上你们看到些什么,想到些什么?(孩子们认真地看着,过了一会儿,许多孩子举起了手)

生1:我看到天安门,天安门有五个城门。

师:是的,这是天安门。(板书:天安门)

生2:我看到天安门城楼前有人民英雄纪念碑和毛主席纪念堂。

师:噢,这是你想到的吧。你看到天安门,还想到天安门城楼前有人民英雄纪念碑和毛主席纪念堂,是吗?(学生点头)

生3:我看到天安门上挂着毛主席像。

师:对,天安门上有毛主席的巨幅画像。

生4:我想到1949年毛主席在天安门城楼上说"中华人民共和国成立了"。他升起了第一面五星红旗。

师:你讲得很好。

生5:我看到天安门左面有四面红旗,右面也有四面红旗。

师:对,八面红旗迎风飘扬。你们再仔细看看,天安门的墙是什么颜色?屋顶是什么颜色?

生6:北京的墙壁是红色的,屋顶是黄色的。

师:她说北京的墙壁,对吗?

生7:应该说天安门的墙壁。天安门的墙壁是红红的,天安门的屋顶是金黄色的。毛主席画像的两边还写着标语"世界人民大团结万岁""中华人民共和国万岁",还有五个城门,出来还有路,还有路灯。天安门城楼上两边还有几个灯笼。

师:对啊,你看得很仔细。(指着挂图上的天安门)这就是天安门,天安门红红的墙壁,金黄色的瓦,天安门正中有毛主席的巨幅画像,两边八面红旗迎风飘扬。天安门又高大又美丽。

师:天安门在哪里,你们知道吗?

生:天安门在北京。

师:天安门在北京城的中心。

从图片上的天安门,到比较抽象的词语"天安门",再到生活中的天安门(怎么样)、地理位置上的天安门(在哪里),各种意义的"天安门"连缀起来,形成了关于天安门的意义之网。

(2) 特级教师薛法根执教四年级课文《诚实与信任》时关于"毕竟"一词的教学令人回味,浅显中有深刻,简约中有丰富。

师:这个词——"毕竟",理解它的意思吗?

生:理解。

师:这个词呢?

生:"责任"。

师:好,我们看发生在一天深夜的这件事责任怎么断定。

师:"我"把别人家汽车的反光镜弄坏了,下车检查。如果,"我"这么说——(出示"原来是这辆车的车头超出停车线二三十厘米")

师:(指名读)意味着这辆车——

生:违反交通规则。

师:责任在谁?

生:责任在这辆车的车主。

师：我们来看第二句。

（出示"虽然这辆车的车头超出停车线二三十厘米，但它是停着的"）

师：责任谁负？

生：小红车的车主和撞坏反光镜的人都有责任。

师：对了，小红车的车主和"我"都有责任，两个人都要负责任。

师：再来看第三句。

（出示"这辆车的车头超出停车线二三十厘米，但它毕竟是停着的"）

师：现在，你感觉责任在谁身上？

生：撞坏这辆车的车主。

师：撞坏这辆车的车主是谁？

生："我"。

师：从哪个词一下子就看出来责任在"我"身上了？

生："毕竟"。

师：再说一遍。

生："毕竟"。

师：再说一遍！

生："毕竟"。

师：（笑）重要的词语说三遍。

师：但车子毕竟是停着的，说明他可以原谅，而"我"愿意承担所有责任。"毕竟"这个词是原谅了别人，把责任———

生：交给了"我"。

师：自己来承担责任。明白了吗？所以，"毕竟"这个词很微妙。读课文的时候，千万不要疏忽这个词。

（生齐读这句话）

师："毕竟"这个词体现了"我"的宽容。再来说个"毕竟"的句子。

生：毕竟我们是第一次到这儿来上课，有些紧张。

师：运用了"毕竟"，说明给予别人一种宽容，把责任放到自己身上。这个词叫作——

生："毕竟"。

师:小明这次考试没考好……

生1:小明这次考试没考好,毕竟考试题目太难了。

生2:小明这次考试没考好,毕竟他刚转入我们学校。

(3) 特级教师支玉恒执教五年级课文《丰碑》时关于"晶莹"一词的教学也十分精彩,可以说是亮出了英雄之"情"。

师:课文第13自然段"大雪很快地覆盖了军需处长的身体,他成了一座晶莹的丰碑"中的"晶莹"是什么意思?

生:"晶莹"的意思就是光亮而透明。

师:什么东西是晶莹的?

生:水晶、钻石、冰、雪、眼泪、玻璃。

师:对,这些东西光亮而透明,所以可以用"晶莹"来形容。课文里说这位军需处长成了一座晶莹的丰碑,他怎么会是晶莹的呢?

生1:因为他被冰雪覆盖了,所以他也是晶莹的。

师:冰雪是晶莹的,所以他也是晶莹的,这是从外观上看到的。还有呢?

生2:还有他的精神,他的舍己为人。

师:舍己为人的精神,无私!(板书:无私)

生3:我觉得之所以写他像一座晶莹的丰碑,是比喻他舍己为人的精神。

生4:因为他是光亮的,他的精神是非常值得我们去学习的。

师:谁能把这些连起来说一说?谁来说?

生5:虽然军需处长外表也是光亮的,可是内心的光辉比他的外表更加……

师:你说得挺漂亮,这里不能用"虽然……可是……",这样后半截就转折了,句义就向相反的方向去了。你想一想,应该用什么关联词?

生:(齐声)不但……而且……

师:你试着说一遍。

生5:这是因为军需处长内心的光辉比他外表的晶莹更加的光亮……(说不下去了)

生6:军需处长不但外表光亮,而且内心也像外表那么光亮,鼓舞着人们不断地前进。

师:我们还得具体研究一下。刚才说了,他的内心想着别人,舍己为人,这是

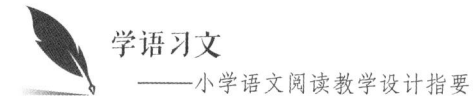

无私的。他死得那么镇定、那么安详,那么他面临死亡时有没有害怕?

生:(齐声)无所畏惧。

师:"面对死亡无所畏惧"可以简单地写成——(板书:无畏)

师:谁再来说一说?

生7:因为军需处长不但外表光亮,而且一心只想着别人,无私无畏。所以说他成了一座晶莹的丰碑。

"晶莹"这个看似毫不起眼的词,在支老师的课堂上成了一道亮丽的风景线。教师先结合学生的生活积累,让他们理解"晶莹"的本意是光亮而透明,随后逐步引导学生从军需处长被冰雪覆盖的身体到他的精神层面,在品词的同时走进军需处长的内心世界,触摸军需处长的高尚心灵,感受军需处长舍己为人、英勇无畏的高尚人格及他对革命的忠贞之情,实现了心灵与心灵的对话,拉近了学生和军需处长的距离,跨越了时空的界限。从学生的对话可以看出,他们对军需处长的崇敬之情一如这丰碑深藏于心底。

3. 颇有讲究的造句教学

(1) 孙悟空怎么可能"安安静静"呢?

很多教师教低年级学生时,对造句训练不以为然。要知道造句也不是一件简单的事情,因为造句是先有词语,再根据词语去"搜寻"或"编造"与之相对应的内容。因此,有时为了能够用得上这个词语素材,就要创设合适的情境。

请看于永正老师指导学生用"安安静静"一词造句的片段。

师:小朋友,找一找"安安静静"在课文的哪句话里。

生:(读句子)那天早上,我们和往常一样,安安静静地坐在教室里,听老师讲课。

师:小朋友都知道,孙悟空生来爱动坐不住。有一天,唐僧叫孙悟空坐下来念经,猪八戒一听,笑了,他在旁边说了一句话,里面有"安安静静"这个词。小朋友想一想,猪八戒会说什么?

生1:师傅,您叫大师兄安安静静地念经,那是办不到的!

生2:师傅,我从来没有见过猴哥安安静静地念过经!

生3:猴哥儿的屁股坐不住,他怎么可能安安静静地念经呢?

师:(高兴地)对!猪八戒就是这么说的!(众人笑)谁能把刚才的小故事连起来说一说呢?

生:有一天,孙悟空犯了错误,唐僧叫他坐下来念经。(师插话"出家人不犯错误也得念经",众人笑)猪八戒一听,笑了。他对唐僧说:"师傅,猴哥的屁股坐不住,他怎么可能安安静静地念经呢?"

一提及孙悟空、猪八戒这些家喻户晓的神话人物,学生们的脸上立刻泛起了笑意,思维一下子变得活跃起来了。

(2) 原来"究竟"有两个意思!

二年级课文《水上飞机》要求学生用"究竟"造句。于永正老师一查词典,"究竟"有两个意思,一个是作"结果",可以用"明白"取代,另一个是因为有疑问而表示追究。意思弄明白了,造句的教学设计也就出来了。于老师先让学生读书上的句子"小海鸥想:客轮,货轮,啥样的船我都见过,可就是没见过这种长翅膀的船。他飞了过去,想问个究竟"。接着让学生说说自己在生活中遇到的想"问个究竟"的事。然后将"问"擦掉,先后换成"看""探",让学生再说说在生活中遇到的需要"看个究竟""探个究竟"的事。学生的发言踊跃而精彩。接下来,于老师出示了这样一个句子"这种东西究竟省不省油?",让学生体会"究竟"在这句话中的意思。当学生知道了这里的"究竟"表示追问、追究时,于老师又请学生仿照例句造句。最后,请大家以"恐龙"或"外星人"为话题写一段话,用上两个"究竟",一个表示结果,一个表示追究。

教学艺术来自执教者对所教教材的准确理解和把握,大到一篇课文的结构,小到一句话、一个词,都要了然于心,把它弄清楚、弄明白,否则就不能教,也无法教。

4. 背诵要有对象感

请看于永正老师执教二年级古诗《草》的片段。

师:小朋友,放学回家谁愿意背给妈妈听?(生纷纷举手,师请一名小朋友到讲台前)现在,我当你妈妈,你背给我听听好吗?想想到了家里该怎么说。

生:妈妈,我今天学了一首古诗,背给你听听好吗?

师:好!(生背)

师:我女儿真能干,老师刚教完就会背了。(众人笑)

师:谁愿意回家背给哥哥听?(指一生到讲台前)现在我当你哥哥,你该怎么说?

生:哥哥,今天我学了一首古诗,我背给你听听好吗?

师:哪一首?

生:《草》。

师:噢。这首诗我也学过,它是唐朝大诗人李白写的。

生:哥哥,你记错了,是白居易写的!

师:反正都有个"白"字!(众人笑)我先背给你听听:离离原上草,一岁——

生:一岁一枯荣!

师:野火烧不尽,春…春……哎,最后一句是什么来着?

生:春风吹又生!

师:还是弟弟的记性好!(众人笑)

师:谁愿意背给奶奶听?(指一生到讲台前)现在,我当你奶奶。奶奶没有文化,耳朵有点聋,请你注意。

生:奶奶,我背首古诗给你听听好吗?

师:好!背什么古诗?什么时候学的?

生:背《草》,今天上午刚学的。

师:那么多的花不写,干吗写草啊?

生:(一愣)嗯,因为……因为草很顽强,野火把它的叶子烧光了,可第二年又长出了新芽。

师:噢,我明白了。背吧!(生背)

师:"离离原上草"是什么意思?我怎么听不懂?

生:这句诗是说,草原上的草长得很茂盛。

师:还有什么"一岁一窟窿"?(众人笑)

生:不是"一岁一窟窿",是"一岁一枯荣"。枯,就是干枯;荣,就是茂盛。春天和夏天,草长得很茂盛,到了冬天就干枯了。

师:后面两句我听懂了。你看俺孙女多有能耐!小小年纪就会背古诗!奶奶像你这么大的时候,哪有钱上学啊!(众人大笑)

师:好,今天的课就上到这儿,小朋友,放学回家后请把《草》这首古诗背给家里的人听。

师生扮演角色背诵古诗,教师寓教于嬉,寓庄于谐,把教学推向了高潮,取得了很好的教学效果。背诵练习的过程中,教师故意把作者白居易说成李白,目的是加深学生对作者的记忆;故意把诗句背得结结巴巴,让学生背出来,是一种检查和鼓励方式;故意把"枯荣"说成"窟窿",两个词音相近、义不同,一方面提高了学生的辨音能力,一方面又丰富了学生的词汇。于老师不仅把课堂教学戏剧化了,也把检查和语言训练结合起来了。

5. 排比句可以这样教

以下是特级教师步根海执教五年级课文《慈母情深》中的排比句的片段。

生:(齐声)背直起来了,我的母亲。转过身来了,我的母亲。褐色的口罩上方,一对眼神疲惫的眼睛吃惊地望着我,我的母亲……

师:你们发现了什么?

生:我发现这句话中写了三个"我的母亲"。

师:哦,发现写了三次"我的母亲",还发现了什么?一般我们写句子怎么写的?"谁,干什么""谁,怎么样"这样的句式我们用得最多,再看看这句话。

生:一般我们写句子应该是母亲转过身,用疲惫的眼睛望着我,而他用的是几个排比句。

师:不仅用了排比句,还把"我的母亲"放在了后面。刚刚这个女生已经把它变成我们平时的表达方式。我的母亲背直起来了,转过身来了,褐色的口罩上方,一对眼神疲惫的眼睛吃惊地望着我。我们通常是这样写的,这是一种按照常理的表达方式。那么作者为什么这么写?

生1:因为这样可以体现母亲为了我挣钱的劳累和辛苦。

师:我知道你预习得很充分,参考过很多资料。

生2:这句话用了排比的修辞手法,它像慢镜头一样将母亲的动作一一呈现,给读者留下深刻印象,说明作者对母亲的辛苦劳作感到心痛。

师:把母亲放在后面是为了强调这个主语"我的母亲",我们合作读句子。

师:背直起来了,难道是——

生:我的母亲。

师:转过身来了,果然是——

生:我的母亲。

师:褐色的口罩上方,一对眼神疲惫的眼睛吃惊地望着我,竟然是——

生:我的母亲。

师:那时候作者内心是什么感受?

生:作者不敢相信脊背弯曲着、背对着自己的那个人真的是自己的母亲。

师:简直不敢相信,内心是一种震惊、惊讶。(板书:震惊)

师:为什么震惊?

生:因为在作者的印象中,母亲不是这样的。

师:对呀,在"我"的脑海中,平日里的母亲不是这样的,这样的形象没有在我的眼前出现过。同学们,因为作者第一次来到母亲工作的地方,看到母亲是这样子工作的,内心无比震惊,向母亲要钱的这个念头也发生了动摇,很不忍心向母亲开口要钱,因为母亲太辛苦,但是作者最后说了吗?(板书:犹豫)

生:说了。

师:我本已不想说出"要钱"两字,可是——

生:竟说出来了!

师:"竟"就是——

生:竟然。

在这个片段中,步根海老师首先让学生自己读句子,发现与平时不一样的表达方式:不仅使用了排比的修辞手法,还把主语"我的母亲"放在后面。通过朗读体会表达效果,学生知道了作者是怎么写的,同时理解了作者为什么要这样写。

6. 游戏之中编故事

以下是特级教师贾志敏执教《小壁虎借尾巴》最后一个环节"学着课文的样子说一说"的片段。

师:下边我们做"四答一说"的游戏,看谁聪明。第一个问题,小壁虎为什么要借尾巴?

生:因为他的尾巴没有了。

师:接下来看课文第1—2自然段,小壁虎在墙角干什么?

生:小壁虎在墙角捉蚊子。

师:后来被——

生:被一条蛇咬住了尾巴。

师:然后呢?

生:他一挣,挣断尾巴逃走了。

师:还有没有?

生:没了尾巴多难看呀,他决定要借尾巴。

师:第二个问题,小壁虎分别向谁借尾巴?

生:小壁虎分别向小鱼、老牛、燕子借尾巴。

师:再来一遍,要加上"和",还要把称呼写进去。

生:小壁虎分别向小鱼、老牛和燕子借尾巴。

生:小壁虎分别向小鱼姐姐、老牛伯伯和燕子阿姨借尾巴。

师:好的,第三个问题,他们的尾巴各有什么用?

生:小鱼姐姐的尾巴是用来拨水的,老牛伯伯的尾巴是用来赶蝇子的,燕子阿姨的尾巴是用来掌握方向的。

师:对了!那如果小壁虎向第四个动物小松鼠借尾巴,会出现什么样的对话呢?(出示小松鼠图片)小松鼠也有尾巴。小松鼠的尾巴是干什么用的,有谁知道?

生:小松鼠的尾巴是用来给他当枕头的。

师:当枕头的,很好。还有吗?你说。

生:当被子盖的。

生:小松鼠整天住在很高的大树上,跳下树时,尾巴可以当降落伞用。

师:真聪明!那么,小壁虎的尾巴有什么用?(指着图片)谁知道?四个字,第一个字我说出来,保——

生:保护自己。

师:请你把话说完整。

生:小壁虎的尾巴可以保护自己。

师：对了！小壁虎的尾巴有再生的本领，挣断以后会再生，可以保护自己。现在请你们学着课文里三段对话的样子来说一说小壁虎爬呀爬，爬到了什么地方，找到了谁，问他借什么，他怎么说的。试试看。

生：小壁虎爬呀爬，爬到大树上。他看见小松鼠，问小松鼠："松鼠妹妹，你把尾巴借给我行吗？"松鼠说："不行啊，我的尾巴要当降落伞用，不能借给你。"

师：小壁虎怎么样啊？

生：小壁虎爬呀爬，爬回家去找他的妈妈……

教学中，贾老师变戏法似的拿出了小松鼠的图片，以问题"小松鼠的尾巴是干什么用的"引出新的学习活动，鼓励学生借助文本语境大胆想象，学着课文里三段对话的样子来说一说。这样的模仿说话，对低年级的学生来说是很有必要的，课文为学生提供了"语言形式支架"，学生从模仿渐渐转变为尝试自主表达、有创意地表达。

语文教育家吕叔湘先生说过，如果一种教学方法是一把钥匙，那么在所有方法之上还有一把总钥匙，它的名字就叫"活"。教学方法的选择必须因文而异，因人而异，因课而异。任何一种阅读教学方法都是长短共存，它可能有效地解决某些问题，却不能解决另外一些问题。因而，课堂上不能是一种方法的"独奏"，而应该是各种方法的"交响"，使不同方法实现优势互补。阅读教学方法又是发展的。语文教育在不断发展，我们应该在继承的基础上，探索、创造更多适应、符合语文教育规律的方法。

第五章　技巧,大道至简

我的语文课:五年级《半截蜡烛》

教材:沪教版语文教材五年级下册第19课《半截蜡烛》
时间:2013年5月
地点:上海市七色花小学

◆ **设计理念**

在长期的语文教学实践中,我们发现语文课堂教学重理解轻表达、重积累轻运用的现象普遍存在,这与我们目前的课程设置有关,因为我们一直把语文课分为阅读课和作文课。阅读课读课文,侧重阅读理解,培养学生的阅读能力;作文课写作文,侧重运用语言,培养学生的表达能力。这样的分工表面看起来似乎很合理:学生阅读课文时理解了课文中的语言(包括词语、句子),以及课文中包含的表达方法,然后在作文课上加以运用;阅读课侧重语言材料的内化,作文课则侧重语言材料的外显;从理解语言到运用语言,两者形成互补,构成完整的语言学习系统。然而深入分析,就会发现这只是一种理想化且很难实现的假设,因为能理解不等于会运用。绝大部分学生,特别是中等以下水平的学生,不但缺少自然而然运用的能力,而且没有或很少有自觉运用的意识和习惯。他们对课文中学过的大部分词语和句子往往仅停留在理解这一层面,难以自觉转化为自己能够运用的语言。这在很大程度上造成语文课程中的语言学习,特别是表达任务的落空,严重影响了学生表达能力的提高。

"哪里有生活,哪里就有语文学习的空间;哪里有孩子,哪里就有一片充满童真童趣的语言天地。"为孩子打开语言之路和智慧之门,是语文教师的责任所在。我们应该成为孩子们精神花园中的导游、文字世界里的领路人,带着孩子去听、去说、去读、去写,和孩子一起去体会、去感受、去思考,甚至和孩子们一起成长,用我们的爱和温暖,在他们心上播下语言的种子。

◆ **教学实录**

一、揭示课题,读好课题

师:同学们,昨天我们预习了课文,知道我们今天要上的是——

生:《半截蜡烛》。

师:你们向老师推荐一位字写得好、个儿长得高的同学上来写课题,好吗?其他同学仔细看。(一学生板书课题:19 半截蜡烛)

师:"半截"的"截"字比较难写,他写得挺好。蜡烛的"蜡"字是——

生:(齐声)虫字旁。

师:"烛"字是——

生:(齐声)火字旁。

师:谁知道"半截"的"截"字是什么旁?

生:戈字旁。

师:我们用部首查字法查"截"字时,查——

生:戈字旁。(师在学生板书的课题上用红色粉笔描戈字旁)

师:一起读课题——19 半截蜡烛。(生齐读)

师:预习过了,课文读得怎么样啊?把书打开,我们来读读课文,一边听,一边再想想昨天预习的第一个思考题,这是怎样的半截蜡烛?

(指名分自然段读课文,师随机纠正)

二、交流预习思考题1

师:这是怎样的半截蜡烛?(出示:这是＿＿＿＿＿＿的半截蜡烛。)

生:这是房间里最可怕的蜡烛;这是非常重要的蜡烛;这是关系到伯诺德夫人一家安全的半截蜡烛;这是装有绝密情报的半截蜡烛。(师板书:绝密)

师:知道什么是"绝密"吗?

生:非常保密的东西。

师:极端机密的,绝对要保密的。

师:刚才,这位同学也说到了这是关系到伯诺德夫人一家生命安全的半截蜡烛。课文中也有一个词语和"绝密"意思差不多。

生:秘密。(师板书:秘密)

师:我们来比较一下"秘密"和"绝密"。"秘密"就是不能公开的,不能让别人知道的。这两个词语在程度上——

生:"绝密"在程度上更深一点。

师:绝密是极端保密,绝对不能让别人知道的。为什么?

生:这是一个绝密的情报,绝对不能让外人知道。不然的话,他们的情报就会遭到破坏,国家的情报站也会遭到破坏。如果情报被敌人找到,他们的军队就会遭到损失。

师:说得很好!这是绝密情报!继续交流,这是怎样的半截蜡烛?

生:这是带来厄运的半截蜡烛。

师:这样说妥不妥?你能不能帮他改一改?

生:这是即将给伯诺德夫人一家带来厄运的半截蜡烛。

生:这是可能会给伯诺德夫人一家带来厄运的半截蜡烛。

师:把"即将"换成"可能"就好一点了,我懂他的意思了。如果这样说就明白了,这是关系到……关系到……关系到……的半截蜡烛,这样就能把他刚才说的意思说具体了。

生:这是关系到伯诺德夫人一家生命安全的半截蜡烛,这是关系到法国情报站安全的半截蜡烛,这是关系到绝密情报安全的半截蜡烛。

师:我们能不能把顺序换一下呢?请你再来说一遍。

生:这是关系到绝密情报安全,关系到秘密情报站安全,关系到伯诺德夫人一家生命安全的半截蜡烛。

师:刚才有同学说,这是藏有绝密情报的半截蜡烛,想出这个办法的人是——

生:(齐声)伯诺德夫人。

师:你觉得这个主意怎么样?

生:这是一个绝妙的主意。

师:课文中是这样说的。你能不能找到依据呢?(板书:绝妙)

生:她把半截蜡烛放在桌子上很显眼。

师:我们常说,最危险的地方有的时候——

生:是最安全的!

生：别人也不会注意到，反而能骗过他们的搜查。

师：所以说，这真是一个绝妙的主意，这是一个好得不能再好的主意，一个特别巧妙的办法。继续——

生：这是意义非凡的半截蜡烛。

生：因为这不是普通的蜡烛，它里边藏着绝密情报。如果被人发现，将遭到毁灭性的破坏。

师：这就是"厄运"！（板书：厄运）

师：如果，蜡烛熄灭会怎么样——

生：厄运就会降临。

师："厄"字的意思就是——

生：不幸的。

师：如果蜡烛熄灭，这就意味着——

生：绝密情报就要暴露，秘密情报站就会遭到破坏，伯诺德夫人一家三口的性命就将结束。

师：这就是"厄运"，不幸的命运！

三、交流预习思考题2

师：昨天预习时，老师还布置了一个思考题。

（出示：当德国军官闯入后，伯诺德夫人一家三口为了保住绝密情报，各自想出了什么办法？他们分别怎么做，结果又怎么样？）

生1：伯诺德夫人的办法是从厨房里取出一盏油灯，借口油灯比蜡烛更亮些，就把蜡烛吹熄。但德国军官觉得天很黑，要多点支蜡烛，又把蜡烛重新点燃。

师：我们简单地说，就是取出油灯，吹熄蜡烛。

师：谁能像他那样用简练的语言说说杰克和杰奎琳分别是怎样做的，结果怎样？

生2：杰克想出的办法是借口搬柴生火，端起蜡烛，结果被一把夺回。

生3：杰奎琳借口要上楼睡觉，因为天黑拿走蜡烛，结果德国军官应允了，杰奎琳成功了，当她踏上最后一级台阶时，蜡烛熄灭了。

师：老师发现你们的预习还是很有效的。

（板书如下所示）

	想出的办法(怎么做)	结果
伯诺德夫人	取出油灯,吹熄蜡烛	被重新点燃
儿子杰克	端走蜡烛,搬柴生火	被夺回
女儿杰奎琳	拿走蜡烛,上楼睡觉	成功拿走,保住情报

四、根据板书,练习概括课文第3—7自然段主要内容

师:老师再给你们提个要求,你们能不能看着这个板书,概括课文第3—7自然段内容? 当德国军官闯入屋子后,母子三人——

(略)

五、问题讨论:三人中谁最应该获得总统勋章

师:同学们,课文读到这儿,我觉得你们已经基本上把课文都读懂了。是这样吗? 那么,这节课我们来讨论一个问题,好不好? 当第二次世界大战结束后,法国总统戴高乐要颁发总统勋章给伯诺德一家,你们觉得这一家三口中谁最应该获得总统勋章呢?

师:好好读读第3—7自然段,老师给你们一个建议:要答好这个问题,最好先亮出自己的观点,然后阐述理由,注意要用上课文中的有关语句,结合课文中的内容来说。(生读文,师巡视指导:画画有关的句子,也可以在适当处做一些批注)

交流如下:

【观点1】小女儿杰奎琳应该荣膺总统勋章

生1:我觉得,最应该荣膺勋章的是小女儿杰奎琳。因为大家都在想办法让情报不泄露出去,只有杰奎琳成功了! 而且,杰奎琳用了非常巧妙的方法,比前几个方法都好,骗过了德国军官,所以我觉得荣膺总统勋章的应该是杰奎琳。

师:嗯,以成败来论英雄。你刚才说,她的方法最巧妙,你的根据是什么呢?

生1:伯诺德夫人想出的办法是用油灯把蜡烛换回来,但德国军官又点燃了蜡烛,这样就不可靠。然后,儿子找出一个生火的理由,德国军官认为屋子黑又把蜡烛夺了回来。最后,女儿杰奎琳说要上楼睡觉,他们不可能因为屋子黑而上楼去把蜡烛拿下来。

师:你对他们三人进行了比较,从而得出结论。还有没有同学持相同观点,也认为该颁给杰奎琳?

生2:杰奎琳是一家中年龄最小的,但她很镇定地端起烛台向军官道晚安。如果换成别人的话,肯定会很慌张。

师:你能不能把这句话读一读?

(出示:突然,小女儿杰奎琳站起来,"司令官先生,我困了。"她娇声地对德国人说道,"楼上黑,我可以拿一盏灯上楼睡觉吗?"……杰奎琳镇定地把烛台端起来,向几位军官道过晚安,上楼去了。)

生3:我也认为应该把勋章颁给杰奎琳,因为她很镇定。

师:在这个故事中表现出镇定的不仅仅是杰奎琳吧?刚才有个同学说,她的方法很巧妙,那谁能把这个方法说清楚?

生4:因为她很可爱,正是这点打动了军官。

师:由此可见,杰奎琳很聪明。但这个地方并不能看出她很可爱,而是聪明、机智,在如此危急的时候能够想出这个办法。还有谁要补充呢?

生5:当她踏上最后一级楼梯时,蜡烛熄灭了,这很重要。如果稍晚一点想出这个办法,他们就会有危险。

师:你看,她娇声地对德国军官说完并得到应允之后,她是怎么做的呢?

生5:她向德国军官道过晚安才上楼去。(再读有关句子)

师:那她为什么这么做呢?

生5:这样做能显示出她很有礼貌,还能看出她很聪明,临危不乱。

师:真好,他刚才说"临危不乱",那当时是什么情况?

生5:很危险。

师:到底怎么危险?

生6:因为这个蜡烛关系到他们一家的生命。

师:这个时候和你说的还有点不一样。

生6:因为那时蜡烛马上就要熄灭了。

师:课文中怎么说?

生7:"烛焰摇曳,发出微弱的光",说明蜡烛马上就要熄灭了。在这危急时刻,杰奎琳急中生智,谎称要上楼睡觉,化解了这场危机。

(生读句:烛焰摇曳,发出微弱的光,此时此刻,它仿佛成了屋子里最可怕的东西。)

师:是呀!而且这是在妈妈的办法没成功,哥哥的办法也没成功的情况下想出来的。

师:你们都认为应该把勋章颁给杰奎琳,让我们一起把这段话读一读,要读出镇定的语气。

(生读句)

【观点2】大儿子杰克应该获得总统勋章

师:还有没有其他的意见?

生8:我认为大儿子杰克应该拿到勋章,因为一般男孩子都是非常倔的,如果这司令官一把抢过烛台的话,杰克应该会上前与他理论,而此刻他却一声不吭。

师:说明这个孩子是懂事的,因为他知道——

生8:厄运即将来临,秘密一旦暴露,情报站就会遭到破坏。同时,这也意味着他们一家三口生命的结束。

师:所以,他是绝对不能引起德国军官的怀疑的。谁再来说说什么地方感动了你?

生9:在斗争的最后时刻,他默默地坐在一边,是很从容的,丝毫没有令德国人产生怀疑。如果他很急躁的话,可能在别人还没想出办法时就把情报站暴露了。

师:我们一起来读一读描写杰克的语句。

(出示:这时候,大儿子杰克慢慢地站起来,"天真冷。我到柴房去搬些柴生个火吧。"说着,伸手端起烛台朝门口走去,屋子顿时暗了许多。……孩子是懂事的,他知道,厄运即将到来了。在斗争的最后时刻,他从容地搬回一捆木柴,生了火,默默地坐着。)

师:默默地坐着,不发出声音,不说话,但他心里是知道的。情况越来越危急!

【观点3】伯诺德夫人应该获奖

生10:我认为这个勋章应该发给伯诺德夫人,因为她是第一个想到把情报放在半截蜡烛中的人。我佩服她的智慧！

生11：我也认为应该发给伯诺德夫人，因为她的女儿和儿子那么小，但遇到这件事的时候却那么镇定，这都是她教育的结果。

师：是她带领一双幼小的儿女参加了秘密情报站的工作，这是一个了不起的母亲。

生12：我觉得她很勇敢，因为她家里只有两个孩子，她不顾个人危险，把德国强盗赶出自己的祖国，连自己的生命都在所不惜。

师：这说明她非常热爱自己的祖国！在德国军官闯入后，这个夫人是怎么做的？

生13：德国军官刚闯入，她就去拿油灯，说明她知道这个蜡烛很危险。

师：那她是怎么做的？（生读句）她是怎么吹熄这个蜡烛的？

（出示：她看着两个脸色苍白的孩子，急忙从厨房里取出一盏油灯放在桌上。"瞧，先生们，这盏灯亮些。"说着，轻轻地把蜡烛吹熄。）

生14：从"轻轻地"可以看出她是很镇定的。

生15：她是一个非常伟大的人，尽管家里只有三个人，她还是很爱自己的祖国。她给孩子们带了个头，先想出了办法。

师：先想出办法是很重要的，她争取到了时间。我们来把文中描写伯诺德夫人的语句读一读。（生读句）

师：怎么办呢？大家各有各的观点，各有各的理由。

生16：文中还写到两个孩子已经吓得脸色苍白，因为他们知道万一蜡烛燃烧到金属管处就会熄灭，秘密就会暴露，情报站就会遭到破坏，同时也意味着他们一家三口生命的结束。

师：脸色苍白是因为他们和伯诺德夫人一样知道这半截蜡烛的重要性，我们一起来读一读。（生读句）

【观点4】一家人获得勋章

师：刚才你们都说了各自的理由，有说要颁给杰奎琳的，也有说要颁给杰克的，还有说要颁给伯诺德夫人的，怎么办呢？

生17：三个人应该同时得到这个勋章，因为他们三个人的信念是相同的，都要保住这个绝密的情报不被德国军官发现，所以他们三个人都非常谨慎、从容，丝毫没有暴露出一点引起别人怀疑的地方。

师:母子三人表现出了从容、镇定、勇敢、机智。(板书)

师:在刚才的这场辩论中,同学们都有自己的想法,最后一个同学认为要把这枚勋章颁给他们一家三口,你们同意吗?通过刚才的讨论,魏老师觉得你们这个班的同学都很了不起。

六、体会文本的表达方式

师:你们在读这个故事时有没有感受到这个故事是一波三折、跌宕起伏的?是不是感觉特别惊险、紧张、扣人心弦?请你快速地浏览课文,看看文中哪些语句带给你这些感受。

生1:一场危机似乎过去了……

师:老师再提高些要求,你在读时就要读出这样的感受,行吗?

生2:时间一分一秒地过去……

生3:伯诺德夫人知道……

生4:(交流)烛焰摇曳,发出微弱的光……

生5:(交流)在斗争的最后时刻……

生6:(交流)正当她踏上最后一级楼梯时……

师:真够紧张的!老师把你们读的句子归纳了一下。(出示媒体,指导朗读)这些是环境的渲染,这些是人物的心理活动描写。

(指导读句)

七、布置作业并指导

师:同学们,课文上完了。回家后请你们做个作业:以伯诺德夫人或杰克、杰奎琳的身份,用第一人称向朋友讲述这个故事。老师给你们一个开头"一天晚上,我们刚吃完晚饭,突然三个德国军官闯了进来"。你们想一想,要完成这个作业,首先人称变化了,其次课文的第1—2自然段也没有了,那么你们可以在什么时候介绍这关键的、危险的蜡烛呢?

生:德国军官点燃蜡烛时。

师:环境和人物心理活动的描写可以使这个故事变得更吸引人、更生动。老师还建议你们给这个故事加个结尾:当她踏上最后一级楼梯时,蜡烛熄灭了,母子三人会怎么做?怎么说?今天的课就上到这里。

八、板书设计

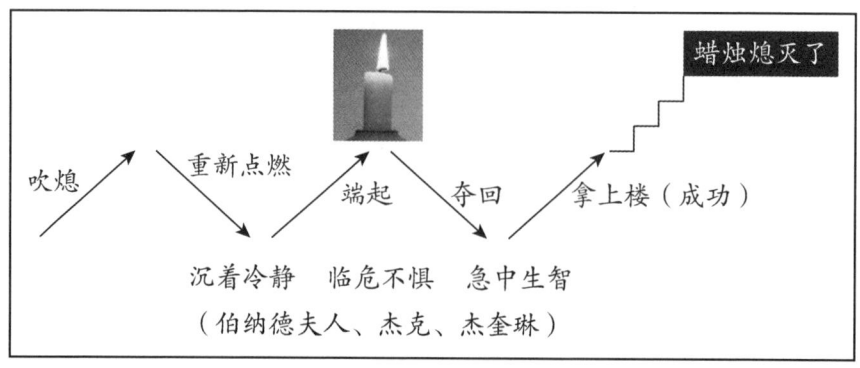

教学反思

一个不得不说的小故事

初次读到《半截蜡烛》就喜欢上它了,常想着能有机会执教这篇课文。因此,备课的过程是快乐的,是兴奋的,是有期盼的。可是,就在整个教学设计即将完成的时候发生了一个小故事。

为了使教学设计更具操作性,减少盲目性,在一位老师的帮助下,我设计了一个小小的阅读能力测试。参加测试的共有 25 个学生,他们分别来自 18 所小学。这些孩子学力不等,对语文课的喜爱程度也相差甚大,但由于事先已明确了这次阅读小测试的重要性,孩子们很快便进入状态,沉浸到文本的阅读中,几乎是全神贯注地读文、答题。30 分钟后,孩子们完成了书面练习,整个过程中我们两位老师始终一言不发。之后,大家就练习中的题 5(如果你是戴高乐总统,你将会把荣誉勋章颁发给谁?理由是什么?)展开了充分的讨论和交流,有 15 个孩子选择杰奎琳,1 个孩子选择伯诺德夫人,2 个孩子选择杰克,7 个孩子认为应该颁给全家。在激烈的辩论之后,22 个孩子达成共识,认为颁给全家是最能被接受的,直到下课仍有 3 个孩子认为应该把总统勋章颁发给杰奎琳。

课后,我一遍又一遍地翻阅着这 25 个学生的答卷,回想着课堂上孩子们振振有词的辩论,意识到不能低估五年级学生独立阅读这类课文的能力。我反复自问:"对于这样一篇课文,究竟什么是学生已经知道的,什么是未知的? 什么是学生通过独立阅读能读懂的? 什么才是学生学习这篇课文的需求及所得?"这些问题让我想起上师大王荣生教授在接受《中国教师报》采访时曾说:"教学内容是影响语文教学最主要的方面,调整语文教学内容是改善教学方法,也是提高语文教学有效性的最根本的一个起点。……学生最需要什么,这才是教学的起点,也是提高教学有效性最本质的东西。"

于是,我又一次推翻原先精心设计的教案;于是,就有了现在这份展现在大家面前的教学实录。课前,我提出了预习要求:(1)自学生字新词,把课文读正确读通顺,在不理解的地方做上记号;(2)了解故事发生的背景——第二次世界大战及二战中德国和法国的关系(推荐观看电影《美丽人生》或《穿条纹睡衣的男孩》);(3)读全文,思考:①课文以半截蜡烛为线索,这是怎样的半截蜡烛?②德军闯进来后,母子三人为了保护绝密文件,分别想出了什么办法?结果如何?

本课的教学目标:(1)学习生字新词,在具体语言环境中理解"绝密、绝妙、厄运"等词语意思;(2)预习交流,知道课文以半截蜡烛为线索,叙述一个发生在二战期间的真实故事,练习概括第3—7自然段课文主要内容;(3)有感情地朗读课文,感受人物在危急时刻所表现出来的机智、镇定和勇敢;(4)体会文本语言表达方式,尝试以第一人称讲述故事。

对话碰撞火花,交流训练表达

阅读教学是教师、学生、文本之间对话的过程,是"物我回响交流的过程"。由于各人经验、体验、思维方式等方面存在差异,对话的结果必然不会完全相同。在预习交流之后,我选取了学生最为关注的一个问题作为对话互动的切入点:是谁保住了秘密,保住了情报站,挽救了一家人?谁应该得到总统勋章?潜在的几种观点被有效激活,引发认知冲突,这就促使对话出自学生内心的需要。学生在尝试说服对方的过程中,不断与文本亲密接触,寻求根据。与此同时,生生之间的碰撞、师生之间的交流,也有力地推动着对话不断深入。

我期望在这种立体、丰富、多元、辩证的自主对话中,学生的智慧能获得开发,经验能获得共享,语言能获得发展,情感能获得陶冶。

果然全班学生都热切地投入到这场对话中,每个人都想发表自己的观点,又都想说服别人接受自己的观点。作为这场辩论的组织者,我适时地提出了建议,建议孩子们先亮出自己的观点,再结合文本的语言材料,有理有据地阐述自己持这个观点的理由，最后通过声情并茂的朗读表现出来。这番话既是我给出的建议，更是学生进行语言实践的要求。学生在交流中学会了如何做到言之有物、言之有据、言之有理。

由于这班学生和我是第一次见面，彼此不熟悉，需要磨合，因此面对课堂上情绪高昂的孩子们，我既担心时间不够，又不忍心打断他们的发言，真是左右为难。下课铃声响了，孩子们依依不舍地缠着我："老师老师，我不同意他的说法，我认为……""老师老师，如果我是戴高乐总统，我就……"

虽说语言表达能力的提升不可能一蹴而就，但看到孩子们那一张张通红的小脸，我颇感欣慰。

◆ 专家点评

物我的回响交流

今天听了魏老师的课，我感到很有新意，改革的力度也比较大。以往小学语文教学以分析讲解为主要特征，教学重点在理解上，教学核心是课文内容的理解。但今天魏老师的课不是按照这样的思路来设计组织的，她是以表达为重点来设计整堂课的教学，我非常同意，也非常赞赏这样一种研究和改革。我觉得当前语文课堂教学不是缺少理解，不是缺少分析，而是缺少学生对语言的运用和表达，我们一直没有清醒地认识到这一点，总是在讲解分析，一个接一个问题地讨论，纠缠于内容情节。社会、家长反映语文教学效率低，也是这个原因。如何解决这个问题？今天魏老师为我们做了一个很好的示范。

魏老师的教学设计就是以表达为重点。

一是预习检查。首先推荐一个学生写课题，并进行书写指导和字词教学。高年级教师还那么重视书写与字词教学，不简单啊！现在有的中年级，甚至低年级的课都看不到如此重视字词教学的，包括有的公开课，教师只在重点段、重点内容上花时间，根本不重视字词教学，这是不对的。语文启蒙，识字为先。小学阶段要完成2500个常用字会读、会写、会用，这是一项艰巨的任务。

二是检查读书。在课堂上，一定要安排时间让学生好好读书。遇到读得不准或读错的，教师要及时纠正和指导，让每个孩子正确流利地朗读课文。学语文就是学课文的语言文字,吸收课文的语言文字。如何做到这一点?就是要通过朗读,各种方式的读,有情有趣的读,吸收文本中富有表现力的语句,这个目标不是靠教师的讲解可以达到的。检查读书,魏老师在这方面处理得非常英明。

三是讨论这是怎样的半截蜡烛。这个问题是开放性的,没有标准答案。我们就是要看这样的课堂教学:学生有自己的判断,有自己的思考和理解,并且能用自己的语言来表达。

四是表格的设计和使用。这篇课文故事情节性强,教学中往往很难避开故事情节,那么如何处理呢?今天魏老师的课给大家树立了很好的榜样。讨论中,用极少的时间通过一个表格对课文内容进行梳理,然后要求学生先一个一个说为了保住藏在半截蜡烛中的绝密情报,他们想出了什么办法,以及结果如何,再连起来说——概括课文第3—7自然段主要内容。在学生说的过程中,教师也在关键处及时进行点拨和指导。

五是总统勋章的设计。二战结束后,法国总统要颁发荣誉勋章给这一家,到底应该颁给谁呢?这是个具有挑战性的问题,提纲挈领,避免了一个个发问。在交流的过程中,教师有意识地教给学生回答问题的方法,引导学生仔细读书,联系课文的具体内容,表达自己的观点,阐述自己的理由,要言之有据。课堂上学生参与的积极性很高,各抒己见,畅所欲言。

六是作业布置。很多教师布置完作业后就什么也不管,直接下课了。魏老师则在布置作业之后加以指导和点拨,引导学生思考要完成这个练习需要做一

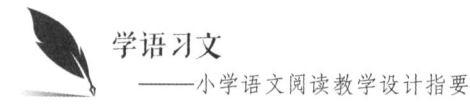

些怎样的修改,这就为学生完成作业打好了基础。

最后我还要说说魏老师这节课的板书设计实在是精到。寥寥数笔,几个箭头,几级台阶,就把课文内容、故事情节串联起来了。魏老师在教学过程中也充分利用了板书,让学生看着板书讲述母子三人的行为,看着板书概括课文主要内容……这样的设计是独一无二的,充分体现了教师的智慧。

整堂课的每一个教学环节都落在学生语文能力的培养上,落在语言表达的实践上,落在语言文字的训练上,很实在,很有效。关于如何提高语文课堂教学的效率,今天魏老师的课给了我们很好的启示。

徐根荣

上海市特级教师

原上海市教育学会小学语文专业委员会主任

第六章
板书，历久弥新

信息技术助力课堂教学，我们的语文课还需要黑板、粉笔吗？快捷便利的多媒体课件会不会取代传统的板书呢？我以为是不会的，因为板书的优势是不可取代的：它可以将复杂、抽象、潜隐的问题清晰、直观地呈现给学生；可以将积累、理解语言与表达、运用语言巧妙地结合起来；还能启发学生的思维和想象，让学生拥有丰富的审美体验。

阅读教学板书设计

教学板书是运用简洁、明确、醒目的文字、符号、图表等,在黑板、电脑及其他教学媒体上,提纲挈领地再现课文内容的一种重要的直观教学手段。通过板书,教师能将涉及课文内容、结构、写法、语言等方面复杂、抽象、潜隐的问题清晰、明确、直观地展现在学生面前;通过板书,教师能创设情境,将理解、记忆语言与表达、运用语言巧妙地结合起来,促使学生提高思维能力、表达能力;通过板书,教师还能以其独特的美感,启发学生的思维和想象,让学生拥有丰富的审美体验。

一、板书的类型

语文阅读教学板书一般以文字为主,辅以线条、括号、箭头、几何图形、表格和图画等,根据课文特点和教法、学法的需要进行不同的排列组合。一般可将板书分为线条式板书、纲要式板书、表格式板书和图解式板书四种。

1. 线条式板书

线条式板书,即在阅读教学中,运用线条、箭头形象地表现文章思路的一种板书形式。

比如五年级课文《半截蜡烛》的板书(见图2)采用波浪线的线条式板书,不仅能形象地表现故事情节的跌宕起伏、一波三折,还能较好地揭示人物的思想品质,有助于引导学生身临其境,不由自主地融入文本内容与语言形式。

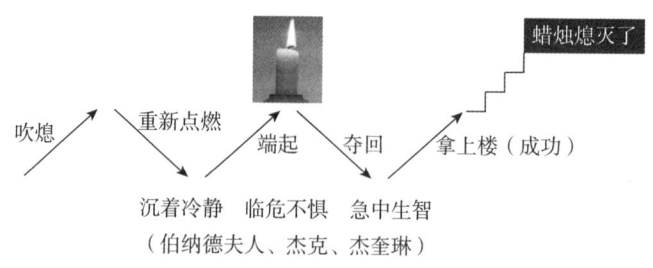

图2 《半截蜡烛》板书

又如五年级课文《桥》塑造了一位普通的老共产党员的光辉形象,他把生的希望让给别人,把死的危险留给自己,用自己的血肉之躯筑起了一座不朽的桥梁。这座桥梁是以老支书为代表的优秀共产党员密切联系群众的"桥"。板书(见图3)以"桥"为中心,把桥、老书记和群众巧妙、紧密地联系在一起,不仅准确地展示了课文内容,突出了老书记的光辉品质,更深刻揭示了课题"桥"所蕴含的意思。

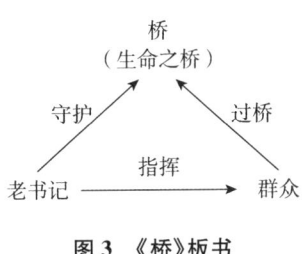

图3 《桥》板书

2. 纲要式板书

纲要式板书,即在阅读教学中,根据教学重点内容的内在联系和教学设计的流程,将简短的词句以线条、箭头、括号或几何图形的形式组织起来,以表现课文要点或概括课文内容的一种板书形式。

比如五年级课文《詹天佑》的板书(见图4)围绕全文的中心句"詹天佑是一位杰出的爱国工程师"中的两个关键词"爱国""杰出",引导学生抓住詹天佑勘测路线时的所思、所言,感受詹天佑严谨的工作态度和爱国热情;抓住课文重点内容——第3—5自然段,感受詹天佑根据两地不同的地质条件,采取不同的开凿隧道方法以缩短工期所表现出的杰出才能和智慧。

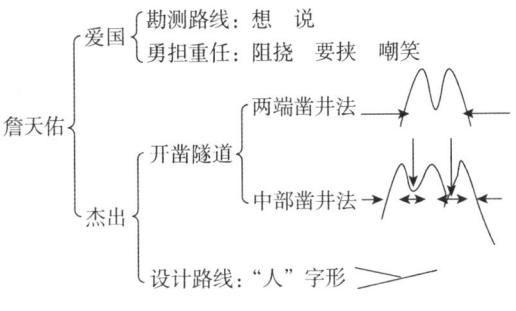

图4 《詹天佑》板书

3. 表格式板书

表格式板书，即在阅读教学中，根据课文的重点或学生学习的难点，用表格呈现课文内容和结构的一种板书形式。

比如五年级课文《半截蜡烛》第一课时的板书(见表3)可帮助学生理解伯纳德夫人一家三口为保住藏在半截蜡烛中的绝密情报，先后想出了各种办法，最后获得了成功。这样的表格式板书，既有助于学生弄清课文的表达顺序，又能帮助学生练习概括主要内容。值得一提的是这种板书更适合师生共同完成。

表3 《半截蜡烛》第一课时板书

	想出的办法(怎么做)	结果
伯诺德夫人	取出油灯，吹熄蜡烛	被重新点燃
儿子杰克	端走蜡烛，搬柴生火	被夺回
女儿杰奎琳	拿走蜡烛，上楼睡觉	成功拿走，保住情报

4. 图画式板书

图画式板书，即在阅读教学中，根据教学内容显现出的特征，采用图文结合的办法形象地勾画出事物间的内在联系的一种板书形式。

比如一年级课文《鱼和潜水艇》的板书①(见图5)，教师在揭示课题时用简笔画画出"鱼"和"潜水艇"。教学中，为帮助学生理解"鱼为什么能上下浮沉"，教师板书"鳔"：鳔里鼓足气胀大时，鱼就浮上来；鳔里放气缩小时，鱼就沉下去。在学生找到鱼和潜水艇的关系后，教师写出右边的板书(也可以让学生自己写)，表示潜水艇里有个"柜子"，柜子排水时潜水艇就浮上来，柜子里装满水时潜水艇就沉下去。由此学生自然明白了什么是仿生学——人们是受到鱼的启发发明了潜水艇。

---

① 设计者：上海市嘉定区实验小学钱红兰

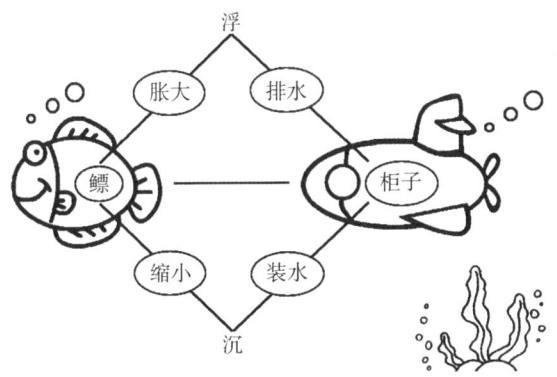

图 5 《鱼和潜水艇》板书

又如四年级课文《刻舟求剑》的板书(见图6),教师发现学生往往搞不清运动中事物相对位置的变化,这是教学中的一个难点。下面这一分解式简笔画板书能帮助学生理解刻舟求剑的经过及刻舟得不到剑的道理。

图 6 《刻舟求剑》板书

二、板书设计的原则

1. 科学性

语文阅读教学的板书设计首先应根据教学的目的,抓住教学重难点、关键问题和重点词句,用最少的词语或最简洁的符号,将课文的内容准确无误地表达出来;其次,要正确表现语文学科知识和语文课文所涉及的自然、社会科学知识。

2. 形象性

语文阅读教学的板书设计是一门艺术。作为一种直观的教学手段,板书必须以具体形象、生动活泼的形式激发学生浓厚的学习兴趣和旺盛的学习热情。因此，教师要灵活运用，因文而异，设计出各具特色的板书。

3. 计划性

语文阅读教学的板书设计应该是有目的、有计划的，写什么不写什么，什么详写什么略写，哪个先写哪个后写，写在哪个位置，用什么颜色的笔写，都应通盘考虑，统筹安排。板书的进程一般与课文教学的进程保持同步，边教边写，教到哪里，写到哪里，不宜超前，也不宜滞后。

4. 独特性

语文阅读教学的板书设计要切合课文实际，不同的课文应选择不同的板书形式。板书设计还应体现不同文体的特点：记叙文要突出事件的线索和人物的形象，可多用线条式板书；说明文侧重事物的特征、结构、功用及各种说明方法，表格式、图解式板书比较常用；议论文要抓论点、论据、论证三要素，纲要式板书较为适用。

5. 规范性

教师板书时必须注意书写的示范性，力求字迹端正，版面整洁，不写错别字。无论是文字还是表格、图形，都要做到清晰、醒目，为学生树立榜样。

三、板书设计的策略

在阅读教学中，板书主要有两大功能：一是促进理解，即帮助学生理解课文的内容，理清作者行文的思路；二是辅助语言运用，即作为一种学习的支架，帮助学生在运用语言文字的实践中提高自身的听说读写能力。

阅读一篇课文，我们首先要知道作者写了什么。教师可以根据课文中人物的特点及人物之间的关系、事情发展的经过及其逻辑顺序、事物的内在变化、时空变化等来设计板书，以此促进学生对课文的理解。

比如三年级课文《埃及金字塔》一课的板书[①]（见图7），教师抓住"巍然屹立""傲对碧空"这两个关键词，先用活动卡片帮助学生弄清楚课文介绍了埃及

---

① 设计者：上海市黄浦区卢湾一中心小学陈芸

金字塔的位置、形状等,以及这些内容的顺序和详略安排,然后带领学生重点研读课文介绍埃及金字塔的建筑特点和建造过程的内容,从而帮助学生真正读懂课文,并以此类推,掌握读懂这类说明文的阅读方法。

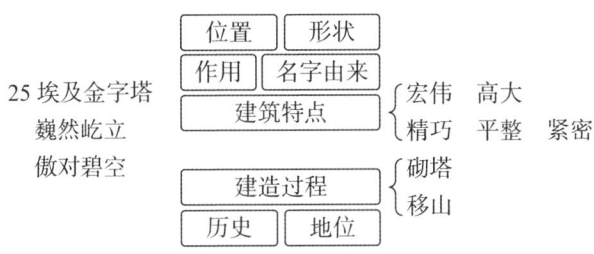

图7 《埃及金字塔》板书

又如二年级课文《曹冲称象》中7岁的曹冲口述的称象办法是教学的重点,也是学生学习的难点。为帮助学生理解,教师设计了这样的板书(见图8)。教学中,教师把称象的步骤概括成四张小卡片,打乱顺序后出示在黑板上,引导学生阅读后根据自己的理解排列这些卡片,从而理解称象的具体步骤和顺序。

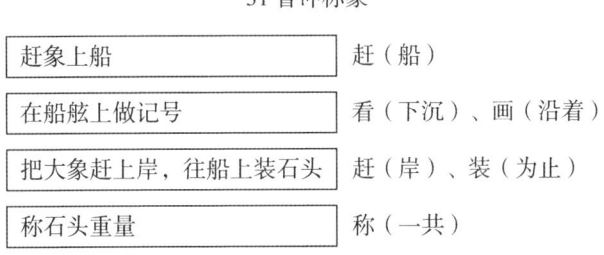

图8 《曹冲称象》板书

此外,教师还可以根据文章的结构、写作方法、写作特点来设计板书,使学生对文章的谋篇布局、选材组材、遣词造句有深入的了解,为其开展听说读写活动提供支架,提高学生的语文能力。

比如三年级课文《全神贯注》的板书[①](见图9)可为学生较顺利地完成复述练习提供"脚手架":请你以奥地利作家斯蒂芬·茨威格的口吻,用第一人称介绍他在罗丹家的所见所闻。

---

① 设计者:上海市闸北区第一中心小学洪磊

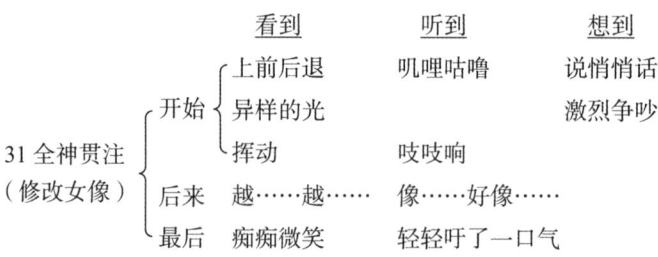

图 9　《全神贯注》板书

又如五年级课文《斯塔笛的藏书》的板书①(见图 10),同样在要求学生根据课文内容,尝试从几个方面把"对斯塔笛而言,藏书就是他的宝贝珍玩……"这句话写清楚、写具体时提供了很好的帮助。

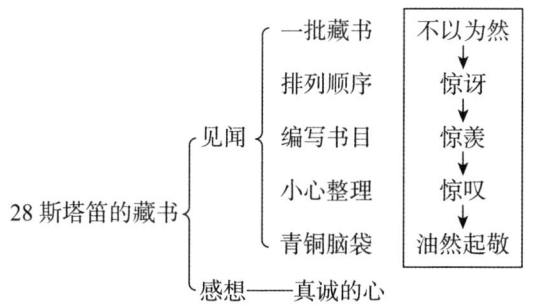

图 10　《斯塔笛的藏书》板书

阅读教学板书设计的策略有以下几种。

1. 从课文题目入手,紧扣题眼设计板书

题目是文章的眼睛,一个好的题目往往是课文主题的浓缩、内容的概括,从课题入手设计教学板书,能起到提纲挈领的作用。比如二年级课文《黄山奇石》从题目上看,"奇"是关键词,理解"奇"在课文中指"奇形怪状",结合课后"背诵课文第 2—5 自然段"的要求,我们可以设计这样的板书(见图 11)。

---

① 设计者:上海市黄浦区卢湾一中心小学陶蓉炯

```
              黄山奇石
            （奇形怪状）
"仙桃石"      好像从天上飞下来的一个大桃子……
"猴子观海"    它……蹲在山头,望着翻滚的云海。
"仙人指路"    真像一位仙人……伸着手臂指向前方。
"金鸡叫天都"  ……几块巨石就变成了一只金光闪闪的雄鸡……
             ……不住地啼叫。
……          ……
```

图 11 《黄山奇石》板书

2. 从课文结构入手,根据行文思路设计板书

阅读一篇课文,不仅要知道作者写了什么,还要了解作者是怎么写的,以及作者为什么要这样写。因此教师往往把作者的行文思路作为板书设计的依据。比如四年级课文《繁星》由巴金先生写于 1927 年赴法留学途中。文中三次写繁星,由于主观条件(年龄、阅历、心情)和客观条件(时间、地点、氛围)不同,表现出的意境和感受也不同。课文按照时间顺序,紧紧围绕"繁星",描写了"我"在不同时期、不同地点观看繁星的情景,抒写了"我"由此产生的种种感受,给人以丰富的联想和美的享受,因此可以设计这样的板书(见图 12)。

```
         我爱月夜, 但我也爱星天。
         时间 → 地点 → 景（所见） → 情（所感）
         从前   家乡   密密麻麻     温暖  安全   联系
繁星     三年前 南京   星群密布     快乐  亲切   比较
         如今   海上   半明半昧     ……
```

图 12 《繁星》板书

3. 从课文重点段落入手,抓住关键词语设计板书

在中高年级阅读教学中,教师常常从重点段落入手,抓住关键词语进行教学。比如五年级课文《珍珠鸟》是一篇描写生动、富有诗情画意的散文。课文以细腻亲切的语言描写了"我"为珍珠鸟创造了自由自在的生活环境,它们由怕人到能与"我"和睦相处,说明了"信赖,往往创造出美好的境界"。课文的重点部

分是"我"和小珍珠鸟的互动,因此可以设计这样的板书(见图13)。

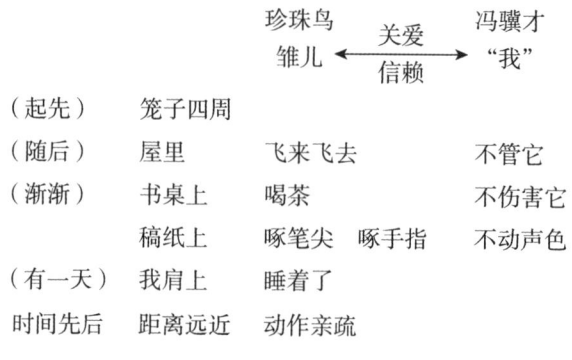

图13 《珍珠鸟》板书

4. 从学生学习难点入手,抓住重点训练项目设计板书

比如二年级课文《千人糕》以孩子和爸爸的对话形式,写出了千人糕的制作过程,旨在告诉学生一块平平常常的糕,经过很多很多人的劳动,才能制作完成,变成美味的点心。米糕的制作过程是本课学习的重点,而复述这个过程是学生学习的难点。教学中,为帮助学生破解难点,完成重点训练项目,教师可以设计这样的板书(见图14)。

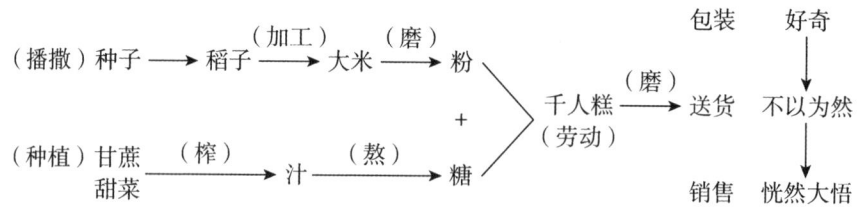

图14 《千人糕》板书

为了使板书在教学中较好地发挥作用,教师在确定板书的内容和形式之后,还得研究板书的书写。多数板书应随着教学的进程当堂书写,逐步出现,这样比较自然、灵活。当发现学生的回答胜过教师所准备的内容时,就要改变原来预设的内容,采纳学生的意见,这样做既有利于提高学生学习的效果,也有利于调动学生学习的积极性。板书要清楚端正,还要有一定的速度。端正、优美的字迹会对学生产生良好的、深远的影响。①

---

① 何以聪,徐家良.小学教学全书·语文卷[M].上海:上海教育出版社,1995:330.

以下是统编小学语文教科书部分课文板书示例。

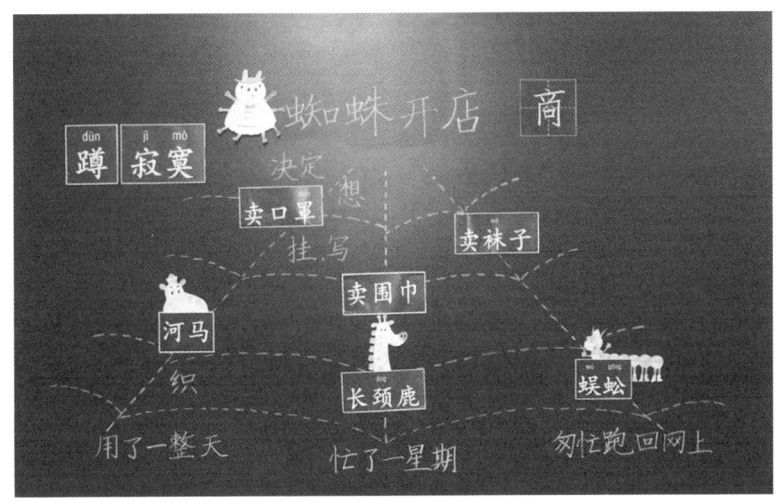

图 15 《蜘蛛开店》板书
（设计者：上海市实验小学　樊金花）

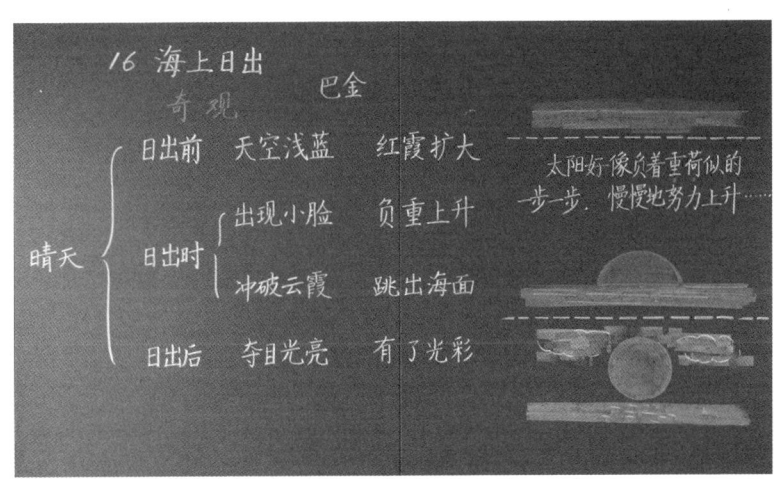

图 16 《海上日出》板书
（设计者：上海市黄浦区蓬莱路第二小学　陈缪华）

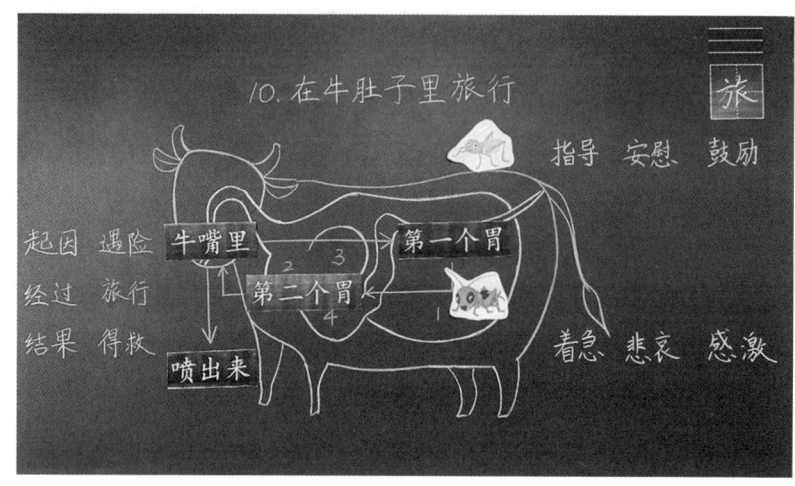

图 17 《在牛肚子里旅行》板书
（设计者：上海交通大学附属黄浦实验小学　张欣珮）

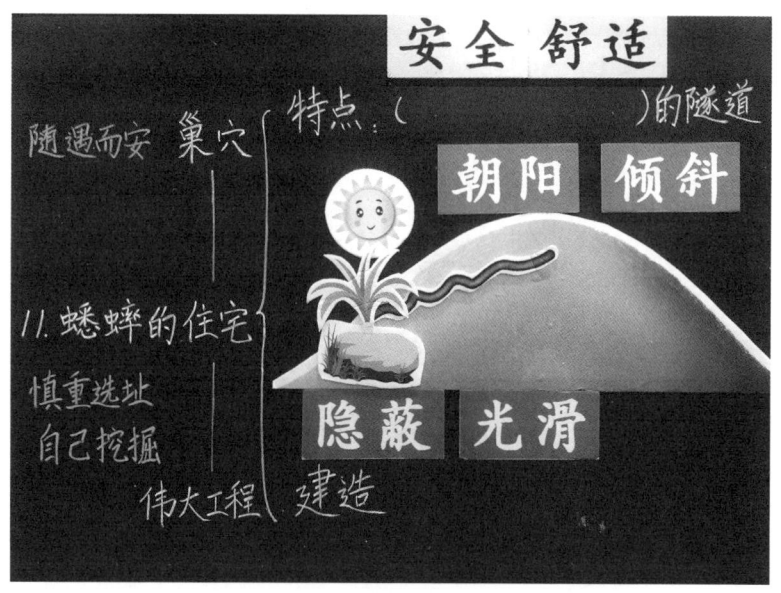

图 18 《蟋蟀的住宅》板书
（设计者：上海市黄浦区复兴东路第三小学　裘文瑜）

值得称道的板书设计,是课文的筋骨、课文的脉络、课文的缩影;板书设计应突出教学的重点、关键,解决学生学习的难点。语文教学中的板书是语文教师必备的基本教学技能之一。板书设计也是一门艺术,是课堂教学的重要组成部分,是语文教师对教材及教法的深层把握与处理,是语文教师教学素养的重要表现,是影响语文课堂教学效果的重要因素。

四、传统板书与多媒体课件的有机结合

随着信息技术的不断发展,多媒体课件越来越多地被应用到小学语文课堂教学中。相较于传统的板书,多媒体课件具有将文字、图片、动画、音乐、视频等融于一体的优势,能较大程度地吸引学生的注意力,满足学生多种感官的需求,从而有效激发学生学习的积极性,提高教学效率。具体表现为:使教学内容更加直观形象,有助于学生理解语言文字;增大课堂教学的容量,提高课堂教学的密度,拓宽学生的视野;有效培养学生的观察能力,激发他们的审美情趣。[①]

多媒体课件作为教学的一种辅助手段,要适时、适量,要恰到好处;如果教师过分依赖多媒体课件,可能会出现弄巧成拙的情况。特级教师贾志敏认为多媒体是个好东西,必须要用的时候就用,可用可不用的时候就不用,没必要用的时候就坚决不用。此外,由于多媒体课件是按照教师的课前教学设计制作的,教师若使用不当,容易忽视课堂的教学生成,引导学生在固定的流程下学习,导致学生只能被动地接受知识,抑制了小学生的创新思维和学习的主动性。因此,在小学语文课堂教学中,应将传统板书与多媒体课件有机结合,从而达到取长补短、相得益彰的效果。

---

① 赵美子,刘凤娟.多媒体课件在小学语文教学中的应用思考[J].湖北成人教育学院学报,2012(4):146.

我的语文课:二年级《最后的玉米》

教材:沪教版语文教材二年级下册第26课《最后的玉米》

时间:2011年4月

地点:上海市黄浦区教育学院附属中山学校

◆ 设计理念

杜威提出了著名的问题教学法,把恰当设问以培养学生的反省思维水平作为教学的最高目标。我们历代的语文教学也十分重视培养学习者的问题意识。理学大师朱熹说过:"读书无疑者,须教有疑,有疑者,却要无疑。"清代教育家王筠说:"为弟子讲授,必时时诘问之,令其善疑,诱以审问。"对教师来说,如何科学地设问,如何有效地激发学生质疑的兴趣,是一个值得研究的重要课题,也是语文课堂教学设计的重要内容之一。

《最后的玉米》是一篇意蕴深远、耐人寻味的童话故事,全文采用拟人的手法讲述了一个收获的季节,一个长得很棒的玉米满怀希望地等待老婆婆来采摘,却经历一次又一次的失望。眼看着同伴们一个个被摘走,这个玉米心灰意冷,直到听到老婆婆的夸奖,才终于明白自己获得了最高荣誉——被留作明年的种子。

本课的学习重点是在阅读过程中提出问题,并尝试解决问题。从某种角度来说,提出问题比解答问题更难。因为如果你不具备求异思维,不会独立思考,不会发现问题,就很难提出问题,而一个不会提出问题的人很难进行创造性的工作。所以,学习提问首先要培养问题意识,敢于提出疑问;其次是学会如何提问,对中低年级的学生而言,有时候难点在于无法用准确的语言说清楚心中的疑问;最后是在阅读中遇到不理解的地方、有疑问的地方,可以做好标记,并在学习的过程中尝试解决疑问。《最后的玉米》的教学设计就是从问题入手。揭示课题时,教师先示范提出一个问题,即"什么是最后的玉米,为什么称之为最后的玉米"。随后,教师鼓励学生自己读文章,一边读一边在不懂处做记号,读完后再想一想这个(些)问题该如何提出。接着,教师对学生提出的问题进行梳理与分类,并根据这些问题展开教学。

教学设计

一、教学目标

1. 认识本课"哗、棒"等9个生字,理解并积累"荣誉、一无是处"等5个词语,在田字格里正确书写"荣"等4个生字。

2. 能正确朗读课文,学习在阅读过程中提出问题,并尝试解决问题;重点读好描写玉米心情变化的语句。

3. 懂得要正确认识自己、相信自己。

二、教学时间:40分钟

三、教学过程

(一) 谈话导入,揭示课题

1. 出示玉米图片,说说吃玉米的经历,以及怎样的玉米才好吃。

2. 板书并齐读课题:最后的玉米。

3. 为什么说是最后的玉米?

(二) 初读课文,整体感知

1. 自读课文,要求:读准字音,读通句子,标上自然段序号。

2. 指名4个学生分自然段朗读课文(1—3,4—6,7—9,10—13),并画出每部分开头表示时间的短语。

3. 读词语:的确、很棒、无奈、腐烂、抱怨、深褐色、太阳烤、秋雨淋、晃晃脑袋。

4. 读句子。

(1) 一连几天过去了,别的玉米/都被一一摘走,唯独/那个很棒的玉米/没有被摘走。

(2) 一阵秋风吹过田野,长得很棒的那个玉米/孤零零地站在那里,无奈地/晃晃脑袋。

学习生字:晃(huàng)、奈(nài)。

5. 交流并板书:快到收获的季节了、收获的第一天、(收获的)第二天、一连几天过去了、不知多少天过去了。

6. 再次自由朗读课文,在不懂处做记号,并想一想这个(些)问题该如何提出。

7. 交流提问,教师边记录问题边归类。

(预设)学生的问题大致可以分为三类:①关于词语理解;②关于玉米样子的变化;③关于玉米心情的变化……

★关于词语的理解:唯独、抱怨、一无是处、荣誉、无奈……

★关于玉米样子的变化:玉米变硬了后是不是还是黄色的?深褐色的漂亮胡须干透了为什么会变白……

★最后的玉米为什么心灰意冷?为什么抱怨自己的运气不好?这和运气有关系吗?"很棒的玉米"并不灰心,是说他失望了吗……

8. 小结:初读课文,同学们提出了不少问题。这些问题有的你们多读几遍课文就能找到答案,有的需要我们一起来研究才能解决。这节课我们就来讨论最后的玉米心情发生了哪些变化,以及为什么会有这样的变化。

(三) 研读课文,圈画出表示玉米心情变化的词语,读懂变化的原因

1. 默读全文,圈出描写玉米情感变化的词语。

2. 在情绪曲线上标出玉米的心情变化,并尝试说明理由。(教师在黑板上画曲线,学生在合适的位置贴词语卡片)

3. 交流(预设)。

※第1—3自然段"非常自信"

(1) 朗读句子,读出自信的语气:"一定是最先摘我啦。"一个长得胖胖的玉

米非常自信地说。

（2）说话练习："一定是最先摘我啦。"一个长得胖胖的玉米非常自信地说，"你们看，＿＿＿＿＿＿＿＿＿＿＿＿＿＿＿＿＿＿"（可以用上"漂亮胡须、鲜嫩、黄灿灿"这些词语）

（3）朗读句子，读出赞美的语气："是啊，你的确很棒。"周围的玉米也都齐声赞美他。

（4）学习生字"棒"。

※第4—6自然段"并不灰心"（不那么自信了，但还没有灰心）

※第7—9自然段"心灰意冷"

（1）"心灰意冷"的意思是灰心失望、意志消沉。

（2）"心灰意冷"的具体表现：无奈地晃晃脑袋、觉得自己浑身上下一无是处、连连叹气、老是抱怨。

（3）朗读句子，读出心灰意冷的语气：一阵秋风吹过田野，长得很棒的那个玉米孤零零地站在那里，无奈地晃晃脑袋。……"我一直以为自己是很棒的，其实是最差的。唉，看来我只好被太阳烤、秋雨淋，直到腐烂掉为止了。"那个玉米连连叹气，老是抱怨自己的运气不好。

（4）学习生字"褐（与"喝、渴"作比较）、怨、烤、淋"。

（5）理解"无奈、一无是处、抱怨"的意思。

（6）最后的玉米越看越觉得自己浑身上下一无是处；原先……如今……他连连叹气，老是抱怨自己运气不好……他真的心灰意冷了。

※第10—13自然段"（心存）感激"

（1）学习生字"誉"。"荣誉"的意思是因成就和地位而得到广为流传的名誉和尊荣。

（2）玉米获得的最高荣誉是什么？

（3）那个玉米一直没有被摘下来的原因是什么？

（四）朗读全文并总结

1. 朗读课文，思考：这个最棒的玉米留到了最后，被当作种子。第二年，他会对他的孩子说些什么？

2. 交流。

四、板书设计

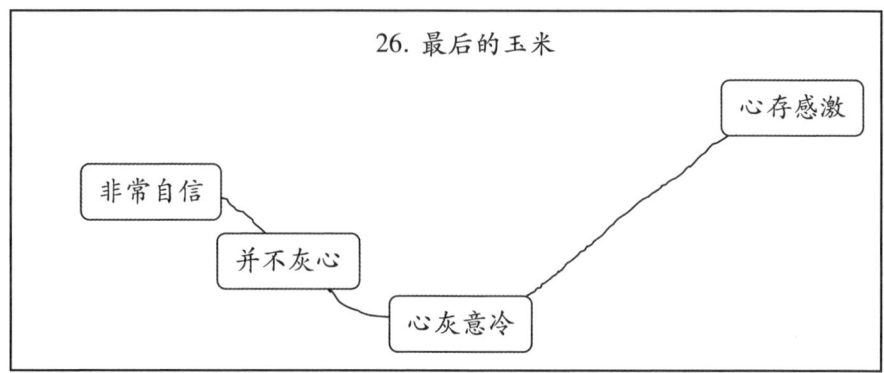

◆ 专家点评

开放而又充满创新活力的语文课

今天是二年级的一次区级教研活动,区教研员魏玉梅老师亲自执教了《最后的玉米》一课。首先,魏老师作为教研员敢站上讲台给学生上课,勇气可嘉,我很欣赏。其次,我觉得这是一堂最常态的家常课,不花哨,但设计巧妙,不华丽,但朴实亲近。魏老师用她的课堂魅力滋养了学生,也感染了我们。

一、设计巧妙,润物细无声

整堂课的教学很有设计感。比如指名4个学生分段朗读课文,其他学生边听边画出每部分开头表示时间的短语,这是在帮助学生梳理故事发生发展的过程。又如学生交流提问,看似很松散随意,但教师一边记录问题一边梳理归纳,还适时地点拨、纠正学生词不达意的地方,最后学生提出的问题被分成三大类,与教师备课时的预设基本吻合,可见执教者对这个年龄段的学生的认知水平了然于胸。

不难看出魏老师从二年级学生的年龄特点、认知水平和情感特征出发精心设计每一个教学环节。那条"情绪曲线"的设计十分巧妙。学生在反复读文的基础上,把找到的表示玉米心情的词语填进这条曲线,不但理解了这些词语的含义,而且体会到玉米心情变化的轨迹,同时知道了如何使用这些词语进行表达,使课堂效益达到最大化。

教学中的两次说话练习也设计得十分巧妙。比如,那个很棒的玉米非常自信地说,会怎么说？别的玉米又会如何赞美这个很棒的玉米呢？练习中,学生可以选用文章中已有的描写玉米外形的词语进行语言的重组,这是将课文语言内化为自己的语言的过程。若语文课上能经常进行这样的说话练习,学生的语言表达一定会有所长进。

最可贵的是如此巧妙的设计在教学过程中却丝毫没有斧凿的痕迹,自然流畅,如行云流水,教学效果事半功倍。

二、预设生成,课堂灵动有活力

一堂高质量的语文课应该是开放而富有创新活力的。课堂上,当魏老师让学生上台在曲线图上填写表示玉米情感变化的词语时,学生是兴奋的,小手举得高高的,跃跃欲试。在这个过程中,学生就"并不灰心"应该写在哪个高度引发了讨论。大多数学生认为应该中间偏上,靠近"自信",而不应该偏下靠近"心灰意冷",原因是"并不灰心"表示玉米虽然不那么自信但也没有灰心,而"心灰意冷"则表示完全失望了,程度上有很大的区别。对于"心存感激",有学生提出应该比"非常自信"还要高出一点,原因是此时最棒的玉米不但恢复了先前的自信,而且知道了自己一直没有被摘走的原因,他感激老婆婆留下他做种子,并发誓要长得更好,成为更好的自己,因此历经这一过程的玉米更了不起。

在这个过程中,学生迸发出思维的火花,在理解文本的基础上大胆发表自己的想法,有理有据。我们可以看出,学生的学习是真实发生的,学生在经历成长,也在体验成长。

三、指导扎实,学生学有所得

关于提问。"在阅读过程中提出问题,并尝试解决问题"是本课的学习重点。好奇、爱问是二年级学生的天性,魏老师把关注点放在"如何问"上,这让我们眼前一亮。课堂上,教师提出了阅读要求:一边读课文,一边在不懂处做记号,并想一想这个(些)问题该如何提出。这个小小的要求旨在引导学生发现问题、提出问题,提问前思考如何把自己的问题说清楚,让别人听明白。同时,在教学过程中予以及时、灵活的评价。当两个孩子提出相同的问题时,教师没有简单粗暴地否定,而是顺势指导评价:"你想想你这个问题和哪个小朋友是一样的呀？是不是那样问会更清晰简练些呢？"同时,教师做了一个大胆的尝试,即让孩子针对课文提出问题,激发了学生提问的兴趣。最后,教师再对孩子提出的问题进行归类。就这样,通过有关"提问前想想该怎么问"的指导,孩子明确要求,尝试表达,学到了提问的方法。

关于阅读习惯。课一开始,魏老师让学生读课文,并要求他们画出每段的开头(表示时间的词语),目的是对本文的表达顺序进行梳理,同时让学生知道阅读时要动动笔墨,写写画画。

关于朗读。教学中,魏老师花了较多的时间对文中的两个长句子进行朗读指导。在公开教学中,在短短35分钟的课堂上,教师能这样做,正体现了其底气。一方面,教师钻研教材精深,知道这两句话在文中的重要性;另一方面,教师能真正站在学生的角度,从学生的学习情况出发(孩子没读好、读不好一定有原因),找到原因,耐心地指导他们读好句子。从如何停顿到如何找到关键词朗读,孩子渐渐找到了感觉,掌握了方法,并能把这个方法举一反三地用于以后的朗读。只有通过如此扎实的教学环节,学生才能真正成为课堂的主人,这正是我们教师应该关注的。

"授人以鱼,不如授人以渔"是一句人人知晓的话。若教师能在每堂课上融入这点,我们的孩子将受益终身。今天魏老师的课给了我们很好的启示。

朱蓓莉

中学高级教师

原上海市卢湾区教师进修学院小学教研部主任

五年级《珍珠鸟》

教材:统编语文教材五年级上册第4课《珍珠鸟》

时间:2018年11月

地点:上海市师范专科学校附属小学

❖ 设计理念

从儿童的语文素养发展看,每篇课文大致有三个方面的学习价值:一是文化价值,比如通过阅读冯骥才先生的《珍珠鸟》,学生感受到由于"我"为珍珠鸟创设了安逸舒适、自由自在的生活环境,精心地呵护它们,珍珠鸟由怕人到信任"我",与"我"和谐相处,产生"信赖,往往创造出美好的境界"的共鸣;二是学习语文的方法规律,即学生可通过课文掌握汉语的基础知识,学习阅读、写作的方法,从而提高听说读写技能;三是语言材料的积累,包括生字、词语、句子的积累,即通过大量规范的书面语言材料的输入,学生可积累并熟悉汉语的语言规则,包括词语运用和搭配、词与句和句与句组织的经验,丰富语感。

教学设计

一、教学目标

1. 自主学习生字,理解"垂蔓、斑斑驳驳、生意葱茏、疏格、细腻、境界"等词语的意思。

2. 正确、流利、有感情地朗读课文,说出课文是按照一定的顺序、分几步把珍珠鸟从怕人到信赖"我"的过程写具体的,理解"信赖,往往创造出美好的境界"的含义。

二、教学时间:两课时

三、预习要求

1. 把课文读正确,读通顺,给课文标上自然段号。

2. 查工具书,理解"垂蔓、斑斑驳驳、生意葱茏、疏格、细腻、境界"等词语的意思。

3. 找出文中的中心句,并围绕中心句提问。

四、教学过程(如下所示)

第一课时

(一)揭示课题,预习反馈

1. 板书课题"珍珠鸟",了解作者冯骥才。

2. 预习情况反馈:对词语的理解。

3. 围绕中心句提出问题。

(二)学习第1—4自然段

课文共14个自然段,按照小珍珠鸟出生前后,分成两大段:1—4为第一大段,5—14 为第二大段。

1. 自读第 1—4 自然段,思考"真好!"指什么真好。

2. 交流,并指导朗读"真好!"。

3. 在交流的过程中,教师随机指导朗读和"真好"相关的句子。

4. 语言实践活动:以珍珠鸟的口吻,选用课文中的语句,描述自己的新家,体会小鸟在这里是安全、舒适而又轻松自在的。

5. "有人说,这是一种怕人的鸟。"——现在我们一点点熟悉了。

(三) 布置作业

1. 抄写词语。

2. 有感情地朗读课文第 1—4 自然段,熟读第 5—14 自然段。

3. 随文小练笔。

作业单

以珍珠鸟的口吻,选用课文中的语句,描述自己的新家,体会小鸟在这里是安全、舒适而又轻松自在的。

第二课时

(一) 前课作业交流

1. 前课作业交流、评价。

2. 在主人的悉心照料下,这对珍珠鸟生活在安全、舒适、温暖、轻松自在的环境里。三个月后,它们的宝宝出生了,作者称之为"雏儿"。

(二) 学习第 5—6 自然段

1. 学习"雏儿"。读好儿化音,读出其可爱,知道儿化的作用。

2. 自由读第 5—6 自然段,学习描写小珍珠鸟样子的句子。(出示)

瞧,多么像它的父母:红嘴红脚,灰蓝色的毛,只是后背还没生出珍珠似的圆圆的白点。它好肥,整个身子好像一个蓬松的球儿。

作者是怎么写出小珍珠鸟可爱的样子呢?

交流并指导朗读。

3. 课文第 2 自然段写"有人说,这是一种怕人的鸟",这里写小珍珠鸟从笼子里钻出来了。这是怎么回事呢?

(三) 学习第 7—14 自然段

1. 快速浏览第 7—11 自然段,概括地说一说小珍珠鸟在作者家里活动的样子。

2. 交流并板书:

飞来飞去、喝茶、啄笔尖、啄手指、睡着了

笼子四周、屋里、书桌上、我肩上

3. 重点学习第 9—10 自然段。

(1) 同桌合作学习。读一读课文第 9—10 自然段,画一画小家伙落到书桌上的活动轨迹,以小珍珠鸟的口吻说一说。

男女生分读。

指名学生边演示边说。

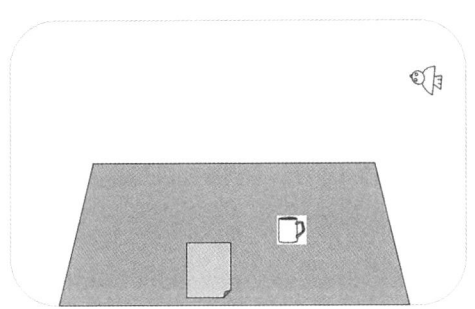

(2) 语言实践活动:假设你就是这只小珍珠鸟,你的心里会想些什么? 加上适当的心理活动再说一说,建议以"渐渐胆子大了—放开胆子—完全放心了"为线索展开想象。

4. 再次体会"我"对小珍珠鸟的爱——不管它、不伤害它、不动声色。

5. 齐读第 11 自然段。

"白天,它这样淘气地陪伴我;天色入暮,它就在父母再三的呼唤声中,飞向笼子,扭动滚圆的身子,挤开那些绿叶钻进去。"

回顾:只要大鸟在笼子里生气地叫一声,它就立即飞回笼子里去。

体会小珍珠鸟对"我"越来越熟悉,越来越亲热,越来越信任。

6. 重点学习第12自然段。

(1) 自由读,读出温馨、美好的感觉。

(2) 指名读,重点读好"居然""竟"。(出示第12自然段)

(3) 指导读好描写小鸟睡着样子的句子,体会温暖、安全。

(4) 有感情地朗读第12自然段。

7. 指导朗读第13—14自然段,讨论表达形式上和一般的写法有什么不同,以及为什么这样写。(出示)

我笔尖一动,流泻下一时的感受:

信赖,往往创造出美好的境界。

(四) 总结全文,布置作业

1. 小珍珠鸟对我的信赖,源于"我"对它的关爱——不管它,不干涉,不打扰。有时候,信任最好的打开方式就是为它创造一个安全、轻松、自在的环境。

2. 写法总结:作者如何来写"信赖创造出美好境界"的过程?

(板书:时间先后、距离远近、动作亲疏)

3. 布置作业(二选一):

(1) 假设你就是这只小珍珠鸟,写一写落在书桌上的活动轨迹,加上适当的心理活动,建议以"渐渐胆子大了—放开胆子—完全放心了"为线索展开想象。

(2) 写一则"我"和小动物的故事。

五、板书设计

			珍珠鸟	关爱	冯骥才
			雏儿	信赖	"我"
(起先)	笼子四周				
(随后)	屋里	飞来飞去			不管它
(渐渐)	书桌上	喝茶			不伤害它
	稿纸上	啄笔尖	啄手指		不动声色
(有一天)	我肩上	睡着了			
时间先后	距离远近	动作亲疏			

第六章 板书,历久弥新

◇ **专家点评**

挖掘文本的教学价值

阅读教学是小学语文教学的重要内容,也是占据小学语文教学课时最多的内容。我国的语文教学一直以阅读为主线,全面培养学生听说读写的语文能力。就一篇文章的阅读而言,应该是有层次的,是渐进的,只有不断挖掘课文不同层次的内涵,才能充分体现课文的教学价值,进而提升学生的阅读能力。下面就魏玉梅老师执教的《珍珠鸟》一课谈一些体会。

第一,让学生自己找到文章的基础信息,了解文章大意,这是阅读的第一个层次。五年级的学生已经具备一定的阅读能力。在《珍珠鸟》一课的教学中,魏老师首先让学生寻找的基础信息就是小珍珠鸟钻出笼子后在屋子里的活动轨迹——从"飞来飞去"到"睡着了",这也是文章的写作线索。这个环节,魏老师充分发挥学生自主学习的作用,让学生自己阅读和圈画,甚至板书也由学生来写。我们可以清楚地看到学生自己学习的整个过程,这个过程是学生深度理解文本的基础,不可或缺。

第二,抓住关键细节体会作者的写作意图,从浅阅读逐步走向深度阅读,这是阅读的第二个层次。教学中,魏老师引导学生细读课文的第9—10自然段,还让学生在纸上画出小珍珠鸟落到书桌上的活动轨迹,并以小珍珠鸟的口吻练习说一说。通过动脑、动手、动嘴的活动,学生感受到作者是从物理距离和心理距离两个角度来写珍珠鸟的活动,体会到作者写作的思路,并且得出概括性结论——信赖往往能创造美好的境界。

第三,挖掘文本中隐藏的线索,引导学生发现显性线索与隐性线索之间的关系,这是阅读的第三个层次。教学中,魏老师让学生从作者对珍珠鸟的态度出发,引导学生根据"渐渐胆子大了""放开胆子""完全放心了"这一线索补充小珍珠鸟的心理活动,并通过语言转述的方式进行表达训练。这个练习对学生来说是有难度的,如何使思维可视化则是对执教教师的一种挑战。首先,魏老师给学生足够的时间和空间。其次,魏老师为学生提供了一定的顺序和方式,训练学生把自己的思维过程用恰当、准确的语言按照要求表达出来。虽然课堂上学生的表达还不够自如、完整,但他们的学习过程是真实的,思维是有所发展的。我们常说真正的学习一定是伴随着困难发生的,魏老师让学生学会发现与思考,逐渐掌握阅读的方法与策略,注重学生高阶思维的培养;尤其在公开教学中,这不仅需要底气,还需要勇气。

第四,理解作者是如何表达的,知道作者写什么、怎么写,以及为什么要这么写,这是阅读的第四个层次。语文学习最终还是要回到语言表达这个层面,《珍珠鸟》这篇课文中,珍珠鸟的活动是显性的、主要的,作者对小鸟的态度则是隐性的、次要的。学习文章的主要部分固然重要,但有时候次要部分也不能忽略,这是作者写法上的一种处理方式。文中"我"对待珍珠鸟是"不惊动""不管它""不伤害它""不动声色",看似不作为,其实是对珍珠鸟一种爱的表达。深层次的学习就是要将两者结合起来,从而完整地理解作者在表达上的特点,魏老师就是这样引导的。

第五,弄清楚文章的核心思想是什么,这是阅读的第五个层次。冯骥才写这篇文章自有其特定的时代背景,他想要表达的核心思想就是希望人和人能友好和睦地相处,相互信任。教学中,魏老师运用句子比较的方法,引导学生去发现文章中心句独特的表达方式及其作用。学生阅读后发现作者为了强调自己的观点,通过将中心句独立成段、在"信赖"一词后面加逗号等,突出"信赖"这个词的独特地位。接着魏老师再让学生通过朗读及观察插图,进一步体会"信赖"这个核心词的意义,进一步感受"美好的境界"的含义。

阅读教学不仅要关注课文的内容信息、表达方式,还要关注作者的价值观及其写这篇文章时的情感。魏老师以《珍珠鸟》一课为例,不断挖掘文章的教学价值,并采用不同的方式,让学生形成阅读的策略,进一步提升阅读能力。魏老师的这节课为我们做了一个很好的示范,相信学生通过今天的学习也一定收获多多。

章健文
上海市特级教师
上海市浦东教育发展研究院教师发展中心副主任

第七章

读写，心心相惜

著名教育家叶圣陶先生曾经说过："读与写甚有关系，读之得法，所知广博，眼光提高，大有助于写作练习。"朱熹云："问渠那得清如许，为有源头活水来。"如果说写是那涓涓清水，读则是那源头活水。叶老还有一句话广为流传，那就是"语文教材无非是个例子"，但这句话的后面还有半句，不知道有多少人曾细细品味、反复琢磨过——"凭这个例子，要使学生能够举一反三，练成阅读和作文的熟练技能"。

阅读教学读写练习设计

《课程标准》把语文学科的性质定位为"工具性与人文性的统一",语文教学的主要任务之一是"指导学生正确地理解和运用祖国的语言文字",提高学生"听说读写"的能力。优化语文阅读教学中的读写练习的设计与实施,可以有效地提高学生的口头语言和书面语言的表达能力。

叶圣陶先生曾在《读〈读和写〉,兼论读和写的关系》中指出:"语文是人类交流思想的工具,它包括阅读和写作两个方面。……读写结合是提高阅读能力和写作能力的根本方法。""阅读是吸收,写作是倾吐。"杜甫的"读书破万卷,下笔如有神"和程端礼的"劳于读书,逸于作文"等,都强调了读与写不可分割的密切关系。读可以为写提供范本,写可以促进阅读和理解,只有读写结合,才能相得益彰。只有真正做到学以致用,举一反三,融会贯通,以读促写,才能提高学生的语言素养。

阅读与表达,既是语文学科两个方面的能力,又是语文学科的统一结构,它们之间相对独立而又相互依存、相互作用。说其相对独立,是因为阅读是吸收,是输入,是通过心智活动丰富自己的思想和内部语言;而表达是倾吐,是输出,是将自己的某些人生体验、内部语言转化为外部语言,是一种思想表达。说其相互作用,是因为读与写的共性都是发展语言,有吸收才有倾吐。任何阅读训练里都有表达的训练因素,各种习作训练中都有阅读的训练因素,两者相辅相成,密不可分。阅读丰富表达,表达促进阅读。吸收的语言越丰富,对事物的理解越深刻,就越有可能出现高质量的佳作。同样,习作能力的提高,又能促进阅读理解能力的提高。

一、读写练习设计的一般路径

在阅读教学中,读写结合的练习设计要求教师找到读与写之间的契合点,使读和写这两种活动得以有机结合,促进学生读写能力和谐发展。

1. 从理解走向运用，在运用中加深理解

比如三年级课文《给予树》的教学可以设计"替得到洋娃娃的小女孩写封信"的练习，要求用上"并不宽裕、一百美元、五个孩子、二十美元、八岁、如愿以偿"等词语。通过这样的练习，学生就能明白作者为什么要具体地写出这些数量词，加深对课文中主人公的理解，从而使"写"指向更深层次的"读"。

2. 尝试进行语言表达方式的迁移

比如五年级课文《月光曲》的教学可以集中学习"联想"。请看著名特级教师于永正的教学片段：首先引导学生通过朗读领悟到"月光照进窗子来，茅屋里的一切好像披上了银纱，显得格外清幽"这句话是由月光引起的联想，写实实在在的事物时加上适当的联想，文章的内容会更充实、更深刻，更感人；接着让学生自读第9自然段，找一找哪些句子写的是实实在在的事物，哪些句子是联想，删除联想的内容，再与原句作比较，帮助学生体会联想的表达作用；随后让学生阅读一篇描写大公鸡的短文，画出联想的句子，再想一想如果去掉了这些句子会怎么样，以及加上去有什么好处，学生通过阅读、画句子、比较、讨论，由此篇及彼篇，学会在阅读中分辨实在事物与联想，加深对文章的理解；最后出示短文《荷花》，指出"如果能适当加点联想，文章就会更美"，让学生在补充修改中迁移运用所学的知识。一篇选文从字词句篇到语修逻文，教师要善于对教学内容进行必要的取舍，择取一处，由读到写，迁移运用。这种训练因训练点集中明确，学生学有目标，学有典范，往往能取得立竿见影的成效，促进学生形成特定的语文能力。

3. 基于阅读材料，转换视角进行表达练习

比如四年级课文《新型玻璃》的教学可以设计让学生分别扮演某种新型玻璃，以"××玻璃自述"为题，把新型玻璃的特点、作用写出来。学生以全新视角看待事物，灵活运用文本中原有的材料，开展新的写作活动，这无疑训练了他们思维的变通性、灵活性，为儿童创造力的发展提供了历练的平台。

4. 展开想象，续编、扩写故事或写阅读感受

比如六年级课文《杨氏之子》是一篇短小精悍的文言文，可以设计这样的读

写结合的扩写训练:充分发挥想象,把故事写具体。可以让学生写一写杨氏之子的相貌,或写一写杨氏之子和来访者孔君平的对话,以此来表现杨氏之子"甚聪慧"。这种写作练习建立在学生对课文的理解基础上,为了完成写作任务,学生必须回头去研读课文,从而以"写"促"读"。

心理学家董奇指出:"小学阶段,儿童想象的创造性有了较大的提高,不但再造想象更富有创造性成分,而且以独创性为特色的创造想象也日益发展起来。"儿童教育家李吉林说:"没有想象的学习活动,必然是没有情趣的,也必然是没有创造的、束缚儿童发展的教学。"依托原文情节,大胆地进行想象、演绎、再创造,这种做法符合小学阶段儿童想象力发展的需要,有助于促进他们创造力和书面表达能力的发展,也为教学活动增添了情趣。

5. 围绕同一主题或话题,运用相关写作知识,由此及彼迁移运用

比如五年级课文《祖父的园子》的教学,在学生赏读文本的童真童趣后,于永正老师总结说:"我们写童年的趣事,第一要把事情选好,这事可以很小,你看作者写睡觉,玩累了,找个阴凉的地方,不用枕头,不用席子,就睡着了,多有趣。第二,在写的过程中,千万不要忘记写人物的对话,好多趣味是在对话中体现出来的,记住了吗?还有几个细节,能充分体现祖父的慈爱和对'我'的疼爱。画出有关词语,读一读。"在学生交流之后,于老师说:"请迅速回忆一下,从你记事那一天起,你做过哪些有趣的事情?"随后,让学生当场写作并交流。

在上述五条路径中,有的课文只是写作活动的背景,有的课文则作为"例文""样子",也有课文只是提供了一个写的基点,学生可以借此发挥想象力和创造力,完成写作任务。

二、单课读写练习设计方法

1. 依托文本练仿写

南宋思想家朱熹曾说过:"古人作文作诗,多是模仿前人而作之,盖学之既久,自然纯熟。"通过简单模仿课文语言,举一反三,进行运用性的说话练习,可以内化课文中新的语言图式,让学生在实践中自己"习得"新的语言。仿写练习有两种形式:一种是全文仿写,即模仿原文的立意、选材、结构、用语,甚至包括开

头结尾、过渡衔接等各个方面;另一种是单项模仿或局部模仿,如模仿写景、模仿对话、模仿外貌描写等。

比如一年级课文《小壁虎借尾巴》是一篇科普童话,课文借助拟人的手法,通过小壁虎向小鱼、黄牛、燕子借尾巴的故事,讲述了鱼、牛、燕子、壁虎尾巴的特点,揭示了"动物尾巴各有各的作用"这样一个道理。文章生动有趣,小壁虎借尾巴的三个自然段结构相同,句式相似。

学完课文之后,教师可以设计这样的练习:(1)你知道松鼠的尾巴有什么用?(2)如果小壁虎向松鼠借尾巴,松鼠会怎么说呢?(3)模仿课文第2自然段或第3—4自然段的写法编一段小壁虎向松鼠借尾巴的故事。

又如四年级课文《松树和玫瑰》是以对话的形式来写的,学生通过阅读能体会到玫瑰的可爱、漂亮只是一种外在的美,我们更应学习松树坚强、勇敢、善良的品质。教学中,教师可以有意识地指导学生细细地品读课文语句,了解作者的写作顺序,然后让学生在此基础上开拓思路,模仿《松树和玫瑰》的写法,以"太阳和虹"为题,编写童话故事。

2. 利用留白练补写

语文教材中的许多课文为读者留出了空白点。这些留白往往可以为学生提供广阔的想象空间,有利于学生思维的发展;同时,这些留白也是学生进行语言实践活动的极好素材。联系课文前后内容,根据自己的想象,运用课文中的有关语句,补充情节,填补空白,既可以深化对课文的感悟和理解,又达到了提高语言运用能力的目的,何乐而不为呢?在阅读教学中,教师可以引领学生从四个点进行补白,即教学突破点、主题深化点、情节高潮点和标点符号(省略号)处。

(1)教学突破点的补白。比如三年级课文《一面五星红旗》记叙了一名中国留学生在极度困难的情况下,拒绝了面包店老板用国旗换面包的要求,以自己的爱国精神维护祖国尊严,也赢得了外国朋友的尊敬的故事。课文中有一个写作上的空白点:"突然,我摔倒在地上,就什么也不知道了。""我醒来的时候,发现自己躺在医院的病房里,身边站着的就是面包店的老板。"教师可以在这里设计一个写话的练习:当"我"昏迷不醒的时候,面包店的老板说了些什么,做了些什么？这正是学生理解课文的关键处。①

（2）主题深化点的补白。比如五年级课文《妈妈，我们要活下去》是一篇国外的儿童故事，记叙了10岁的洛迪在洪水突然袭来、妈妈病后身体尚未复原的危难时刻，保护妈妈，鼓励妈妈，同妈妈一起坚持着活下来的感人事例。灾难过后爸爸回来了，洛迪会如何讲述自己和妈妈生死与共的经历？爸爸了解后又会说些什么呢？教师可以创设情境，引导学生发挥想象，写一写一家团聚时父子两人的对话。

又如五年级课文《母鸡》是老舍先生一篇脍炙人口的佳作，以作者的情感变化为线索，描写了作者对母鸡看法的变化——从"一向讨厌母鸡"到"不敢再讨厌母鸡"。课文前半部分写了母鸡的无病呻吟、欺软怕硬和拼命炫耀，再现了一只浅薄、媚俗的母鸡；后半部分则写了母鸡的负责、慈爱、勇敢和辛苦，塑造了一位"伟大的鸡母亲"的形象。文中多次写到母鸡的叫声，如"一只鸟儿飞过，或是什么东西响了一声，它立刻警戒起来：歪着头听，挺着身儿预备作战；看看前，看看后，咕咕地警告鸡雏要马上集合到它身边来""发现了一点儿可吃的东西，它咕咕地紧叫，啄一啄那个东西，马上便放下，让它的儿女吃""在夜间若有什么动静，它便放声啼叫，顶尖锐，顶凄惨，无论多么贪睡的人都得起来看看，是不是有了黄鼠狼"。母鸡的三次叫声各不相同，这些叫声各有什么含义？母鸡又似乎在说些什么？这一内容作者并没有写出来，因此教师可以设计这样的练习：

① 当母鸡发现了一点儿可吃的东西，它咕咕地紧叫，好像在说："＿＿＿＿＿＿"啄一啄那个东西，马上便放下，让它的儿女吃。

② 讨论：想象的内容作者并没有写，你们是怎么知道的？

③ 作者就用了一个"紧"字，便把那么多意思表达出来了。读课文中的原句，补充有关内容。

（3）情节高潮点的补白。比如五年级课文《半截蜡烛》讲述了第二次世界大战期间，法国的家庭妇女伯诺德夫人把绝密情报藏在半截蜡烛中。一天晚上，德国军官闯进她家，点燃了蜡烛。伯诺德夫人一家在危急关头与德军巧妙周旋，

---

① 陈丹.读写结合，和谐共生[J].中学课程辅导（教学研究），2016(6):54.

斗智斗勇,保住了蜡烛,保住了绝密情报,也保住了一家人的生命。故事情节跌宕起伏,扣人心弦。"烛焰摇曳,发出微弱的光,此时此刻,它仿佛成了屋子里最可怕的东西。伯诺德夫人的心提到了嗓子眼上,她似乎感到德国军官那几双恶狼般的眼睛正盯在越来越短的蜡烛上。""正当她踏上最后一级楼梯时,蜡烛熄灭了。"在千钧一发之际,蜡烛熄灭了,太巧了,太险了。课文到此戛然而止,读者也随之心安神定,对勇敢机智的伯诺德夫人一家心生敬意。那么,三个德国军官离开后,母子三人会怎么做,又会说些什么呢?教师可以顺势设计一个语言表达训练。

(4) 省略号处补白。比如三年级课文《珍贵的教科书》讲述的是革命战争年代延安小学的师生在艰苦的环境下坚持学习,张指导员为了保护教科书而英勇牺牲的事情。文末写道:"喊了好半天,指导员才微微睁开眼睛,嘴里叨念着:'书……书……'我扶他坐起来,激动地说:'指导员,书都在这儿。走,我背你回村。'他轻轻地摇了摇头,两眼望着那捆书,用微弱的声音说:'你们要……好好学习……将来……'"教师可以引导学生联系上文内容,想象如果指导员能把话说完,他会说些什么。

3. 重组语言练改写

(1) 改变情境。比如四年级课文《我家的杏熟了》讲述的是"我"家院子里的杏熟了,邻居家的小伙伴来摘杏,"我"和奶奶以不同的态度对待"偷"杏的孩子们,表现了奶奶纯朴、善良的品格。"第二年夏天,我家院子里的大杏树上又结满了杏……",那么"第二年夏天"的故事会如何发展呢?也许仍旧是奶奶打杏分给乡亲吃;也许是"我"明白了奶奶的话,学着奶奶的样子打杏分给小伙伴吃。显然情境已经发生了变化,但是杏成熟的样子也许不会变,打杏的动作及邻居孩子吃杏时的神态也不会有多大的变化。学生可以有目的地选用课文中的相关语句进行练笔,从而达到提高语言运用能力的目的。

这里的改写故事不同于前文提到的简单模仿课文语言,而是要求学生根据课文内容,灵活地选用、重组课文语句,在新创设的情境中进行语言实践活动。

(2) 改变文体。教材中有些课文的故事性特别强。教学中,在孩子熟读甚

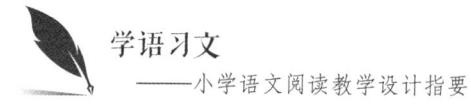

至成诵的基础上,很多教师都喜欢让孩子来演一演,这样既可以检验学生是否真正读懂了课文,理解了词语、句子的意思,又可以激发学生学习的兴趣,帮助他们积累文本中那些规范的书面语言。但由于大多数学生没有接受过专门的表演训练,未必能将自己的理解感悟通过对话和肢体语言表现出来,有时甚至会受到表演的干扰,因此可以让学生改变一下文体,或把记叙文改写成小剧本,或把诗歌改写成记叙文,在此过程中将读与写有机结合,开展尝试性的语言运用活动。

比如三年级课文《陶罐和铁罐》是一则寓言故事,讲的是国王橱柜里的铁罐自恃坚硬,瞧不起陶罐。然而,埋在土里多年后,陶罐出土成宝,铁罐却化为泥土。故事告诉人们,人都有长处和短处,要看到别人的长处,正视自己的短处,相互尊重,和睦共事。这篇课文表达上的特点是通过对话展现情节,推动故事发展,塑造人物形象,说明其中的道理。铁罐的傲慢、蛮横无理和陶罐的谦虚、友善、克制均在对话中充分展现。此外,具体生动的神态、动作描写,使铁罐、陶罐的形象更加鲜明突出。教师可以让学生尝试将故事改写成剧本,在此过程中,学生一定会对课文内容及人物的语言、动作、神态有进一步的理解和感悟,可见这也是一次非常有效的语言实践活动。

又如五年级课文《山泉流过的地方》第3—9自然段讲述的是山村女教师背下肢瘫痪的学生山青上学路上发生的小故事。练习时,教师可以引导学生将这部分内容改写成小剧本,再邀请好朋友演一演。要编写好剧本,学生必须仔仔细细地反复阅读课文,在理解、熟读的基础上,思考课文中哪些语句可以为自己所用,哪些地方需要修改。

(3) 改变人称。教材中有不少课文是以第三人称来叙述事情经过的,这样的课文也是进行随文练笔、读写训练的极好材料,教师可以让学生改变人称,尝试用第一人称来叙述。由于叙述者改变了,因此在复述故事内容时,必须做相应的改动。这样的语言实践活动对学习者来说就是一次尝试运用的过程。

比如三年级课文《第八次》讲述的是布鲁斯王子带领军队抵抗外国军队,七战七败,自己也受伤,几乎失去信心。后来布鲁斯王子从蜘蛛八次结网中获得启发,重新组织力量,终于获得胜利。教师可以请学生以布鲁斯王子的身份写一段演说词,号召人民起来抵抗侵略。

又如五年级课文《大瀑布的葬礼》叙述了一个感人的故事:巴西总统亲自主持一个特殊的葬礼——一个为一条大瀑布而举行的葬礼,呼吁全人类保护生态平衡,保护我们赖以生存的地球。全文以这个故事为主线,在叙述的过程中为读者描绘了塞特凯达斯大瀑布昔日雄伟壮观的气势及今天逐渐枯竭的景象。课文学完后,教师请学生以巴西总统的身份写一份演讲稿,既可以选用课文中的语句,也可以用上自己平时积累的语句。

(4) 改变顺序。在小学语文教材中,有些课文是以倒叙、插叙的手法来写的,因此教师在教学中可以引导学生根据事情发生发展的顺序来改写。比如三年级课文《镇定的女主人》采用倒叙的手法,讲述了女主人处乱不惊,机智地赶走了盘在脚上的眼镜蛇。为帮助学生在理解的基础上进行语言实践活动,教师在教学中可以采取如下操作。第一步,让学生在初读课文的基础上,根据课文内容,运用课文语句,完成下列练习:①忽然,女主人发现……;②女主人心想……;③于是,女主人把保姆叫来,低声吩咐了几句……。第二步,让学生把以上内容连起来完整地说一说。第三步,让学生根据上述内容,发挥想象,补充说一说大家对女主人的赞美:"大家听了,都很佩服女主人的镇定。有的说……有的说……还有的说……"

(5) 改变体裁。比如五年级课文《小鸟,请原谅我》是一首诗,写的是一只小鸟的悲惨命运和剥夺它生命的人的忏悔。诗中把小鸟比作森林的歌手、鸟妈妈的闺女和小树的伴侣。教师让学生发挥想象,描绘一只小鸟在森林中愉快生活的情景。这个练习旨在让学生紧扣"歌手""闺女"和"伴侣"构思故事的情节,写出小鸟在森林中愉快生活的情景。

又如五年级课文《宿新市徐公店》是南宋诗人杨万里的一首七绝,诗中展现了一幅乡村的美好画面,写出了童真童趣,抒发了作者对田园生活的向往。教师可以让学生把诗改写成小散文,在不改变诗意的前提下加入自己的想象,丰富诗歌的内容。

(6) 创设情境。也就是创设一个全新的情境,创造性地运用课内外理解、积累的语言进行表达训练。这样的读写结合更多地关注学生语言能力的发展,读是积累、内化,写是表达、外显,对学生发展思维、想象及驾驭语言的能力是极

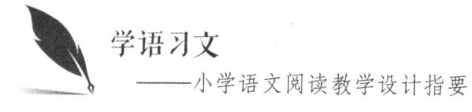

有益处的。

比如五年级课文《唯一的听众》,教师创设"多年后,他面对成千上万的观众时,心中想到的仍然是那唯一的听众。于是,他回到家乡的树林……"的情境,建议学生选用课文中的语句写一写多年后家乡树林里的一个清晨,可以写树林的景色,也可以写优美的琴声;可以写"他"怎么样拉小提琴,也可以写"那唯一的听众"的平静的眼神;更可以想象师生俩多年后的对话。

又如四年级课文《啊,故乡那轮明月》,教师可让学生恰当运用课文中的词语,以"当黄浦江边那轮明月升起的时候,看一眼都让你陶醉。你瞧,……"为开头,描写浦江夜景。

4. 拓展故事练续写

续写,就是根据提供的文章开头,通过合理想象,运用多种写作手法接写故事情节,写成一篇事件完整、连贯的文章。那么应该怎样续写呢?首先,要在读懂原文的基础上,以原文的结局为起点,写出故事情节的发展和变化。其次,要展开充分的想象与联想,做到合情合理、真实生动。最后,要在主要人物思想行为、性格特点、语言特点和风格上与原文基本保持一致。续写可分为片段续写和全篇续写。续写也有不同的形式,可以是接着课文内容继续往下写,也可以在学习课文的基础上转换角色另写。适合续写的课文或有深刻的哲理,或有感人的情节,或有戛然而止的结尾,令人读后回味悠长,有一种表达的欲望。

比如五年级课文《穷人》是俄国著名作家列夫·托尔斯泰的短篇小说。文章描写了生活极其窘困的桑娜夫妇收留了邻居西蒙家留下的两个孤儿的故事,赞扬了"穷人"们善良、互助的高尚品质。渔夫回到家,桑娜告诉他邻居西蒙死了,留下两个年幼的孩子无依无靠,于是渔夫决定收养这两个可怜的孩子。"你瞧,他们在这里啦。"桑娜拉开了帐子。课文至此戛然而止,令人回味无穷。那么桑娜拉开帐子之后,故事会如何发展呢?教师可让学生续写一个结尾,当然也可以课文的结尾为开头,再编写一个完整的故事。

又如课文《半截蜡烛》的结尾"正当她(小女儿杰奎琳)踏上最后一级楼梯时,蜡烛熄灭了"。这至关重要的蜡烛熄灭了,此时此刻,母亲伯诺德夫人、儿子杰克心里会想些什么？当德国军官离开后，母子（女）三人经历了这么一场生死考验，又会怎么做，怎么说？这样的故事续写令学生很感兴趣，同时对提高他们的语言表达能力也极有好处。

5. 概括内容练缩写

缩写就是按照一定的要求，把原来一篇较长的文章压缩成一篇较短的文章，这是作文训练的基本方法之一。缩写是对全文内容的高度概括，既可以培养学生的阅读能力、分析能力和概括能力，也可以提高学生由繁化简、精炼语言的表达能力。在小学阶段，这样的读写互动式练笔比较少。

比如五年级课文《猎人海力布》是一个流传在蒙古族的民间故事，讲述了善良的猎人海力布为拯救乡亲，不惜牺牲自己变成大石头的故事。"提取主要信息，缩写故事"可以有效地锻炼学生的语言概括能力。教师可设计这样的缩写练习：为了世世代代纪念海力布，人们在这块名叫"海力布"的石头旁边立了一块石碑，请你写一段话介绍这块石头的来历。

缩写的前提是尊重原意，强调理解故事内容、提取主要信息、保持原文中心意思不变、保持故事情节相对完整、保持人物原有特点。

三、单元读写活动举隅

单元整体教学就是把一个单元看成一个相对自足的学习整体，在明确的学习目标的统领下对一个单元的学习内容和学习活动进行系统规划、整合设计，关注联系，关注发展，充分发挥和落实单元学习的价值，以清晰的路径促进学生语文素养的提升。下面以沪教版四年级第一学期第六单元的读写活动设计为例。

1. 单元学习内容

本单元课文包括《家乡的桥》《摇花船》《扬州茶馆》《泼水节的怀念》《我骄傲，我是中国人》。

2. 单元教学目标

（1）阅读本单元的课文，以及教师提供的书单上的文章，从文章内容和写作方法两个方面发现语言规律，积累语言材料，感受作者爱乡、思乡之情。

（2）随父母、同学一同游览豫园，根据所给的资料，按照设计的游览路线，完成"游园赏景""感知魅力""知味品香""绘景成画""广而告之"等学习任务,近距离感受家乡的美。

① 游园赏景:逛一逛豫园,选择一处你最喜欢的景观,仔细观察,深入了解,并学习《家乡的桥》先概括后具体的写作方法,介绍这一处景观的特点。

② 感知魅力:看看豫园有哪些有趣的民间艺术活动,收集相关资料,学习课文《摇花船》的写法,从几个方面介绍这一有趣的民间艺术活动。

③ 知味品香:品尝具有上海特色的小吃,如南翔小笼包、梅花糕、汤圆、五香豆、梨膏糖等,仔细观察制作的过程,仿照课文《扬州茶馆》的写法,用上恰当的动词来写一写。

④ 绘景成画,广而告之(二选一):一年一度的上海国际旅游节即将举行,众多国内外游客将会来豫园参观游览。请你或当一回小导游,为他们设计游览路线,配上导游解说词;或选择给你留下深刻印象的一景,将它画成特制的明信片赠送给远道而来的客人。

(3) 以自主创建的小组为单位,分工合作,选择喜欢的方式,向全班展示学习成果。

3. 单元基础型练习设计

※《家乡的桥》练习:模仿课文第 5 自然段的写法,围绕"_____是_____的乐园"这句话,写一写这个地方给你带来的快乐。

要求:(1)围绕这句话,至少写出三方面的内容,尝试使用分号;(2)语句通顺,不写错别字,正确使用标点符号,不少于60字。

※《摇花船》练习:请你根据以下情境,任选一个说一说,写一写。

A. 若干年后,我偶然翻开小学四年级语文课本,看到了《摇花船》一课:咦,那个花船姑娘不就是我吗?记忆的闸门一瞬间开启,当时的情景像放电影一样一幕幕在我眼前浮现……

B. "爸爸,那个小舅舅是你吗?"女儿指着她语文课本上《摇花船》一课,歪着脑袋问我。

"嘿嘿,还真是。"

"你能给我讲讲你当船老大的经历吗?"

"当然可以!"我眉飞色舞地讲述起来……

C. 当我第一次从视频中看到摇花船这一民间艺术活动,便喜不自禁、迫不及待地告诉爸爸妈妈。

※《扬州茶馆》练习:小练笔(二选一)

A. 扬州的小吃只是我国饮食文化的一个缩影,中国的名小吃还有很多,比如北京的冰糖葫芦、云南的过桥米线、天津的狗不理包子,都是别具特色的。用两三句话介绍自己最喜爱的小吃。

B. 看爸爸妈妈做一样点心(也可以学着做一做),如馒头、蛋饼、馄饨、饺子等,试着把制作过程写一写。要求:步骤清晰,动词运用准确,语句通顺,不写错别字,正确使用标点符号,不少于100字。

4. 单元综合实践性练习设计

主题:走进豫园

导语:亲爱的孩子们,豫园游览区是上海著名的文化地标,位于中心城区——黄浦区,景点有豫园、豫园旅游商城、城隍庙和上海老街。在接下来的两周时间内,我们要利用闲暇时光走进豫园,更深入地了解我们生活的这座城市。

豫园地处上海老城厢东北部,北靠福佑路,东临安仁街,西南与老城隍庙、豫园商城相连。原是明代的一座私人园林,园主人潘允端曾任四川布政使。其父潘恩,字子仁,号笠江,官至都察院左都御史和刑部尚书。豫园是潘允端为让父亲安享晚年历经二十余年建造而成,距今已有四百余年的历史。

任务一:游园赏景。自行设计游览路线,与父母、朋友共同参观豫园。选择一处你最喜欢的景观,仔细观察,深入了解,并学习《家乡的桥》先概括后具体的写作方法,把这一处景观的特点介绍给同学。

任务二:感知魅力。请你去豫园进行一次小"探访",看看那里有什么有趣的民间艺术活动,收集相关资料,并学习《摇花船》的写法,从几个方面介绍一下这个有趣的民间艺术活动。

任务三:知味品香。豫园游览区还是很多小吃的汇聚地,一路行来,你发现了哪些小吃呢?_____……边品尝,边仔细观察制作的过程,学着《扬州茶馆》的样子,用上恰当的动词来写一写。

任务四:绘景成画。豫园的美景看在眼里,也可以画在纸上。请选择给你留下深刻印象的一景,将它画成特制的明信片。

任务五:广而告之。上海国际旅游节即将到来,届时众多国内外游客都会来豫园参观游览。请你当一回小导游,为他们设计游览路线,配上导游解说词。可以让父母扮演游客,在家中彩排一下哦!

5. 单元练习设计说明

作为上海著名的文化地标,豫园游览区为整座城市增添了不少人文色彩。我们结合本单元的主题"风土人情"设计了一个为期两周的实践作业,让学生走进豫园,完成"游园赏景""感知魅力""知味品香""绘景成画""广而告之"五项任务,近距离感受上海的美。

学生在阅读的基础上,通过实地参观,结合调查研究,收集、运用、处理各种信息,学习课文中的写作手法,以小组合作的形式,将自己眼中的豫园呈现给大家。

这项综合性实践类跨学科的长周期作业,拓展了学生的学习空间,增加了语文实践机会,引导学生主动探究,与生活为伴,与自己为友,与社会对话,挖掘自身的创造潜能,开发自身的多元智能,感悟生活,积累语言,融入社会,获得成功的体验。

6. 单元练习评价表

本单元练习评价表如下所示。

表4 四年级第一学期第六单元练习评价表

任务	目标	达成度
游园赏景	选择一处你最喜欢的景观,仔细观察,深入了解,并用先概括后具体的写作方法,把这一处景观的特点介绍给同学。	
感知魅力	从几个方面介绍一个有趣的民间艺术活动。	
知味品香	品尝具有上海特色的小吃,仔细观察制作的过程,用上恰当的动词来写一写。	
绘景成画	选择给你留下深刻印象的一景,将它画成特制的明信片赠送给客人。	
广而告之	当一回小导游,设计游览路线,配上解说词。	

世界著名未来学家阿尔文·托夫勒一针见血地指出:"未来的文盲不再是目不识丁的人,而是那些没有学会怎样学习的人。学习力,已经成为人们当下与未来应具备的核心竞争力。"

基于这样的思考,我们在现行课程标准、教材体系的框架下,选取沪教版四年级第一学期第六单元,根据学情和活动目标,设计了"游园赏景""感知魅力""知味品香""绘景成画""广而告之"等一系列学习任务,让学生在真实的情境中带着任务学会学习,并在完成学习任务的过程中发展认知能力和问题解决能力。

同时,学生在先前阅读的基础上,通过实地参观,结合调查研究,收集、运用、处理各种信息,进而学习课文中的写作手法,以小组合作的形式,将自己眼中的豫园呈现给大家。在此,我深刻地体会到学习工具不仅具有教育性,更为学生的深度学习搭建了"脚手架",从而让学习真正地发生。

读写结合是将"读"与"写"这两项语文实践活动相关联,促进学生语文能力

提升的一条途径,也是我国语文教育长期发展过程中得出的一条重要经验。《课程标准》指出"语文是实践性很强的课程,应着重培养学生的语文实践能力,而培养这种能力的主要途径也应是语文实践"。阅读是吸收,写作是倾吐,倾吐能否合乎于法度,显然与吸收有着密切的联系。利用课文中蕴含的丰富素材,科学设计读写练习,加强对学生听说读写基本技能的训练,能够切实提高学生的语文素养。

第七章 读写,心心相惜

我的语文课:五年级《奇异的琥珀》

教材:沪教版语文教材五年级上册第16课《奇异的琥珀》

时间:2013年5月

地点:上海市长宁区绿苑小学

◆ **设计理念**

从教课文到用课文教阅读,是阅读教学转型的一大变化。所谓教阅读,就是以阅读素养为逻辑起点,以阅读能力、阅读策略的培养为价值取向的阅读本体教学观。《奇异的琥珀》这篇课文共两课时。第一课时主要是引导学生运用已有的学习经验和能力自学课文,要求是正确朗读课文,理清课文脉络,知道并说清楚什么是琥珀、琥珀的形成过程及条件,并在文中适当的地方练习圈画批注。第二课时则重点引导学生发现科学小品文与一般说明文的不同之处及科学小品文的阅读方法,并根据提供的材料进行片段的仿写练习。

◆ **课堂实录**

第二课时

一、回顾第一课时学习的内容,复习琥珀形成的条件及过程

师:上一节课,大家学习了《奇异的琥珀》,让我们一起来回顾一下吧。谁能用最简要的语言说一说琥珀是什么?

生1:琥珀是远古时代的松脂球经过长年累月的深埋形成的化石。

生2:琥珀是松脂球经过长年累月埋没而形成的化石。

师:琥珀形成的过程是怎样的?

生1:琥珀的形成需要地壳运动和长期深埋。

师:这是琥珀形成的条件。那琥珀形成的过程是怎样的呢?

生2:琥珀形成的过程是一个松脂球深埋在地底下,经过几千几万年的地壳运动,变成了化石,形成了琥珀。

师：再请一位同学说一说。

（生3照读课后练习三略）

师：你没有说清楚琥珀形成的过程，我们请刚才那位同学再说一遍吧。

生2：琥珀形成的过程是一个松脂球深埋在地底下，经过几千几万年的地壳运动，变成了化石，形成了琥珀。

（师板书）

【我的反思】教学至此，似乎不是很顺利。学生虽然上过第一课时，也熟读了课文，但依然不能很清晰准确地说出琥珀形成的过程。这对学生的语言表达是一个考验，虽然比较费时，但我还是坚持让学生练习说清楚。

师：那松脂球是怎么形成的呢？松脂球形成的过程中需要什么条件呢？

生1：松脂球形成的过程中需要高温、日照、树老、脂稠。

生2：松脂球形成需要四个条件，分别是高温、日照、老松树、黏稠的松脂。

师：这些是上一节课学习的内容。我们知道松脂球变成了化石，形成了琥珀。这些知识是课文通过讲述一个发生在一万年前的故事告诉我们的，而这个故事则是作者根据一块琥珀推测出来的。

【专家点评】这个环节是复习回顾第一课时的学习内容，耗时5分30秒。从内容理解的角度看，似乎没有新的内容，学生理解也没有困难。魏老师看准了这一点，从语言运用的角度做了三件事：其一是引导学生说出"琥珀"的概念；其二是启发学生对课文主要内容进行概括，即"琥珀是怎样形成的"；其三是说说"松脂球"的形成需要哪些条件。从课堂上学生的表现看，前两件事对他们来说有一定的难度，教学也不太顺利，学生不能清晰地说出琥珀形成的过程。但魏老师处理得非常好，舍得花时间，坚持让学生说清楚。这也许是提高阅读教学有效性的秘诀之一吧。

二、了解科学小品文的一般阅读方法；学习第17自然段，体会用词准确性，并尝试背诵

1. 了解本文是一篇科学小品文。

师：现在你们明白作者写这个故事的目的了吧？

生1：作者写这个故事是要告诉我们琥珀是怎么形成的及形成需要的条件。

生2：我觉得琥珀里不一定都要有两只小虫，它可以是一个普通的松脂球，

经过长年累月的深埋形成了琥珀。

师:对!有两只小虫的琥珀就更有价值、更珍贵,也更——

生:(齐声)奇异。

师:老师也查过资料,其实琥珀有很多种,一般的琥珀是没有昆虫的,只是一个松脂球;我们课文里的那块琥珀,之所以被称为"奇异的琥珀",是因为里面有两只小虫——苍蝇和蜘蛛。

师:那我们一起来看看这块奇异的琥珀是什么样子的。一起读一读课文第17自然段。

(出示)在那块透明的琥珀里,两个小东西仍旧好好地趴着。我们可以看见它们身上的每一根毫毛,还可以想象它们当时在黏稠的松脂里怎样挣扎,因为它们的腿的四周显出好几圈黑色的圆环。从那块琥珀里,我们可以推测发生在一万年前的故事,并且可以知道,在远古时代,世界上早已有那样的苍蝇和蜘蛛了。

师:这块琥珀之奇异珍贵,从这一小节的描写中可以看出来。因为由此我们可以知道早在远古时代就已经有了那样的蜘蛛和苍蝇,所以它还很有研究价值。

师:刚才我们讨论到作者写这个故事是要告诉我们有关琥珀的知识,我们把这样的文章叫——

生:(齐声)科学小品文。

师:今天这节课魏老师就和大家一起来探讨一下科学小品文和一般说明文有什么不一样,以及我们该如何阅读科学小品文。

2. 了解科学小品文的一般阅读方法。

师:你们已经学过的说明文有哪些,还记得吗?

生:《埃及金字塔》《悉尼歌剧院》《太阳》……

师:《太阳》是典型的说明文。那么《太阳》和《奇异的琥珀》有什么不一样呢?

生1:说明文就是说明一样事物,科学小品文是通过一个故事来说明一样事物。

生2:说明文用词比较精确,而科学小品文的故事是推测出来的,不一定准确。

师:是这样吗?(有的学生点头,有的学生摇头,有的不置可否)

师:看来大家意见不一致,那我们来探讨一下这个问题。我们就以刚才大家读的第 17 自然段为例来讨论这个问题。

【我的反思】作为课前预设的教学环节,读第 17 自然段、体会用词精准是放在后面环节(习作前)进行的,可是课堂上学生把这个问题提了出来,我觉得应该适时地进行调整,趁热打铁来讨论研究科学小品文的说明部分也和一般说明文一样,具有用词准确的特点。由于问题是学生提出的,所以讨论时学生非常投入。

3. 研读第 17 自然段,体会用词准确,并尝试背诵。

师:(出示第 17 自然段)这一小节中有四个词语"看见、想象、推测、知道"。这四个词语能否调换位置?为什么?先不回答,好好想想。同桌讨论一下吧。

(生同桌讨论)

生 1:我认为这四个词语是不能调换位置的,因为它们的意思各不相同。"看见"是你已经看见这样事物的各种表现;"想象"是凭空想出来的,当时蜘蛛和苍蝇在黏稠的松脂里是怎样地挣扎,我觉得是凭空想象的。

(学生中有议论,似乎不同意他的说法)

生 1:(接着说)至少凭空的成分比现实多一点。"推测"是根据你知道的事情想象你不知道的事情,"知道"是已经知道的、了解的。这四个词语的意思不一样,所以不能换。

师:刚才他说凭空想象,有人有意见。对于这个"凭空",有没有想说的?

生 2:想象不能是凭空的。因为眼前的琥珀里是一只苍蝇和一只蜘蛛,你不能想象成别的什么东西。

师:这里的想象,是根据我们看见的——(生齐说:一只苍蝇和一只蜘蛛),而且我们还看见——(生齐说:它们的腿的四周显出好几圈黑色的圆环),所以可以想象它们当时是怎样地挣扎。所以说是想象但不是凭空想象。

师:大家说得真好!还有人要说吗?这里的"推测"是什么意思?

生 3:"推测"就是由知道的猜测不知道的。

师:推想预测。这里的"推测"能不能换成"知道"呢?

生 4:不能换!"知道"就是知道,而"推测"是由已经知道的事情来推理猜想

第七章 读写，心心相惜

不知道的事情。所以不能换，换了就用词不当了。

师：我们可以看见——在那块透明的琥珀里，两个小东西仍旧好好地趴着，还可以看见——它们身上的每一根毫毛，还可以看见——它们的腿的四周显出好几圈黑色的圆环。这些都是实实在在看见的，眼见为实。

师：那么"推测"换成"看见"行不行呢？

生5：不能换！因为一万年前的事情我们也没有看到啊，怎么能说看见呢？

师：是啊，我们不可能穿越到一万年前，所以只能是"推测"。

师：那么"知道"能换成"推测"吗？

生6：不能啊！已经看到琥珀里有苍蝇和蜘蛛，琥珀形成需要长期深埋。

师：经科学家鉴定，在远古时代，世界上早已有了苍蝇和蜘蛛。已经知道了的就不能用"推测"了。

师：由此可见，这四个词语用词非常恰当、准确。科学小品文和一般说明文一样，用词也是精准的。再读一读这一小节，试着背诵。

（生自由读背第17自然段）

【我的反思】从这四个词语用词准确推理到科学小品文用词准确，似乎还有一点勉强，但这不是这堂课的主要目标，课堂上也没法深入研究下去。对这四个动词的讨论研究，较好地体现了对文本表达的一种关注。这种关注源于学生在学习过程中产生的疑问，学生讨论时兴趣盎然，解疑的过程正是他们学习的过程、成长的过程。

【专家点评】这个环节的教学任务是理解科学小品文的一般阅读方法。魏老师巧妙地从读者的角度，引导学生讨论作者写这个故事的目的是什么。基于上一个环节的指导，学生较顺利地揭示了文章的中心："作者写这个故事是要告诉我们琥珀是怎么形成的及形成需要的条件。"接着魏老师根据第17自然段的内容，引导学生辨别一般说明文和科学小品文的异同，建构具体的文体图式。

然而在这个时候，学生却从语言表达的角度提出了一个问题："说明文用词比较精确，而科学小品文的故事是推测出来的，不一定准确。"这就打乱了魏老师预设的教学思路。对此，魏老师机敏地及时作了教学调整，引导学生就"看见、想象、推测、知道"这四个词语的运用展开思考和讨论。这个调整非常精彩，而且专业。从传统教学观念看,从阅读方法一下子跳到词语表达似乎有点突兀,前后教学环节似乎不太连贯。但从学生学习语文的心理规律看,却很值得赞赏。因为学生的学是一个独立、完整的过程,而教师的教是为学生的学服务的。这一及时的调整使学生经历了一个从困惑到清晰的过程,与"以学定教"的现代理念完全吻合。学生在课堂上的表现也非常投入,实际效果很好。这个环节耗时15分钟,也从一个侧面说明这一教学调整的必要性。

4. 了解科学小品文的特点及其阅读方法。

师:我们再回到前面的话题。除了用词准确,科学小品文还有什么特点?

生:科学小品文比较生动有趣,因为它写了一个想象出来的故事。

生:老师,我觉得你写"精准"前面还要加上"用词"。

师:谢谢你。阅读科学小品文是有方法的,我们一起来分享。

(出示阅读方法:①理清说明的顺序,把握说明对象的特征,体会用词的准确性;②揣摩写作技巧,品析积累语言,体会思想感情)

师:第一条是一般说明文的阅读方法,阅读科学小品文要在第一条的基础上加上第二条。不过,对于我们小学生来讲,主要学习品析积累语言,至于揣摩写作技巧,体会思想感情,我们以后还有机会再学习。

(出示三句话)

① 一个夏天,太阳暖暖地照着,海在很远的地方翻腾怒吼,绿叶在树顶上飒飒地响。

② 那里长着许多高大的松树,太阳照得火热,可以闻到一股松脂的香味。

③ 晌午的太阳光热辣辣地照射着整个树林。许多老松树渗出厚厚的松脂,在太阳光里闪闪地发出金黄的光彩。

师:说说这些句子描写了什么。

生:(七嘴八舌)松树、太阳、松脂、大海……

师:对,描写的是琥珀形成过程中所需要的条件。

(生一人一句读句子)

师:这几句话把高温日照、树老脂稠描写出来了。

师:好好读读,记下来,待会儿还要派用场呢。

【专家点评】这个环节回到原来的教学思路:教学科学小品文的阅读方法,

耗时 4 分 30 秒。学生说出了两个要点:科学小品文比较生动有趣,科学小品文的故事是想象出来的。这说明学生已基本能区分两者的文体特点。值得商榷的是,魏老师出示阅读方法时,最好能延续学生的学习思路,揭示科学小品文的关键特征:一是说明事物,二是想象出一个故事。

三、根据材料,仿写科学小品文

1. 阅读材料,明确任务。

师:今天我们还有一个任务——根据老师给你们的材料,仿写科学小品文。

师:请一个同学来为我们读一读这个材料。(出示材料)

> **松脂入地为琥珀**
>
> 日期:2010 年 1 月 7 日　　来源:《新民晚报》
>
> 美国科学家不久前在缅甸北部的胡冈谷地的一处矿山中发现了一块琥珀,里面困着一只蜜蜂。琥珀所在的地层经鉴定形成于约一亿年前的白垩纪早期。这是人类迄今发现的最古老的蜜蜂化石。这块琥珀中除了蜜蜂,还包裹了四朵花。科学家判断,这只蜜蜂当时正在这些花朵周围飞来飞去。
>
> ……
>
> 当年的松脂变成了今天的琥珀。而蜜蜂和花朵则在一亿年前的那个瞬间被定格在永恒中。

师:这就是《新民晚报》的新闻,也可以说是一段说明性的文字。请大家根据这些材料仿写科学小品文。先来看看这段文字为我们提供了哪些有用的信息。

生1:琥珀中有四朵小花和蜜蜂。

生2:故事发生在一亿年前的白垩纪早期。

生3:地点是缅甸北部胡冈谷地的一处矿山。

生4:这块琥珀是美国科学家发现的。

师:好!根据这些信息,用上之前我们积累的描写太阳、树林、松树、松脂等的语句,仿照课文的写法,推测一个发生在一亿年前的故事,写下来!

2. 学生写段练习。

师:开头和结尾已经有了,你只要写中间的故事就行了。

(生动笔写故事,师巡视)

3. 学生交流自己所写的故事。

生1:我写的文章的题目是《蜜蜂的故事》……(读文略)

生2:我写的文章的题目是《美丽的琥珀》……(读文略)

生3:我写的文章的题目是《蜜蜂永恒的家》……(读文略)

生4:我也想读。我的文章的题目是《奇异的琥珀》……(读文略)

【我的反思】这个写段练习的设计真是机缘巧合,我在收集资料的时候偶然发现这则新闻,正好为我所用。由于只要求学生仿照课文的写法来写故事(即根据这块琥珀推测一个发生在一亿年前的故事),又有课文中的有关句子做"脚手架",学生写起来并不困难。课堂上,学生个个下笔如有神助,文思如泉涌。习作中不乏优美顺畅的词句、大胆合理的想象。不仅如此,课上学生交流的积极性非常高,虽然已经下课了,但还是不肯罢手,纷纷要求朗读自己的作品,课后还围着我要我阅读他们的习作,这番热情真是难得一见!

【专家点评】这个环节的任务非常清晰:将知识转化为技能。阅读教学中如何进行小练笔,是一个难题。魏老师在这里做了很好的示范。首先,选材非常巧妙,与本文的文体样式高度吻合。教学目标也非常明确,根据提供的材料,想象出一个故事。由于前面作了很好的铺垫,学生对科学小品文的特点有了清晰的认识,对语言表达尤其是词语的运用也进行了深入的思考和讨论,可见魏老师在"迁移运用"这个层面搭了很好的"脚手架",使学生能将注意力集中在"想象出一个生动有趣的故事"上。学生写段的实际情况也印证了这一点。其间,魏老师还有针对性地对学生进行了随机的个别辅导。这里提一个小小的建议:在学生写段时,教师最好处于"不作为"状态,课堂上最好能呈现出一种鸦雀无声的情景。这也是人们写作的真实情景。魏老师在这个环节有些地方做得很好,如个别学生写段有困难时,教师轻声细语地进行针对性的个别辅导,但有些评价似乎可以省略。

【我的反思】基于阅读的读写训练形式有很多,今天的这种形式只是其中一种。备课时,我总在想:在一篇课文的学习中,学生到底应该收获什么?或者说一堂课的核心目标是什么?《奇异的琥珀》一课中,学生了解了琥珀,知道了琥珀是怎么形成的、形成过程中需要什么条件,同时知道了这类文章的相关文体知识,并学习课文的写法进行了仿写的练习,既积累了语言,也实践了语言。不过最难能可贵的是,学生收获了习作的兴趣和成功的喜悦,我认为这才是最大的收获。

四、总结阅读科学小品文的方法

师:亲爱的同学们,快要下课了。你们有没有发现,其实写科学小品文——

生:(齐声)挺简单的。

师:你们真了不起,可以在那么短的时间里写成一篇科学小品文。回忆一下,阅读科学小品文有什么方法?

生:(齐声)品析积累优美语言。

师:长大了,再读科学小品文还可以揣摩揣摩作者的写作技巧,体会体会文章的思想感情。希望今天的课大家都有收获。

师:文本的作者是德国科学家、科普作家柏吉尔,课文选自《乌拉波拉故事集》,不过在选入教材时有所改动。你们知道原文的题目是什么吗?是一个很奇特的名字哦!把这本书找出来好好读一读就知道了!下课!

【我的反思】这里卖个关子是想让学生产生好奇心,进一步阅读有关书籍。原文的题目是《玻璃棺材》。

◆ 专家点评

以读促写　学以致用

魏老师的这堂课设置了三个明确的教学目标:一是复习回顾第一课时的教学内容,引导学生说出"琥珀"的概念,概括课文内容,说说"松脂球"是怎样形成的;二是让学生理解科学小品文的一般阅读方法;三是让学生根据提供的材料想象出一个故事。其间,魏老师根据学生的学习问题,及时调整教学思路,插入一个辨别"用词精确"的讨论,引导学生就"看见、想象、推测、知道"这四个词语的运用展开思考和讨论。

第一个目标是概括性的语言表达训练;第二个目标是建构科学小品文的文

体样式;第三个目标是迁移运用,根据提供的材料想象出一个故事,仿写一段话。三个目标均属于语言运用的范畴,这与语文课程标准的理念非常吻合。

从教学策略看,魏老师采用的是样例教学法,即以《奇异的琥珀》为样例,启发学生先发现科学小品文的文体样式和语言表达特点,形成关于这类文章的规律性知识概念,然后用模仿的方法,根据教师提供的材料进行迁移性运用,也就是将知识转化为技能。这符合现代认知心理学关于阅读教学培养综合能力的教学规律,其聚焦点实际上就是阅读素养。

从教学效果看,由于本课三个教学目标具有较高的内在关联度,实际上相当于为学生搭了一个循序渐进的"脚手架",使学生的注意力集中在语言文字的运用上,尤其是关于词语运用的教学调整,及时化解了学生在学习中产生的困惑,降低了最后迁移运用的难度。这也许就是课堂交流时学生积极性非常高,下课了还围着老师转,写段时学生个个下笔如有神助,文思如泉涌的重要原因吧。

唐懋龙

浙江省特级教师

浙江省小语会理事

全国中语会语文教学本体改革中心研究员、理事

第八章

前辈，灯塔永恒

斯霞老师主张"以语言教学为中心"，提升学生语言运用能力；袁瑢老师的课堂教学风格可以概括为"细、实、活、深、严"五个字；于永正老师着眼于儿童童年的快乐和人生的幸福，构建起"儿童的语文"课程；贾志敏老师唱响的"真语文"，教导我们语文教学要追求自然、本真、高品质；李吉林老师的情境教育为儿童的快乐、高效语文学习探索出一条有效的路径。多年来，先师们的教学理论和实践都深深地影响着我。在30余年的教学生涯中，我常常以他们为楷模，为灯塔，学习着，践行着……

斯霞①《小壁虎借尾巴》

◇ **教学实录**②

一、复习生字新词（略）

二、学习课文第1—2自然段

师：壁虎的标本、幻灯我们都已看过了，它是有尾巴的。课文里的小壁虎为什么要借尾巴？向谁去借？现在我们来学习课文。

（生读第1—2自然段）

师：有没有不懂的地方？请提出来。

生：小壁虎是动物，不是人，为什么用单人旁的"他"，不用宝盖头的"它"？

师：问得很好，谁能回答这个问题？

生：写书的叔叔把小壁虎当人来写，所以用单人旁的"他"。

师：对！这是一篇什么故事？

生：童话故事。

师：童话故事常常把小动物当作人来写，所以用单人旁的"他"。还有什么问题？

生：小壁虎的尾巴为什么会断？

生：给一条蛇咬住了。

师：小壁虎不让蛇咬，用力一挣，尾巴就挣断了（用动作演示）。小壁虎为了保护自己，挣断尾巴逃走了。这是壁虎尾巴的功用。壁虎的尾巴长得不是很结实，节与节相连处骨头很脆，一用力就会挣断，这是壁虎尾巴的特点。

---

① 斯霞（1910年12月—2004年1月），女，曾名碧霄，浙江诸暨人。小学特级教师，当代初等教育专家，被誉为"小学教育界的梅兰芳"。先后担任过南京市教育局副局长、江苏省小学语文教学研究会理事长、全国小学语文教学研究会副会长、全国语言学会理事和全国教育学会常务理事，还被聘为全国教材审定委员会委员。

② 这是《小壁虎借尾巴》第二课时的教学实录。

生:"墙角"是什么意思?

师:这个生词我们已经学过了,因为你昨天生病没有来,所以不知道。谁来告诉他?

生:墙的角落。

师:对! 就是这个地方(用手指墙角)。现在请大家一起读第1—2自然段。

(生齐读第1—2自然段)

师:小壁虎断了尾巴又为什么要去借呢?

生:他说,没有尾巴多难看啊!

师:这两个自然段主要讲小壁虎认为没有尾巴很难看,所以要借尾巴。(放出小壁虎断尾巴的幻灯)

【学习心得】《小壁虎借尾巴》是小学一年级的课文。面对这些入学还不满一年的小学生,斯霞老师积极鼓励孩子提出心中的疑问,找出自己读不懂的地方。当学生提出"小壁虎是动物,不是人,为什么用单人旁的'他',不用宝盖头的'它'?"这个问题时,斯霞老师大大地表扬他这个问题问得好。从学生的回答,教师再引出课文的文体是童话故事及童话故事的特点——常常把小动物当作人来写。而对于"小壁虎的尾巴为什么会断?"这样的问题,学生从课文中找到的答案是"给一条蛇咬住了",但斯霞老师在教学中并没有止于此,而是抓住时机(学生最好奇的时候)告诉学生小壁虎尾巴的特点及其作用。

三、学习课文第3—5自然段

1. 学习第3自然段。

师:那么小壁虎到哪儿去借尾巴呢? 向谁借? 读第3自然段。

(生读第3自然段,读完提意见)

师:我提个问题,请你们想想,为什么写"小壁虎爬呀爬,爬到小河边",连用几个"爬"字,而不是写"小壁虎爬到小河边"?

生:小壁虎爬呀爬,说明爬的路很远。

生:小壁虎爬的时间很长。

师:对,过去学过哪些类似的句子?

生:《燕子飞回来了》一课"燕子飞呀,飞呀"。

生:还有"雪花飘呀飘"。

【学习心得】为什么写"小壁虎爬呀爬,爬到小河边",连用几个"爬"字,而不是写"小壁虎爬到小河边"? 这个问题充分体现了斯霞老师"以语言为中心"的教学主张。斯霞老师引导学生不仅要知道作者写了什么、怎么写的,即文章的表达形式,还要知道作者为什么要用这样的形式来写。不仅如此,教师还适时引导学生温故知新,复习之前学过的类似句子,举一反三,巩固新知。

师:小壁虎爬到小河边看到了什么?

生:小壁虎看到小鱼在河里摇着尾巴游来游去。

师:(放出小鱼在河里游和小壁虎对话的幻灯)小鱼为什么要摇着尾巴?

生:小鱼摇着尾巴拨水。(师板书:鱼摇着尾巴拨水)

师:小壁虎是怎样向小鱼借尾巴的? 他说话的口气怎么样? 把小壁虎的话说一说。

生:小鱼姐姐,您把尾巴借给我行吗?

师:为什么要称"您"?

生:表示对小鱼的尊敬。

生:表示对小鱼尊重、客气。

师:他向小鱼借尾巴,应该用怎样的口气说?

生:应该用很和气、很尊敬的口气。

师:那么,你们能读出这样的口气吗?

(生齐读)

师:读得很好,现在把小鱼回答的话读一下。

(生齐读:不行啊,我要用尾巴拨水呢。)

师:"小鱼姐姐,您把尾巴借给我行吗?"这里的"行吗"可不可以换别的词而意思不变呢?

生:您把尾巴借给我好吗?

生:您把尾巴借给我可以吗?

生:您把尾巴借给我好不好?

生:您把尾巴借给我行不行?

生:您的尾巴能不能借给我?

师:对! 这句话的意思你们都懂了。

师:这个自然段主要讲什么?

生:讲小壁虎向小鱼借尾巴。

【学习心得】"小鱼姐姐,您把尾巴借给我行吗?"这个问句中的"行吗"可不可以换别的词而意思不变?这个问题指向语言的积累,同样的意思可以用不同的词语来表达。学生说出了"可以吗""好吗""好不好""行不行",可见学生读懂了这个问句的意思。有的时候,教师真的不需要一个人分析来分析去。

2. 学习第4自然段。

师:小壁虎在小鱼那里没有借到尾巴,又到哪里去借呢?小声读第4自然段。

(生自由朗读)

师:小壁虎又爬到哪里?向谁借尾巴?他是怎么说的?谁能把这些意思连起来说。

【学习心得】这个自然段的写法与第3自然段相同,斯霞老师采用从扶到放的策略,把课堂上的时间留给学生,让学生自己朗读、感悟。

生:小壁虎爬到大树上,看见老黄牛在吃草,小壁虎说:"黄牛伯伯,您把尾巴借给我行吗?"老黄牛说:"不行啊,我要用尾巴赶蝇子呢。"(师放出老黄牛和小壁虎对话的幻灯)

师:老黄牛怎样用尾巴赶蝇子?

生:老黄牛甩着尾巴赶蝇子。(师反复纠正"甩"字的读音)

师:蝇子是什么?

生:就是苍蝇。

师:是一般的苍蝇吗?

生:专门叮牛的蝇。

师:专门叮牛的蝇叫蝇子。牛被蝇子叮得很痛,就甩着尾巴赶它。(板书:牛甩着尾巴赶蝇子)

师:请一个同学读一下小壁虎和老黄牛的对话。(生读对话)

师:老黄牛的话应该用什么语气?

生:用老人说话的语气,因为是老黄牛,声调慢一些,声音粗一些。

师:对。大家再读一遍。

（生齐读）

师：读得很好。这段主要讲什么？

生：讲小壁虎向老黄牛借尾巴。

3. 学习第5自然段。

师：默读第5自然段。

（生默读）

师：什么叫掌握方向？

生：掌握方向就是把住方向。

师：对！（用手势演示燕子如何用尾巴掌握方向）船上的舵、飞机的尾巴也是用来掌握方向的。（板书：燕子摆着尾巴掌握方向）

师：这个自然段讲的是——

生：小壁虎向燕子借尾巴。

4. 小结三种小动物尾巴的用处。

师：（按板书提问）鱼的尾巴有什么用处？

生：拨水。

师：怎样拨水？

生：摇着尾巴拨水。

师：黄牛的尾巴有什么用？

生：赶蝇子。

师：怎么赶？

生：甩着尾巴。

师：燕子的尾巴呢？

生：飞的时候掌握方向。

师：这三种动物尾巴的用处都知道了。课文里用"摇""甩""摆"三个字来表示动作，这三个词用得都很恰当。

【学习心得】教师想让学生体会"摇""甩""摆"这三个词运用得恰当、准确，便进行了集中比较教学。这是在前面已分别学习的基础上进行的，可见斯霞老师教学设计之精到。

四、学习课文第6—7自然段

第八章　前辈,灯塔永恒

1. 读第7自然段,知道小壁虎的尾巴有再生功能。

师:小壁虎没有借到尾巴,怎么办呢?

(生齐读最后一个自然段)

师:有什么问题吗?

生:小壁虎的尾巴断了,怎么又长出来了?

生:因为小壁虎吃了些营养的东西,尾巴就长出来了。(大家笑了)

师:这个问题请大家再思考一下。

生:小壁虎要是不长出尾巴,下次碰到敌人就逃不掉了。

师:这是壁虎尾巴的用处,也是它的特点,断了又会长出来。(板书:壁虎挣断尾巴又长出来)

师:但是新长出来的尾巴同原来的尾巴不一样,要比原来的短而粗一些。现在你们再来读读这几句话:小壁虎爬呀爬,爬到小河边……小壁虎爬呀爬,爬到大树上……这几句话说明什么?

生:说明小壁虎爬了较长的时间,尾巴不是断了立即就长出来的。

师:对了,所以课文上写了"爬呀爬",而不是写"爬到……"。你们可去调查调查还有什么动物的尾巴、腿、脚弄断了又会慢慢地长出来。

【学习心得】这个环节的教学太精彩了。虽然前面教师似乎已经讲清楚了课文为什么要写"小壁虎爬呀爬,爬到小河边",可是在这里教师又一次引导学生进一步思考这几句话说明了什么,学生才明白原来"爬呀爬"不仅告诉我们小壁虎爬的时间长,还告诉我们小壁虎爬的时候正在长尾巴呢。小壁虎的尾巴不是一下子就长出来的,而是慢慢长出来的。这样的联系是多么恰到好处。

2. 讨论课文为什么不写小壁虎是怎么告诉妈妈的。

师:小壁虎把借尾巴的事告诉妈妈,为什么只用一句话带过去了?妈妈不是不知道他去借尾巴的经过吗?

生:要是写书的叔叔、阿姨再把壁虎向小鱼、黄牛、燕子借尾巴的事写一遍,就太啰唆了。

生:这篇课文是写给我们看的,我们已经知道小壁虎向谁借尾巴了,所以不再写了。

师:对,你们都讲得对,不写我们也知道。小壁虎告诉妈妈的时候当然是很详细的,但是文章就不需要啰唆了。前面已经详细写过的内容,后面不必再写,这就是有详有略的写法。

【学习心得】对低年级学生而言,要不要、能不能渗透一些写作知识？斯霞老师给了我们极好的回答。"小壁虎把借尾巴的事告诉妈妈,为什么只用一句话带过去了？"学生的理解、教师的总结都非常到位。随文学习必要的语文知识一定是因文而异,因势利导。教到这里也可以尝试让学生扮演小壁虎,向妈妈汇报借尾巴的经过,相信会是一次很好的沉浸式的语言实践活动。

生:妈妈为什么说他"傻孩子"？

师:你们想想看。

生:因为他已经长出一条尾巴了,心里还难过,还要去借,所以妈妈说他"傻"。

师:小壁虎一看,高兴地叫起来,"我长出一条新尾巴啦!""高兴地叫起来",这里为什么用土字旁的"地"？

生:因为"地"后面的"叫"字是表示动作的。

师:你们用高兴的口气把最后一句话读一读。

(生高兴地读了两遍)

【学习心得】斯霞老师时刻不忘识字教学,让学生在具体的语言环境中学习生字。

五、朗读全文,布置作业

师:对,现在我们来听录音,你们小声地跟着读。

(生听完录音后评论)

师:你们都听得很仔细。我们也要像她这样读得好。

(生按指定角色读一遍)

师:读得很好。现在大家把全文读一遍。

(生齐读全文一遍)

师布置作业:(1)把课文有感情地朗读两遍;(2)把这个故事讲给家里人听;(3)回去了解了解哪些动物和壁虎差不多,断了尾巴、腿或脚能再长出来。

【学习心得】教师应帮助学生拓宽语文学习和运用的领域,注重跨学科的学习。无论是细读课文时告诉学生壁虎尾巴的功用和特点,引导学生了解什么叫牛蝇,还是用手势演示燕子如何用尾巴掌握方向,引出船上的舵、飞机的尾巴也是用来掌握方向的,斯霞老师适度地拓宽了学生的认知领域,使他们受益匪浅。最后斯霞老师布置了这样一项作业:去了解哪些动物和壁虎差不多,断了尾巴、腿或脚能再长出来。此时,学习已从课堂延伸到了课外。斯霞老师的这堂课给了我们很多启示。如果是我的话,也许我还会让学生试着编一段故事,说说小壁虎还会向谁借尾巴,在积累的基础上尝试运用。

袁瑢①《惊弓之鸟》②

授课时间:1980年11月28日

授课年级:三年级

授课课时:三课时

使用教材:全日制十年制小学课文语文(试用本)第五册第44课(1979年)

教学设计

教学目标

1. 掌握生字和词语"嬴、魏、射箭能手、孤单失群、愈合"。
2. 提高理解句子与句子之间关系的能力。
3. 理解更嬴最后说的四句话之间的逻辑关系。
4. 给课文分段,了解段与段之间的联系。
5. 有感情地朗读课文,背诵课文第8自然段。
6. 了解"惊弓之鸟"这个成语的意思和用法。

第一课时

一、揭示课题,预习反馈,提出问题

师:同学们,今天我们一块儿学习第44课《惊弓之鸟》(出示课题)。打开课

---

① 袁瑢(1923年11月—2017年8月),女,江苏南通人。曾任上海实验小学教师、副校长、校长,全国小学语文教学研究会副理事长,上海市小学语文教学研究会会长,第一届全国人大代表,第五届全国政协委员。

② 查如棠,金正扬,徐金海,徐家良.袁瑢语文教学三十年[M].上海:上海教育出版社,1983:367-385.

本翻到142页,这一课你们已经预习过了,在预习中大家有什么问题吗?

生:插图上更羸身上怎么没有箭袋?还有,他们打猎应该骑在马上的。

生:我对这篇文章的第1自然段有一个问题,更羸指着大雁对魏王说:"大王,我不用箭,只要拉一下弓,就能把这只大雁射下来。"这儿不应该用"射下来"。

师:你的意思是说既然不用箭怎么能说"射"呢,对吧?

生:图画上画的是更羸在射鸟,鸟在上面,更羸在下面拉弓,拉弓的声音大雁怎能听得见?

【学习心得】袁瑢老师说:"发现问题比解决问题更重要、更难、更有意义,因此我们要从小培养他们发现问题的能力。老师要鼓励他们发现问题,给予他们提问题的机会。"①学生预习之后就敢对教材里的插图和课文的用词"射"质疑,是很了不起的。如果每一位语文教师都有这样的认识,培养学生的创新精神就不是一句空话。

生:我来解答×××的问题,拉弓以后,这根弦在振动,弦一振动,空气也随着一起振动,振动的声音传到大雁那儿,大雁听到了,就心里害怕。

生:"那只大雁直往上飞,……忽然从半空里直掉下来"这句为什么要用两个"直"字?

生:"魏王信不过自己的耳朵",这"信不过"是不相信还是听不清?

生:魏王更加奇怪了,问:"你是怎么知道的?"前面更羸已经说过了:"不是我的本事大,是因为我知道,这是一只受过箭伤的鸟。"那么,魏王应该思考一番,认为这是对的,为什么还要问呢?

师:好,刚才同学们提出了很多问题,说明这一课你们已认真预习了,这些问题我们将在学习的过程中一个一个来解决。

【学习心得】袁瑢老师曾说过:"我觉得语文教学要坚守的,第一就是要让学生扎扎实实地把语文字词句篇的知识学会,而且会运用,这个基础一定要打好;第二要让学生学会自己独立阅读,独立写作,不能跟着老师转,要有独立

---

① 丁炜.袁瑢语文教学艺术研究[M].福州:福建教育出版社,2017:192.

性。"①鼓励三年级学生预习,可以培养学生的独立阅读能力。预习后让学生把自学中发现的问题提出来,既有利于教师掌握学生学习的起点,使教学更加有的放矢,又有利于培养学生认真读书的习惯。从学生提出的问题来看,有的涉及内容理解,有的涉及语言表达,有些问题还是非常值得探讨的,比如"那只大雁直往上飞……忽然从半空里直掉下来"这句为什么要用两个"直"字,又如"魏王信不过自己的耳朵"的"信不过"是不相信还是听不清。此时教师并不急于解答,而是让学生带着问题进入学习。

二、朗读课文

1. 理解课题,了解大雁。

师:"惊弓之鸟"是一个故事。在这个故事里,这只鸟是只什么鸟?

生:这只鸟是大雁。

师:对,是大雁。(板书:大雁)注意,这个雁是厂字头,里面有两个单立人,右边一共有四小横,大家要注意这个字的写法。

师:(出示雁的标本)这是一只大雁的标本。你们看看,雁的身体跟燕子、麻雀等比起来要大得多,因此人们习惯称它大雁。关于大雁的生活习性你们知道些什么?

生:大雁喜欢住在水池边。

生:大雁还喜欢成群地飞,排成人字形或一字形一起飞。

师:对,大雁喜欢成群结队一起飞。大雁是一种候鸟,每到秋天就从北方飞到南方去,春天来了,又从南方飞回北方。它们飞行的时候总是排成整齐的队伍,有的时候排成一字形,有的时候排成人字形。"惊弓之鸟"这个故事里讲了几只大雁从远处飞来?

生:一只大雁从远处飞来。

师:对,有一只大雁从远处飞来。(板书:一只)

【学习心得】读文先读题,袁瑢老师先让学生理解课题中的"鸟"指的是文中的"大雁",随后让学生从"大雁"这两个汉字的书写,到通过标本认识大雁的样子,了解大雁的生活习性,全方位地了解大雁,为后面的学习打下基础。袁老师

---

① 丁炜.袁瑢语文教学艺术研究[M].福州:福建教育出版社,2017:170.

教学的"实"可见一斑。

师:这个故事主要讲了谁的故事?

生:这篇课文主要讲了更羸的故事。

师:对!(板书:更羸)"更羸"的"羸"下面中间部分是什么字?

生:中间部分是"羊"字少了一横。

师:"羊"少了一横?大家自己看一看书。

生:"更羸"的"羸"字当中是个"羊"字。

师:对了,一只羊的"羊"。(板书:羸)你们再看,这是什么字?

生:这是"赢"字,"输赢"的"赢"。

师:对,这两个字字形很相像,但是它们的读音、写法、意义都不一样。要注意"更羸"的"羸"读 léi,"输赢"的"赢"读 yíng。(学生读)在这篇课文里,还有一个多音字,大家看书上第六行有一个词"大王",在这里的"大"不读 dà,应读 dài。古时候称国王为 dài 王,把拼音注上去。(学生在书上注上拼音)

(师让学生同桌互相听读课文,并互相提意见)

【学习心得】袁瑢老师十分重视识字教学,她曾说要培养学生独立识字能力,就要教给学生识字方法,要教给学生识字方法,就要教给孩子三套识字工具:一是汉语拼音,二是笔画名称、笔顺规则和偏旁部首,三是查字典的方法。学生掌握了这三套工具就能自主识字了,就可以开始阅读了。袁老师的生字教学是非常扎实的。就拿这个"更羸"的"羸"来说,这个字可能在我们的教材里就出现一次,以后也不太可能再出现。这个字教师必须认认真真地教,因为学生以后可能就没有机会学习这个字了。

2. 初读课文,读正确。

师:现在相互检查一下课文读得怎么样。怎样检查呢?单号读给双号听,单号认真读,双号认真听,要读得正确。

(单号学生读给双号学生听,师指名双号学生提意见)

生:×××读得还好,只是有一句话读得不够好。"更羸指着大雁对魏王说:'大王,我不用箭,只要拉一下弓,就能把这只大雁射下来。'"我觉得"只要……就"很重要,因为它突出了更羸是个射箭能手,他说这句话是很有把握的。

师:你认为"只要……就"要读得强调一点,是吗?这个意见很好。

生：×××读得很好。

生：×××读得太快了,很平,不是有声有色的。

生：×××读更羸、魏王和作者的话,语气一样,一点也不生动。

师：我听了同学们的话,觉得大家都读得挺认真,听得也很仔细。读的同学都读正确了,但大家要求很高,还希望把人物的感情、语气读出来。我想,等学完以后就能读好了。

【学习心得】读课文和听课文的学生都很用心,读得认真,听得更认真。学生互相检查预习效果,既节约了教学时间,培养了良好的听的习惯,又能鼓励学生从别人的朗读中学习。

三、学习课文第一段(第1—4自然段)

1. 默读第一段课文,归纳主要讲了一件什么事情。

师：现在我们一起来学这篇课文,这篇课文分成两段。第一段从开始到143页的第一行"直掉下来",下边是第二段。现在请同学们默读第一段,一边默读一边想,这一段主要讲了一件什么事,只要简单回答就可以了。

(生默读课文第一段)

生：我认为这一段主要讲了更羸打猎的事。

师：讲了更羸打猎当中的一件什么事呢？

生：更羸射大雁的事。

师：更羸是怎样射下大雁的呢？

生：不用箭就射下了一只大雁。

师：对啊,这一段就是讲更羸不用箭射下一只大雁这么一件事。

2. 学习第1—2自然段。

师：作者是怎样一步步地讲这件事的呢？看课文的第一句话"更羸是古时候魏国有名的射箭能手"。短短一句话介绍了哪些内容？

生：介绍了是谁、什么时候、什么人这些内容。

生：这句话介绍了更羸是一个射箭能手。

师：第一句话介绍了更羸是什么时候、什么国家、什么身份的人。他是射箭能手。"能手"是什么意思？(板书：能手)

生："能手"就是这方面的技术很强。

师:对,一个人对某一项技术、某一种工作特别熟练,干得特别出色,大家就称他为能手。那么,什么是"射箭能手"呢?(板书:射箭)

生:"射箭能手"就是说射箭很准,百发百中。

生:射箭很准就说明射箭技术很高明。

师:对。更羸还不是一般的射箭能手,是有名的射箭能手。(板书:有名的)他射箭的经验特别丰富。

【学习心得】课文的第一句话"更羸是古时候魏国有名的射箭能手"看似简单,却很有嚼头。从"能手"到"射箭能手"到"有名的射箭能手",既讲清了词与词组的含义,又使学生获得了精确的概念;既有利于学生了解作者是如何介绍更羸这一主要人物的,又让学生进行了一次很好的逻辑训练。语文教材里,不少写人的文章都是用这样的句子来开头,来介绍人物的。一句话里有多重信息,这些信息可以有不同的表达,比如"古时候,魏国有个有名的射箭能手叫更羸"等。

师:我们再看书上。有一天,更羸跟魏王到郊外去打猎,他们看到了什么,又说了些什么?

生:更羸对魏王说:"大王,我不用箭,只要拉一下弓,就能把这只大雁射下来。"

师:他们看到一只大雁从远处慢慢地飞来,边飞边鸣。(板书:慢慢地飞来,边飞边鸣)更羸指着大雁对魏王说:"大王,我不用箭,只要拉一下弓,就能把这只大雁射下来。"更羸这样说,说明他很有把握,充满信心。刚才有个同学问,他既然不用箭,怎么能说"射"下来呢?这问题谁能回答?

生:这是更羸说的话,指不用箭,照样可以和用箭一样,把一只大雁射下来,所以应该用"射"。

师:你说得对!因为鸟一般是用箭射下来的,但这次更羸不用箭就能把它射下来,所以还是用"射"。

【学习心得】上课伊始,学生提出了一个问题:"我对这篇文章的第1自然段有一个问题,更羸指着大雁对魏王说:'大王,我不用箭,只要拉一下弓,就能把这只大雁射下来。'这儿不应该用'射下来'。"袁老师十分重视,适时点拨启发,师生共同解决问题。

第八章　前辈,灯塔永恒

师:读这句话时要用肯定的语气。有几个字要读得重一些,"只要……就……""拉""射"都要重一点,谁来读一下?

(生读"更羸指着大雁对魏王说……就能把这只大雁射下来")

(师范读,生齐读)

师:"是吗?"魏王信不过自己的耳朵,问道,"你有这样的本事?"想一想这时候魏王是怎么想的。

生:我想魏王是这样想的:难道更羸有这样大的本事?

生:魏王是这样想的:一般射鸟总是离不开箭的,箭也是离不开弓的,更羸说的是真的吗?

生:魏王还会这样想:我活到现在,还没有看到过有人不用箭就能把大雁射下来的。

生:在这里"信不过"就是不相信更羸的意思,不相信他的话。

师:同学们都分析得很清楚。魏王从没听说过不用箭就能射下大雁的事,而更羸却这么说。他觉得非常惊奇,不敢相信自己的耳朵,所以问:"你有这样的本事?"更羸真有这样的本事吗?

生:更羸没有这样的本事,是因为大雁受过箭伤。

师:那么他说"只要拉一下弓,就能把这只大雁射下来",这只大雁后来射下来没有?

生:射下来了。

师:射下来了,那么说明更羸是有这样的本事的。看看书上哪一自然段是说把大雁射下来的,读一读课文。

【学习心得】"大王,我不用箭,只要拉一下弓,就能把这只大雁射下来。"更羸说的这句话在这篇课文中有着重要地位——向学生提出了一个问题:不用箭就能射下大雁? 随后,教师采用示范读、个别读、集体读等方式,指导学生读出语气,加深理解。

3. 学习第4自然段。

(指名生读第4自然段"更羸并不取箭……忽然从半空里直掉下来")

师:这一自然段就是讲更羸射大雁,只有一句话,是个长句子。你们仔细分析一下这个长句子讲了几层意思。

生：这个长句子讲了两层意思。第一层意思是"更羸并不取箭,他左手拿弓,右手拉弦",这是写更羸的动作。"只听得嘣的一声响,那只大雁直往上飞,拍了两下翅膀,忽然从半空里直掉下来",这是讲大雁是怎样掉下来的。

师：对的,讲了两层意思。第一层意思是讲更羸是怎么射大雁的,他并不取箭,注意,这里不用"并"也可以,现在用上"并"起什么作用?

生：前面更羸指着大雁对魏王说："大王,我不用箭,只要拉一下弓,就能把这只大雁射下来。"后面他就是这样做的,所以用上"并"。

师：这里用"并"是加强语气,强调他不取箭。更羸并不取箭,他左手拿弓,右手拉弦,只听得嘣的一声响,那只大雁直往上飞,拍了两下翅膀,忽然从半空里直掉下来。刚才有同学问,为什么这里用两个"直"字,"直往上飞"这个"直"字什么意思?

生：一直往上飞。

师："从半空里直掉下来"中,这个"直"字是什么意思呢?

生：笔直地掉下来。

师：读这句话时要注意,"他左手拿弓,右手拉弦",把更羸的动作写得很具体,这时候旁边的人一定在注视着他是怎么射大雁的,因此读到这里要稍微停顿一下。"只听得嘣的一声响",这个"嘣"要读得短而有力,"那只大雁直往上飞,拍了两下翅膀,忽然从半空里直掉下来",读这几个小句子时速度应该怎样?

生：要读得快一些,因为那只大雁直往上飞,又拍了两下翅膀,忽然一下子从半空里直掉下来。

师：对啊,这几个小句子速度要读得快些。谁把这一自然段读一下?要读得好。(指名读这一小节)

(学生齐读第4自然段)

【学习心得】课文的第4自然段只有一句话,这句话由若干个短句组成。袁老师引导学生逐一读懂了句子的意思,并在理解的基础上,重点指导朗读好句子。不仅如此,对于学生先前提出的问题"为什么句子中要用两个'直'",教师也没有放过,而是适时地让学生进行辨析。

师：好,你们看这幅插图画的是哪一个情节?

生：画的是更羸并不取箭,左手拿弓,右手拉弦,那只大雁从半空里直掉下来。

师:对,画的是这一情景。

生:还画了第5自然段。"啊!"魏王看了,大吃一惊,"真有这本事!"因为图上魏王抬头向上面看,所以这幅画中也有第5自然段的内容。

生:我不同意他的意见,因为魏王听了更羸的话,抬头仔细看更羸怎样把大雁射下来,只听得嘣的一声响,那只大雁直往上飞,拍了两下翅膀,忽然从半空里直掉下来,大雁还没有落到地上,还在半空里,所以我不同意他的意见。

师:你们仔细看看,这只大雁在半空里怎么样了?

生:它已经是头朝下,直往下掉了。

师:我觉得主要是画了更羸射大雁的情景,这时魏王已经看到大雁掉下来了,他心里感到很惊奇。

师:刚才还有同学提出更羸的身上没有带箭,这幅图更羸身上确实没有带箭,我想恐怕是漏画了。

生:更羸已经托起弓,不取箭,大概魏王把箭袋拿掉了。

生:我知道为什么,因为不用箭,力气可以大一点的,他把箭袋交给人家就可以拉得重一点。

师:大雁在空中飞,他把箭袋取下来再来射箭吗?

生:如果是这样,大雁就飞走了。

师:时间是很短的,他不可能把箭袋拿下来交给人家,再来拉弓。

生:更羸不是为了这只大雁才出来打猎的,他应该带着箭袋。

(下课铃响,还有许多学生举手要发表意见)

师:你们对这个问题还有很多不同看法,以后我们再研究吧。现在下课。

第二课时

一、学习生字,复习第一段

师:现在我们继续学习,先来认几个字。(出示卡片"弦")

生:弦,"弓弦"的"弦"。"弦"就是弓上系的一根绳子,用来发箭的。

(师出示卡片"惨")

生:(齐读)惨,"悲惨"的"惨"。

生:这个"惨"的意思就是悲伤,很难受。

(师出示卡片"孤")

生:孤,"孤单"的"孤",这个"孤"就是单独的意思。

师:注意,这个"孤"字的右边是个什么字?

生:这个"孤"字的右边是个"瓜"字,不能写成"爪子"的"爪"。

师:对,是个"瓜",不能写成"爪"字,要特别注意。

(师出示卡片"裂")

生:裂,"裂开"的"裂",裂开就是——(做手势)

师:把课本打开,前一节课同学们对这幅插图上更羸究竟带箭袋没有有不同看法,下课后好多同学都到我这里来发表他们的看法,我想这问题跟课文关系不大,所以留着以后再讨论。现在我们继续研究这篇课文内容。

师:现在哪个同学把第一段认真读一遍?(指名读课文第一段)

师:这一段课文作者是怎样一步一步地叙述的呢?一开始介绍更羸是有名的射箭能手,接着就讲有一天发生了一件事,什么事情呢?更羸和魏王在野外打猎,看见一只大雁,更羸说他不用箭就能射下这只大雁,后来果然不用箭射下了这只大雁。这一段主要讲更羸不用箭射下了大雁。

二、学习课文第二段

师:现在请同学们默读第二段,一边默读一边想,第二段主要讲了什么。

(生默读课文第二段)

生:第二段主要讲更羸射下这只大雁的原因。

师:对!那么在这一段里,哪一自然段说明了射下大雁的原因?

生:(读书上句子)更羸说:"它飞得慢,叫的声音很悲惨。……它一使劲,伤口又裂开了,就掉了下来。"

师:是呀,更羸说的这段话说明了他能射下大雁的原因。更羸一共说了四句话,第一句是"它飞得慢,叫的声音很悲惨"。(板书:它飞得慢,叫的声音很悲惨)在课文第一段里交代了它慢慢地飞来,边飞边鸣,这里更羸说它叫的声音很悲惨,他怎么知道声音很悲惨呢?

生:因为课文前面说一只大雁从远处慢慢地飞来,边飞边鸣,所以更羸知道这是一只受过箭伤的鸟。

第八章 前辈,灯塔永恒

师:慢慢地飞来,边飞边鸣,更羸为什么说它叫的声音很悲惨?

生:因为更羸是魏国有名的射箭能手,他射鸟很有经验,能听出来大雁叫得很悲惨。

师:对啊!更羸是有名的射箭能手嘛,很有经验,听了这只大雁鸣的声音,他就听出来它叫的声音很悲惨,魏王听出来了没有?

生:没有。

生:他前面不仅写"射箭能手",还写了"有名的",表示他的经验是很丰富的。

师:"飞得慢"是他看到的,"叫的声音很悲惨"是他听出来的。第一句说的是他看到、听到的现象。

【学习心得】这个问题启发学生到前面课文中去找答案,既教给学生读书的方法,又教给学生通过联系比较认识事物的思想方法。

师:看第二句,还是说的现象吗?

生:第二句写了更羸知道它飞得慢的原因,也写了叫的声音悲惨的原因。

生:第二句话是他分析出来的。

师:对!第二句话分析了他看到的现象,更羸是怎样分析的?他看见大雁慢慢地飞来,飞得慢,因为什么?(板书:飞得慢,因为……)

生:飞得慢,因为它受过箭伤,伤口没有愈合,还在作痛。

师:飞得慢,因为它受过箭伤,伤口没有愈合,还在作痛。(板书:愈合)这个"愈合"的"愈",你们在哪一句话里学过?

生:"地上的水愈来愈多,汇合成一条条小溪。"

师:"愈来愈多"的"愈"跟"越"是一样的意思。这里的"愈"是什么意思呢?

生:这里的"愈"是病好的意思。

【学习心得】"愈"是多义词,在不同的语境中意思是不一样的。那么,怎么让学生理解和掌握呢?复习旧知,教学新义,温故而知新。

师:这个"愈"是病好,"合"是合拢。"愈合"就是伤口长好了,伤口长得合拢了。但这只雁伤口没有愈合。更羸分析叫的声音悲惨,是根据什么呢?

生:叫得悲惨,因为它失去同伴,孤单失群,得不到帮助。听到弦响,心里很害怕,就拼命往高处飞。(师板书:叫得悲惨,因为……)

生：他讲错了，叫得悲惨的原因应该是它离开同伴，孤单失群，得不到帮助。"离开同伴"不能说成"失去同伴"。

师：对了，它叫得悲惨，因为它离开同伴，孤单失群，得不到帮助。（板书：孤单失群）一只大雁孤单失群，这个"失"是什么意思？

生：这个"失"是离开了的意思。

生：这个"失"是没有的意思。

师：这个"失"在这里是找不到的意思。"失群"就是找不到大家了。更羸根据他看到、听到的现象作了这样的分析，知道这是一只怎么样的鸟？

生：这是一只受过箭伤的鸟。

师：（板书：一只受过箭伤的鸟）对！他就得出这样一个结论：这是一只受过箭伤的鸟。更羸又进一步分析，是怎样进一步分析的呢？把有关的句子读出来。

（生读"它一听到弦响，……它一使劲，伤口又裂开了，就掉了下来"）

师：对！更羸进一步分析，"它一听到弦响"，这里要是不用"它"，可以怎么说？

生：可以用"大雁""那只大雁""这只大雁"。

师：这是一只普通的大雁吗？要把这只大雁的特点讲出来。

生：这只受过箭伤的大雁一听到弦响……

师：这只受过箭伤的大雁一听到弦响，心里很害怕，为什么它听到弦响心里就很害怕？

生：因为它已经受过箭伤，所以它听到弦响心里就害怕。

生：因为它受过一次箭伤，如果再让箭射中，就会死掉，它心里更害怕了。

师：所以它一听到弦响，心里很害怕，就拼命往高处飞，为什么拼命往高处飞？（板书：一听到弦响就拼命高飞）

生：因为箭射到一定程度不能再射上去了，它往高处飞，箭就射不到它了，所以它拼命往高处飞。

师：唉，它想要逃命。小朋友，想一想，一只受过箭伤的鸟一听到弦响，心里很害怕，就拼命往高处飞，这就是一只怎样的鸟？

生：这就是一只"惊弓之鸟"。

师：对呀！这只惊弓之鸟拼命往高处飞，一使劲，伤口又裂开了，就掉了下来。(板书:一使劲就掉了下来)小朋友,第一段里哪一句话是讲这惊弓之鸟掉下来的事实?

生:"那只大雁直往上飞,拍了两下翅膀,忽然从半空里直掉下来。"

生:应该把这句话也加进去,"只听得嘣的一声响",因为弦声不响,大雁是不会掉下来的。

师:对呀! 只听得嘣的一声响,那只大雁直往上飞,拍了两下翅膀,忽然从半空里直掉下来。现在你们回过头来读这句话,体会体会哪些词用得非常好。

生:我认为"忽然从半空里直掉下来"的"直"用得非常好,因为这是惊弓之鸟,它的伤口裂开来,就再也飞不上去了,所以笔直地掉到地上了。

师:对。

生:还有"那只大雁直往上飞"的"直"也用得很好,因为大雁听到弦响怕箭会把它射中,它想逃命,就拼命直往上飞。

生:我觉得"忽然"用得很好,因为这只大雁直往上飞,拍了两下翅膀,忽然从半空里直掉下来,说明很快。

生:我觉得"嘣"用得好,这时没有别的声音,大雁只听见嘣的一声响,就拼命往高处飞。

【学习心得】这里的词语教学值得我们学习。学生在学习第一段时已初步理解了这些词语,这时候再回过头来进一步理解。通过语言理解内容,在理解内容的基础上再来领会语言表达的作用。经过这样一来一回,学生确实体会到了作者运用语言的精当。

师:同学们讲得很好,更羸就是这样分析的,他仔细分析看到的现象,飞得慢,是因为受过箭伤,叫得悲惨,是因为孤单失群,所以他知道这是一只受过箭伤的鸟。他再进一步分析,一只受过箭伤的鸟一听到弦响,心里害怕,就会拼命往高处飞,它一使劲,伤口又裂开了,就掉了下来,因此断定不用箭就能把这只大雁射下来。

【学习心得】思维的逻辑,也是语言的逻辑。思维有逻辑,语言表达就有条理。更羸通过分析自己看到的、听到的,判断这是一只受过箭伤的鸟,并据此对鸟的行为作出假设:它一听到弦响,心里害怕,就拼命往高处飞……通过这样的训练,学生的逻辑思维能力和语言表达能力都会得到提高。

师:小朋友,现在请来读第二段。一个读更羸的话,一个读魏王的话,作者说的话不读。先请两个同学试一试。

(两生分角色读课文第二段)

师:我觉得刚才×××读得比较好。更羸说明原因的一段话读得比较慢,使人听得清楚。××一下子接不上,"啊!""真有这本事!"应很快接上去。后面魏王更加奇怪了,问:"你怎么知道的?"这句应该紧接着问,不要停顿,再请两个同学读。

(两生分角色朗读)

生:我觉得"真有这本事!"里的"真有"两个字该读得重一点,她读得不够重。

三、理清课文写作顺序,朗读全文

师:全篇课文分两段,每段主要讲什么?想一想为什么分成这样两段。

生:第一段主要讲更羸不用箭射下一只大雁,第二段主要讲更羸不用箭射下大雁的原因。

师:对!每段的主要内容,××已经讲得很清楚了。那么,为什么分成这样两段呢?

生:第一段主要是写更羸把这只大雁射下来,第二段说他看到这只大雁是怎么想的,写他把大雁射下来的原因。

生:第一段写的是射大雁的经过,第二段写的是怎么会把这只大雁射下来的。

师:对,第一段写的是更羸射大雁的经过和结果,第二段说明射下大雁的原因,所以分成这样两段。现在请大家认认真真地把全文轻声读一遍。

(生轻声齐读全文)

师:小朋友,谁来讲一讲"惊弓之鸟"究竟是什么意思呢?

生:"惊弓之鸟"就是说这只鸟听到拉弦的响声就受惊了。

师:它就害怕了,但是这只鸟是怎样一只鸟呢?

生:这只鸟是受过箭伤的鸟。

师:一只受过箭伤的鸟怎么样?

生:一只受过箭伤的鸟听到弦响就害怕,就是"惊弓之鸟"。

师:对,一只受过箭伤的鸟一听到弦响,十分害怕,这就是"惊弓之鸟"。

生:有的人遇到类似的情况非常恐慌,也是"惊弓之鸟"。

师:噢,比喻一种人遇到类似的情况,你说说看,有什么类似的情况?

生:比如打了败仗,并没有人来追他们,但是他们很恐慌,听到草的响声,以为是追兵来了,害怕得不得了。

师:这些打败仗的人就成了什么?

生:(齐声)惊弓之鸟。

生:我有个问题,为什么课文题目要用"惊弓之鸟"呢?前面讲的主要是射箭能手更羸,为什么不用"更羸和魏王打猎"呢?

师:"惊弓之鸟"是成语,这个故事是个成语故事。"惊弓之鸟"这个成语比喻一种人,这种人受过惊吓后,一见到什么动静,心里就特别害怕,成了"惊弓之鸟",因为这是个成语故事,所以题目就用上"惊弓之鸟"。小朋友,你们说,像"惊弓之鸟"这种人可取吗?

生:这种人是不可取的。

师:为什么不可取呢?

生:这种人是不可取的,这种人是胆小鬼,他一次受惊,下次就再也不敢做这事了。

师:这些人受过一次教训后,下次就很害怕了,这种人必然胆小怕事,没有勇往直前的精神,对吗?

【学习心得】"惊弓之鸟"的表面意思是一只受过箭伤的鸟一听到弦响,十分害怕。学生不满足于此,还要进一步探讨"惊弓之鸟"比喻哪一种人。教师因势利导,引导学生从实际生活中懂得"惊弓之鸟"这个成语是个贬义词。由此,学生真正理解了这个成语的比喻义,并从中受到了一次思想教育:胆小怕事是不可取的。

四、说话练习

师:对,接下来我们要做一个说话练习,说说更羸是怎样断定不用箭只拉弦就能把那只大雁射下来的。可以参考这些内容(指黑板上的板书),想想先说什么,再说什么,最后说什么。先自己思考一下,再与同桌商量商量,现在下课。

【学习心得】让学生用连贯的语言,有条理地讲述更羸根据他看到、听到的判断出这是一只受过箭伤的鸟,再根据这个判断推理出不用箭就能把这只受过箭伤的鸟射下来。这样的说话练习,既发展了学生分析推理的思维能力,又是一次非常好的语言训练。虽然这个练习难度较高,但由于袁老师提供了一系列支架,如通过板书帮助学生理清层次,提示部分词句,因此效果还是比较好的。

附板书:

```
                        惊弓之鸟
           慢慢地飞来           边飞边鸣
更羸       一只受过箭伤的大雁    飞得慢         叫得悲惨
有名的射箭能手                  因为……        因为……
                               (伤口未愈合)   (孤单失群)
           一听到弦响就拼命高飞
           一使劲就掉了下来
```

于永正[①]《月光曲》

◇ **教学实录**

第一课时

(上课铃声落,师生问好之后,教室里响起贝多芬的著名钢琴曲——《月光曲》。声音由弱到强,由强到弱。)

师:(深沉地)两百多年前,德国有个伟大的音乐家叫贝多芬。他说过:"我的音乐应当为穷苦人造福。如果我做到了这一点,该是多么幸福。"他一生谱写了许多著名的曲子。我们现在听到的优美动听的曲子便是其中的一首,叫《月光曲》。(板书:月光曲)

[①] 于永正(1941年—2017年12月),男,山东莱阳人。1962年从徐州师范学校毕业后就一直从事小学教育教学工作。出版的专著有《于永正课堂教学教例与经验》《教海漫记》《于永正文集》《儿童的语文:于永正语文教学思想精义》等。1985年被评为江苏省特级教师。1995年被评为"国家有突出贡献的专家",享受国务院政府特殊津贴。2001年被评为江苏省教育模范。

第八章　前辈,灯塔永恒

【学习心得】在《月光曲》的音乐声中,于老师声情并茂地介绍作者,立刻使学生入情入境。

(琴声渐止)

师:《月光曲》是怎样谱成的呢?这里还有一个美丽动人的传说呢!请打开书,读读课文。读过之后,看谁能把这个传说说给大家听听。读的时候,要字字入目,把内容记住。能"过目不忘"才好呢!(板书:字字入目、过目不忘)

(生自由读全文,个个神情专注)

师:看懂了吗?记住了吗?

生:(齐声)懂了,记住了。

师:好。我要求大家先概括地讲,就是说,只把这个传说的大意讲出来。概括地讲比具体地讲恐怕还难。请你们再迅速默读,思考一下该怎么讲;想好了,自己小声练习练习。

(生默读思考,各自练习)

【学习心得】于老师对学生的读有要求,对听有要求,对说也有要求,即要求学生概括地说出课文大意。这既是听说读写的综合训练,又是对学生分析、归纳能力的培养。

师:哪位同学先说?(一男生站起来)其他同学要仔细听,要会听,能听出优点和问题。

生:两百多年前,德国有个音乐家叫贝多芬。一年秋天,他来到莱茵河畔一个小镇上演出。一天晚上,他在一条小路上散步,听到断断续续地从一所茅屋里传来钢琴声,弹的正是他的曲子。他走到门口,听到屋里有两个人谈话。一个姑娘说:"这首曲子多难弹啊!要是能听听贝多芬自己是怎样弹的该多好啊!"一个男的说:"是啊,可惜入场券太贵!咱们买不起。"贝多芬听了很激动,走进屋,为兄妹俩弹了姑娘刚才弹的那首曲子。姑娘一听弹得这么好听,问:"您就是贝多芬先生吧?"贝多芬没回答,又为他们弹了一首曲子。嗯,这首曲子就是《月光曲》。

师:他讲得怎么样?

生:老师要求只讲传说,开头那句话可以不要,就从"一年秋天"开始讲。

师:你很会听。(对全班学生)同学们,大家都要像他这样,要专心地听别人

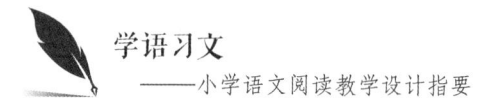

讲话。(对发言的学生)你请坐。

生:我还没有说完呢!(笑声)

师:对不起,请接着说。

生:兄妹俩的对话,我觉得不能你一句我一句地说。

师:你的意思是——

生:我觉得这样说就不符合您的要求,应该这样说:贝多芬走到门口,听见里面有两个人谈话。从兄妹二人的谈话中,他知道他们很喜爱音乐,可是家里穷,买不起票。

师:(非常高兴)你真是好样的!把对话改成叙述,多简洁!——你说完了吗?

生:说完了。(笑声)

【学习心得】恰如其分的、有针对性的评价,是一种鞭策,是一种鼓励,也是一种科学的引导。

师:请坐。(笑声)谁还有意见?

生:后半部分说得比较好。不过,姑娘说的那句"您就是贝多芬先生吧"也不应该要,可以去掉。

师:说得有道理。

生:我觉得贝多芬回客店记曲子还得要,不然的话……

师:你提出了一个非常重要的问题!说下去。别紧张,想一想,我知道你心里很明白。

(不少学生举手要求替该生说)

师:很多同学想帮你,但这次机会我还是想留给你。

生:(终于想好了)不然的话,人家会觉得这首曲子早就创作好了。

师:(高兴)你听出了一个非常重要的问题,就是《月光曲》是贝多芬即兴弹奏的,是他为穷兄妹二人的精神所感动,面对清幽的月光,激情来了而弹出来的,不是事先有的,是他回到客店才把弹的曲子整理出来的。因此,"贝多芬回客店整理"这一点必须交代清楚。总而言之,刚才这位同学说得还是比较简洁的——谁再说一遍?

(指名简要复述"传说",这次说的学生基本克服了第一名学生的缺点,做到

第八章　前辈,灯塔永恒

了简明扼要,略)

师:这个传说感人肺腑,谁能具体地、生动地讲一下?

(生纷纷举手)

师:为了讲得具体而生动,大家再把课文读一遍,把生动的情节、重要的细节记住。看过的东西要努力记住,记住了才能变成自己的东西,才能有用。

【学习心得】于老师要求学生读课文后记住情节、细节,即要求学生在头脑中留下印象。对小学语文教学而言,多留下一些具体的形象、生动的语句,比留下一些抽象的概念更能体现语文学习的特点,也更符合小学生的思维特征。

(生读课文,练习说)

师:谁来详细地把这个传说说一说?(指名说,略)

师:传说动人,这位同学说得也动情。故事会讲了,课文是不是会读了?能不能读出感情来?下面请一位同学试一试。其余同学一边听一边看书,注意体会关键词语的意思和文章的思想感情。(指名读)

师:(当生读到"一天夜晚,他在幽静的小路上散步,听到断断续续的钢琴声从一所茅屋里传出来"时)请停一下,从"断断续续"这个词中你们看出了什么?(板书:断断续续)

生:因为离得远,有时听得见,有时听不见。

师:是这样吗?再读读,再想想。

生:从这个词中,我们可以看出琴弹得不熟练。因为下面说了,姑娘"总是记不住该怎样弹"。

师:这位同学的读书方法值得学习。他不是孤立地理解词语,而是从全篇考虑,联系上下文来理解。

【学习心得】于老师在课堂上实施指导学生读书的方法,这些方法经过日积月累会转化为学生的自学能力。这正是阅读教学的目的之一。

师:"幽静"的意思大家知道吗?谁能把这个词的意思通过朗读告诉大家?请注意两个"小"字——小镇,小路;那天晚上还有月光;远处,还传来断断续续的钢琴声……

(一生读,读得入情入境,听课的教师为之赞叹)

师:(生读完兄妹二人的对话后)请注意,你从"我不过随便说说罢了"(板书:随便说说)这句话看出了什么?

生:从这句话我看出这位姑娘很懂事。

师:是的,她很懂事。"懂"什么"事"?她是随便说说吗?

生:不是的,她很想去听音乐会。

师:应该说,她很想去参加音乐会。很想去,但又说是"随便说说",什么意思?

生:她怕哥哥难过,安慰她哥哥。

师:体会得多好!读书就应该这样读,通过字词句去体会人物的思想感情,体会作者的思想感情。

(生继续读下文)

师:(当生读到"姑娘连忙站起来让座。贝多芬坐在钢琴前面……"时)请停一下。同学们,读书要仔细,字字入目。请注意这两句话中的"座""坐"二字。前面的是"座位"的"座",是表示名称的词;后面的是"坐下"的"坐",是表示动作的。记住它们的区别,用的时候别混淆了。

【学习心得】培养儿童良好的读书习惯,应贯穿于整个教学过程。教师要求学生"读书要仔细,字字入目"是十分必要的,只要长期训练,坚持不懈,学生就会形成习惯。

(生接着往下读)

师:(当生读到"格外清幽"时)"幽"是个生字。大家注意"幽"字的写法,先中间,后两旁(边说边在黑板上示范),当中一竖写长一点,下边的山框儿要写得上宽下窄,否则难看。请大家练一练。

(生练完,继续指名读下文,直至读完)

师:从"苏醒"这个词你能看出"陶醉"是什么意思吗?

生:听入迷了,什么都忘了,连贝多芬走了都不知道。

师:不错,"陶醉"在本课中就是这个意思,一看下文就明白了。同学们,第8、第9自然段写得最美、最动人。贝多芬的美妙琴声仿佛把兄妹二人带到了月光下的大海。下面请听一听贝多芬的《月光曲》,我想大家一定也会有和兄妹俩同样的美妙的感受。听过之后,大家一定会把课文读得更有感情。

(师放《月光曲》片段,生静静地听着)

师：多么优美的曲子！大家听过之后，一定会把第 8、第 9 自然段读得声情并茂。

（生练读，指名读，读得很有感情）

师：这位同学读得真好，感情很投入。大家都在她有声有色的朗读声中陶醉了，忘记了下课。（笑声）这节课拖了近 5 分钟，现在休息 10 分钟。

【学习心得】在理解课文的基础上，让学生听一听《月光曲》片段，既可以培养他们的审美情趣，又可以加深他们对课文的理解。此时此刻，再要求学生读得声情并茂，感情投入就有了基础，学生在有声有色的朗读声中陶醉就十分自然了。

第二课时

师：听了《月光曲》，有了感受，又进行了练习，同学们确实读得很感人。不知咱们班哪位同学胆子比较小，不太敢举手，平时很少在班里站起来读课文？

（全班同学推举出一名个子较矮的女生）

师：（走到她跟前，抚摸着她的肩）我小时候，上课不敢举手，不敢读课文；后来老师鼓励我，我慢慢地敢发言了。今天，我给你一次机会，读读第 8、第 9 自然段。你不要紧张，以实际行动告诉同学和老师：我不怕，我会读！来，试一下！

（该生读得基本流利，只是声音有点小）

师：今天，你当着 100 多位老师和 50 多名同学的面，能读得这么正确、流利，很不简单！好好练习，今后一定会读得更好！为了帮助大家读好这两段，请听一听播音员的朗读，大家听了一定会受到启发。

（师放配有《月光曲》的朗读磁带；示范后，全班学生练读，再指名读，读得更为出色）

师：这两段我们读了这么多遍，我想一定有人熟读成诵，也就是说，能背下来了吧？（无人举手）

师：是不是不相信自己？自己背背试试，这么美的文章应该背下来。

（生积极地背、读，不到 7 分钟，多数学生举手，表示会背；师指名背，背得居然不错）

【学习心得】熟读成诵是我国语文教学宝贵的传统经验。教师重视指导背诵，指导及时，指导有方，难能可贵！背诵是积累语言、发展语言的重要手段。

目前,教材上要求学生背的篇目尚显不足,适当加大背诵量是可行的,也是可取的。

师:同学们,请看小黑板上的一句话——

(出示小黑板:月光照进窗子来,茅屋里的一切好像披上了银纱,显得格外清幽)

师:屋子里真的披上了银纱吗?

生:不是,这是比喻,把月光比成银纱。

师:这是由月光引起的联想。写实实在在的事物再加上适当的联想,文章的内容会更充实、更深刻、更感人。(板书:联想)联想部分一般都是用"他想""好像""仿佛"一类的词引出来,这是个很重要的标志,当然也有没有的。请读读第9自然段,看看哪些地方写的是实实在在的事物,哪些句子是联想。

(生默读第9自然段,边读边画;师指名读画出的联想部分的句子)

师:找得很对。同学们,慢慢升起的月亮,月光下波涛起伏的大海,大海发出的阵阵涛声,这些联想是由什么引起的?

生:是由贝多芬弹的《月光曲》引起的。

师:对。如果去掉了这些联想的句子,只要实实在在的事物,那这段文字就失去了99%的美。不信请看——

(出示小黑板:皮鞋匠静静地听着。他看看妹妹,月光正照在她那恬静的脸上,照着她那睁得大大的眼睛)

师:大家读了觉得怎么样?还美吗?

生:不美了。

【学习心得】写实实在在的事物再加上适当的联想,文章的内容会更充实、更深刻、更感人。通过比较,于老师引导学生在读懂课文之后学习作者的表达方法,体会联想的表达作用。

师:通过对比,我们进一步明白了,写文章的时候能把自己看到的、听到的写得很具体,又能恰当地加上自己的联想,文章的内容就会更充实,表达的感情就会更深刻。我们读文章的时候要分辨哪些是实实在在的事物,哪些是由实实在在的事物引起的联想,这可以帮助我们搞清文章的内容,了解作者要表达的思想感情。我这里有一篇短文,现在发给你们,请认真阅读,画出联想的句子,再想一想如果去掉了这些句子会怎么样,以及加上去有什么好处。

【学习心得】此处插入一篇短文,从表面上看,仿佛节外生枝,但从教学思路、训练序列看,却是顺理成章。这样做拓宽了学生的思路,是对学生所学知识和能力的巩固和迁移。由于教师指导得法,通过比较、分析、运用,学生学得主动积极,训练有序而扎实。训练意识强,训练严而有方且有效,是这节课的一个重要的特色。

(师发印好的短文,内容如下)

> **大公鸡**
>
> 　　大公鸡的头通红通红的,就像醉汉的脸。高高耸立的红鸡冠就像用红宝石制作的皇冠。脸下面两片鲜红的肉,红得透亮,亮得喜人。眼睛圆圆的,炯炯有神。
>
> 　　身上的羽毛有金黄色的,有红色的,有墨绿色的,闪闪发亮。两只金黄色的粗壮的腿,托住它那肥大的身躯,走起路来像个威武的将军。尾巴弯弯的,高高翘起。
>
> 　　它每天按时打鸣,唱起那令人振奋的《早起歌》:"天明了,快起床!"一遍又一遍。每当听到它的歌声,我就不由得想起二年级学过的《美丽的公鸡》那篇课文。是呀!它不光外表美,还能帮助人们做事,多可爱呀!

(生认真阅读全文,画出联想的句子)

师:谁来把画出的联想的句子读一下?

(生读,互相补充,略)

师:如果去掉了这些联想的句子,怎么样?

生:如果去掉"就像醉汉的脸""走起路来像个威武的将军"这些联想的句子,公鸡给人的印象就不深了。

生:如果去掉"唱起那令人振奋的《早起歌》"和"想起二年级学过的《美丽的公鸡》"这些话,公鸡也就不会那么可爱了。

师:体会得非常好!阅读的时候分辨出事物和联想,对文章的理解就更深刻了。同学们,我这里还有一篇短文,写得不错,我想如果能适当加点联想,文章就会更美。请你们看看能不能加以补充。

(师发印好的短文,内容如下)

> 荷 花
>
> 多美的荷花啊！碧绿的荷叶把池塘挤得满满的。白荷花,红荷花,竞相开放;全开的,半开的,姿态各异,争奇斗艳。一朵刚刚绽开的花骨朵躲在一片荷叶后面,一只蜻蜓在上边飞来飞去。

（生认真阅读并修改,师巡视）

【学习心得】叶圣陶先生十分重视读写结合,他说:"写作基于阅读,老师教得好,学生读得好,才写得好。""阅读习惯不良,一定会影响到表达,就是说,写作能力不容易提高。"①于永正老师非常注重汲取传统语文教育的精华,开发了一系列读写结合的课例。《月光曲》就是其中一例。

师:大多数同学修改好了,有的修改得相当出色。谁来读一读?

（师请三名学生读修改过的短文,一篇比一篇精彩;下面是第三篇,内容如下）

> 荷 花
>
> 夏天的一个中午,我来到荷花池塘边观赏荷花。
>
> 碧绿碧绿的荷叶像一把把撑开的伞,把池塘挤得满满的。花儿从荷叶的缝隙中伸出来,白的,红的,全开的,半开的,婀娜多姿,竞相开放。一阵风吹来,花儿摇动起来,我觉得荷花变成了小姑娘,荷叶变成了她的绿裙子,为我翩翩起舞。
>
> 一朵刚刚绽开笑脸的花骨朵,像一个怕羞的小妹妹,躲在荷叶的背后,一只蜻蜓在它上边飞来飞去,一会落在了上面,我不由得想起四年级学过的《小池》里的诗句:"小荷才露尖尖角,早有蜻蜓立上头。"

（该生读完这篇短文时,教室里响起一片掌声）

【学习心得】由于训练得到了落实,学生确有所获,又由于教师指导有方,启发得当,学生思维活跃,充分调动了知识的积累,短文写得这样精彩就不奇怪了。

（师让生评论文中哪些句子是联想,从而进一步知道写文章时适当加上联

---

① 叶圣陶.叶圣陶语文教育论集[M].北京:教育科学出版社,1980:491.

想的好处)

师:把"落在了上面"改为"落在刚刚长出来的还没有舒展开的尖尖的叶子上",就更符合诗句的原意了。

(下课前,师又将印好的一篇短文发给学生,要求他们在作文课上将它认真修改一下,补充上联想的语句,内容如下)

> 又是一个"优秀"作文发下来了。我打开一看,又是一个"优秀"!"优秀"二字后面还加了一个大大的叹号!张老师批改作文可细了,连一个用错的标点都不放过。我在写人物对话时,由于粗心,少点了一个引号,张老师在旁边用红笔写道:"后边的引号怎么不见了?是谁偷走了?"看了这句话,我顿时觉得脸发烧。张老师从来不吝啬红墨水,总是在好词好句上画上波浪线和圈圈。看着那红色的波浪线,我心里无比激动和兴奋。

【学习心得】语文作为一门以培养学生运用语言文字能力为主要目标的综合性实践性课程,理所当然应该以语文知识、方法和技能为目标展开教学,而情感、态度、价值观等教学内容应该是渗透在语文知识、方法和技能的学习过程中的。虽然很多教师上过《月光曲》,但于永正老师的课堂教学为阅读教学开辟了一片崭新的天地,为我们做了很好的示范。教学中,于老师首先引导学生认识什么是事物描写,什么是作者的联想,这时学生学到的仅仅是一个抽象的概念、一种陈述性知识;接下来于老师让学生认识联想在文章中有什么作用,通过比较和小结,让学生明白读文章时要分辨事物和联想的作用,这样学生学到的是一种阅读的方法、一种程序性知识;然后再通过实践,即在新的语境中运用,让学生有可能真正理解并掌握这种阅读方法;最后引导学生修改一篇习作,让学生认识联想在写作中的作用,通过运用将事物和联想迁移为一种写作方法。这是一个非常典型的"认识—实践—迁移"的完整的学习方法教学流程。如果每一位语文教师都有这样明确的教学目标,并且围绕这一目标的达成来设计教学流程,那么我们语文课的教学效率就会大大提高。

贾志敏[①]《爸爸的老师》

授课时间:2013年12月16日

授课地点:铜陵市杨家山小学

课前板书:数学家、学问、任溶溶、猜中、新鲜、鞠躬

◇ 教学实录

一、解题

师:上课。

生:(起立)老师,您好!

师:请坐。小朋友最喜欢过节,过节可以躲在家看书,到各地旅游,做自己喜欢的事,是吗?(生:是!)咱们国家的节日特别多。10月1日是什么节?

生:10月1日是祖国妈妈的生日。

师:6月1日是什么节?

生:6月1日是儿童节。

师:9月10日是什么节?

生:9月10日是教师节。

师:对。看老师把这两个神圣的字写在黑板上。(板书:教师)一起读。为什么要有教师节呢?因为要号召全社会尊敬老师。这一天早上,老师会穿上最漂亮的衣服,早早地来到学校等待着孩子们。小朋友鞠躬,送上鲜花,说上一句"老师,节日快乐!",这是老师最幸福的时刻。一起读——教师。(两遍)教师节是老师的节日。(板书:老师)

师:"教师"和"老师"一样吗?

[①] 贾志敏(1939年11月—2019年2月),男,上海人。从事小学教育教学工作逾60年。1992年,电视系列教学片《贾老师教作文》在中央及各地方电视台播出,引起社会的广泛关注。1994年被评为特级教师,1999年获浦东开发建设特殊贡献奖,2000年被授予"浦东名师"光荣称号。2018年荣获民进上海市委颁发的"四十年·双岗建功四十人"特别贡献奖。

生:不一样。"教师"是书面语,"老师"是口语。

师:平常说张老师、李老师……这就像——父亲(板书:父亲),口头语言叫——爸爸。老师写一个字,怎么读?——爸。两个字怎么读?——爸爸。(后面一个读轻声,示范读)我们读——爸爸。三个怎么读?——爸爸的。五个字怎么读——爸爸的老师。《爸爸的老师》是我们今天要学的诗。诗的语言是最精练、最美的,读起来朗朗上口,有古诗、现代诗、抒情诗、叙事诗。今天我们学的是儿童诗——用儿童的口吻写的叙事诗,带有儿童的口吻,所以语言比较口语化。所以不是叫父亲的老师,而是叫——爸爸的老师。(一起读两遍)

二、学习词语

师:很好!这篇文章一共13小节,52行,392个字。读过吗?

生:读过。

师:黑板上有六个词语。谁会读?大声地读。(生1读,每个两遍)

师:真好,字咬得很准。(生2读)

师:真好!老师不教都会了。我们一起来读。轻一点。(生齐读)

师:真好!这两个是多音字。一起读——任溶溶。"任"读二声,什么时候不这样读?

生:任何、任务。

师:作姓的时候读二声。(师教读两遍,生跟读)

师:这是个作家的名字。这个字——

生:读"中"(四声)。

师:什么时候读"中"(一声)?

生1:中华、中国。

生2:中间、中央。

师:对,这个字平常读"中"(一声)。在这儿跟我读——猜中。(生跟读)

师:好,一起读——鞠躬,什么意思?我不要你解释,上来做个鞠躬的样子给我看看。(一生上台表演)

师:哦,鞠躬原来是一种礼仪,但东方人的礼仪和西方人不一样。他们握手,表示友好;再进一步,拥抱,表示亲密无间;再进一步,亲吻,那更不得了。咱们中国人不兴这一套,抱拳,鞠躬。鞠躬还要注意时间和人,不是随随便便的。初次

见面,对长者鞠躬,和老师、父母、爷爷奶奶可以鞠躬。小孩和长辈鞠躬理所当然,一起读。(生读词两遍)

师:看这个字——躬。人的身体像弓一样。跟我读——

生:鞠躬。

师:读这个词——新鲜(生读),课文里的话是——爸爸还有老师。这个"新鲜"是什么意思?

生:稀罕的、少见的。

师:"这两个橘子刚从树上摘下来,很新鲜"通吗?

生:通。

师:那说明它至少有两个意思。

生:"新鲜"这个词有两种解释,第一种意思是刚生产的、未加工的,第二种意思是稀罕的、少见的。

师:是,稀罕的、少见的,这叫"新鲜"。爸爸还有老师,很新鲜;刚从地底下挖出来的庄稼,刚从市场上买来的食品,很新鲜。一起读——

生:新鲜。(两遍)

师:最后一个词——学问(齐读),什么叫学问?没举手的就是没学问哪!(众人笑)

生:知识、学识。

师:把话说完整。

生:学问就是知识。(师指导学生说完整)

师:学问是从哪里来的?

生:学问从学习里来的。

师:一边学一边问。好,最后一个词语,读——

生:数学家。(两遍)

师:什么叫数学家?我给你个词——专家。什么样的专家?

生:对数学深入研究的专家叫数学家。

师:对的,那么谁是数学家?说一句话,比如"爸爸的老师是数学家"。

生1:华罗庚是数学家。

生2:陈景润是数学家。(师提示:古代的、现代的都可以说)

生3:阿基米德是数学家。

生4:高斯也是数学家。(师:高斯都知道!)

生5:祖冲之是数学家。

师:(板书:大)一起读——

生:大数学家。

师:什么叫大数学家?

生:大数学家是……(语塞)

师:大数学家是不知道。(众人笑)

生:大数学家是非常有名的数学家。

师:对了,大数学家是非常有名的数学家!那么谁是大数学家?课文讲爸爸是大数学家,还有——

生1:高斯是大数学家。(师:对了!还有——)

生2:阿基米德是大数学家。(师:可以!)

师:再来看(板书:老),齐读——老数学家。什么叫老数学家?

生:老数学家就是指年纪大的数学家。

师:对了,那么谁是老数学家? 要和刚才不一样。(提示:刚才的话里再加一句话)

生:古代的华罗庚是老数学家。(众人笑)

师:华罗庚不是古代的,是近代的。谁知道?

生:年龄大的华罗庚是老数学家。

师:对了,还要倒过来——华罗庚年纪大了是老数学家。还有——

生1:阿基米德是老数学家。(师:可以,陈景润可以说吗?)

生2:陈景润是老数学家。

师:不可以,他活到55岁就死了,称不上老,中年早逝。

生:陈景润是大数学家。

师:对了。这个词老师认真写的,再读读——

生:(齐读)数学家。

师:好,现在不用"数学家",你能组词吗?

生1:天文学家。(师:可以的)

生2:作家。

生3:科学家。

生4:教育家。

师:下面说完整一点。

生1:任溶溶是翻译家。

生2:贝多芬是音乐家。

生3:张衡是天文学家。(师纠正"衡"的读音)

生4:丰子恺是漫画家。

生5:莎士比亚是戏剧家。(师:莎士比亚你都知道？我都不知道!)

生6:黄豆豆是舞蹈家。(众人笑)

生7:孔子是古代的教育家。

师:对了! 齐读黑板上的所有词语。(擦掉所有词语,指着黑板上剩下的词)

【学习心得】对于"数学家、学问、任溶溶、猜中、新鲜、鞠躬"这六个词语的学习,贾老师不是平均使用力气,而是各有侧重:有的侧重读音,如"任溶溶""猜中";有的侧重字形,如"鞠躬";有的侧重词义的理解,如"新鲜"。教学方法也是完全不一样的:有的词语不需要解释,通过做动作就能理解,如"鞠躬";有的词语,如"新鲜"有两种不同的解释,教师通过造句让学生在运用中理解词语的意思,并通过运用检验学生对词语的理解;而像"数学家"这样的词语,教师则采用推理的方法来指导学生理解,从"数学家"到"大数学家"到"老数学家",再到各个领域的专家,涉及古今中外,学生积累了不少词语。真是令人大开眼界!

三、读诗

师:一起读——

生:爸爸的老师。

师:谁写的?

生:任溶溶。

师:对了,是任溶溶写的。再读——爸爸的老师。真好听! 爸爸的老师是男的还是女的?

生:爸爸的老师是女的。

师:我说是男的。课文里有,举例子第四小节"看看他""他一定是……"都是男的"他"啊!到底是男的还是女的?

生:女的,因为"起先我认为是男的……一年级"。

师:还是没有回答呀!后面是女的,前面怎么是男的呢?

生:一开始"我"没看见,后来"我"看见了她是女老师。

【学习心得】记得在一次讲座中,贾老师曾讲过"三个不讲":学生已经知道的,不讲;讲了学生也不懂的,或者学生当下不能理解的,不讲;学生自己一读就懂的,也尽量不讲,让学生自己读明白。在这堂课上,贾老师提出的"爸爸的老师是男的还是女的"这个问题就很有意思。学生脱口而出说是男的。到底是男是女?课文里有没有依据呢?原来在去之前,他设想爸爸的老师一定是男的,后来见了面才知道原来是女的。

师:会读这首诗吗?愿意读的举手!我请13个同学来读,我真喜欢这首诗。(指13个学生)要这样读——读题要响。(范读)

(生读第1小节,弱弱的)

师:不行,再来。(示范)

生:爸爸的老师。("师"字拖长音,众人笑)

师:感情要自然,读得可以,马马虎虎,就是不太好,再来。

(生读第2小节)

师:好的,不是最好。

(生读第3小节)

师:还不够新鲜。(范读)

(生再读,生读第4小节)

师:这个"劲"要带儿化,跟我读——劲儿。(跟读两遍)

(生读第4小节)

师:可以,可以就是马马虎虎。(众人笑)

(生读第5小节)

师:你读得很好,上台。读到现在只有一个同学读得很好。(众人笑)

(生读第6小节,师纠正"师"的读音为翘舌音)

师:好的,但不算很好。(众人笑)

(生读第 7 小节)

师:你读得支离破碎,要会断,不是一个字一个字地读。

师:(生读第 8 小节,刚一开口)好好,上台。(生读)好极了!这样读才叫读得好。

(生读第 9 小节)

师:嗯,很好,坐下。(众人笑)

(生读第 10 小节)

师:可以。

(生读第 11 小节)

师:"你想(停顿)爸爸怎么回答?"(教学生断句)"爸爸"这个词后面不要停。(生再读)

(生读第 12 小节)

师:你读得不好,支离破碎的。(众人笑)

(生读第 13 小节)

师:怎么这么读?(生将"才"读得变音了,众人笑)读得很认真,但读得不好。她俩读得最好,就像广播一样。请你们俩合作读。你读前六节,带上诗题。

(生一开始将"我"字读得夸张,师指导学生不夸张、自然地读)

师:读得真不错!好极了!我跟你说悄悄话,她读得相当不错!你要超过她简直不可能。(笑)但是她的缺点我告诉你,读得太急。

(生读,师适时评价"对呀""嗯""好极了")

师:为她们鼓掌。说她们读得一样好有一个词叫——平分秋色。还有什么词?

生:(齐声)不相上下,一模一样(师:不是),难分难解。

师:不分上下,平分秋色,你们俩该怎么做?(生相互鞠躬)

师:对了,这就叫——鞠躬。下台。

【学习心得】朗读是语文阅读课永恒的主题,中国人非常强调读书。但是很多青年教师总是觉得朗读指导很难,甚至不知道该怎么指导,什么时候指导。听贾志敏老师的课,你会发现贾老师非常重视课文朗读,也最舍得花时间让学生在课堂上练习朗读。他总是边读边纠正,边读边指导,不遗余力;不仅仅是读正确,读流利,读出感情,还耐心指导学生个别朗读要大声读,读清楚,读明白,要大方自然。

四、概括诗意

师:一起读——爸爸的老师。看老师写——"起",再写——"先"。什么意思啊——最初。(板书:我认为)谁能用这些词说一句话?按课文的意思来,把课文里的四个元素都说进去。

生:起先,我认为爸爸的老师是一个男老师。(众人笑)

师:书上有许多要素,都得说进去。

生:起先我认为爸爸的老师一定胡子很长,满肚子学问,是位老数学家。

师:说了三个,不够,还有一个。

生:起先我认为爸爸的老师一定胡子很长,满肚子学问,是个老数学家,还是个男的。(众人笑)

师:书上是这么说的吗?

生:起先我认为爸爸的老师一定胡子很长,满肚子学问,比爸爸强,是位老数学家。

师:不看书。(生说)

师:对了。"起先"的反义词是——"后来"。(板书:我才知道)谁来说一句话,用课文里的两个要素?

生:后来我才知道,爸爸的老师就是我的老师,我上三年级了,她还在教一年级。

师:不看书说。(生完整地说)

师:好,说得好!谁能连起来说,用上"起先""后来"?(生说)

师:真好!擦掉。读——课题。(加上书名号)怎么读?(生读)读法一样,说起来就不一样了!要这么说——《爸爸的老师》这首诗。如果是小说,那要说《三国演义》这本书。一起说——

生:《爸爸的老师》这首诗。

师:这首诗一共有13小节,52行,392个字。如果把它缩短,谁能用20个字来说?我给你开个头——《爸爸的老师》这首诗说的是教师节那天——谁来说?

生:《爸爸的老师》这首诗说的是教师节那天,爸爸带我去看他的老师,起先我以为……后来……

师:说完了。但是两个地方打疙瘩,谁能不打疙瘩地说。(生完整地说)

师:对呀!聪明!

【学习心得】《爸爸的老师》是二年级第一学期的一篇课文。对二年级的小朋友来说,概括一首诗的意思会不会太难呢?贾老师为学生搭了个"脚手架":先给学生两个词语"起先""后来",再给学生一个"我认为",让学生练习;然后给一个开头"《爸爸的老师》这首诗说的是教师节那天",让学生把爸爸的老师的六个要素都说进去。贾老师如此循循善诱,孩子们自然一次比一次说得好,说得完整却又不啰唆。

五、内化创造,拓展迁移

师:一起读——爸爸的老师(三遍),任溶溶写的,再读——老师。爸爸的老师这么伟大,请大家用最美好的字、词、句子形容老师,你知道有哪些话可以献给老师吗?短一点长一点都可以。(指5个学生)

生1:太阳底下最光辉的职业,人类灵魂的工程师。

生2:一日为师,终身为父。

生3:老师就像蜡烛,燃烧自己,照亮别人。

生4:老师是美的耕耘者(师:这就是诗人说的话),是美的播种者。

师:你的句子很好,但你读得不好。(众人笑)

生5:刻在木板上的名字未必不朽,刻在石头上的名字也未必流芳百世;老师,您的名字刻在我们心灵上,这才真正永存。(众人笑)

师:请说慢一点。

(师请生上台、鞠躬,众人鼓掌)

师:你有什么想说的?

生:我今后一定要多多努力,要像您一样成为伟人。(众人鼓掌)

师:真好!老师像蜡烛,燃烧自己,照亮别人。老师像春蚕——(生继续背:春蚕到死丝方尽,蜡炬成灰泪始干)。老师像梯子,让别人踩着自己的肩膀到达高峰。老师把学生送到彼岸,自己再回到原地。所以老师真伟大!一起读——老师。(两遍)请每个人来写一句话给老师,看谁写得好。

(生写,师请生站起来,分别读)

生1:老师,我爱你!

生2:老师您辛苦了!

生3:老师,就像蜡烛,在黑暗的时候给我光明。(师指导:用"蜡烛"不是"在黑暗的时候",是"在黑暗里")

生4:老师就像园丁照顾我们这些小苗。

生5:老师就像启明星,为我们照亮前程。

生6:老师给了我们那么多知识,老师您辛苦了!

生7:老师像园丁,我们就是花朵。

师:读——老师。(两遍,然后擦去)"老师"没有了,到哪去了? 到小朋友的心里去了——你遇到挫折时给你加油鼓气,你取得成就时在心里为你高兴,关注你成长,伴随着你。这就是——老师。下课。(生:老师,再见!)

李吉林[①]《桂林山水》

◆ **教学实录**

第一课时

一、揭示课题,示范朗读,理清课文的写作顺序

师:小朋友,你们知道广西什么地方的风景最美?

生:广西桂林的山水最美。

师:有多少小朋友到过桂林?(数生举手)你们觉得桂林的山水怎样?

生:桂林的山水很美。

师:没去过桂林的小朋友想去吗? 李老师也没去过桂林,我很想去。今天李老师和小朋友通过课文到桂林游览一下,好吗?(板书课题)现在请小朋友翻开书,听老师读读课文,看看桂林山水有多美。(范读课文)

师:这篇课文你们喜欢吗?

---

① 李吉林(1938年5月—2019年7月),女,江苏南通人。儿童教育家,全国著名的语文教育专家,江苏省首批特级教师。长期坚持教学改革,创立了情境教育理论体系及操作体系。

生:(齐声)喜欢。

师:好。请你们认真地读一读。老师有两个要求:第一,要弄清每一个自然段写的是什么;第二,用一句话概括每个自然段的内容。

(生自学课文)

师:学完了吗？谁能说说各自然段的内容？

生:第1自然段写桂林的水。

师:是写桂林的水吗？

生:是写乘着船观赏桂林的山水。

(师板书:山和水)

师:第2自然段呢？

生:写桂林的水。

(师板书:水)

师:第3自然段呢？

生:写桂林的山。

(师板书:山)

师:第4自然段呢？

生:写桂林的山和水。

(师板书:山和水)

师:我们先来弄清课文写的顺序,课文先总的写桂林的山和水,然后分别写桂林的水怎样、山怎样,最后又总的写桂林的山水怎样。全文顺序是先总后分再总。谁能用一句话把课文主要内容概括出来？

生:桂林山水甲天下。

(师板书:甲天下)

【学习心得】揭示课题之后,教师先示范朗读课文。说心里话,我很佩服李老师的勇气。"师者,闻道在先。"教师声情并茂的朗读能起到很好的示范作用,引领学生进入文本的情境。随后,教师在学生自学的基础上梳理出文章写作的顺序,使学生对课文有整体的感知和了解。

师:"桂林山水甲天下"的"甲"是什么意思？

生:最好的。

第八章　前辈,灯塔永恒

生:是第一的。

师:桂林山水甲天下,就是说桂林的山水是最好的、最美的,是第一的。它像美丽的图画。你们看(出示放大图),桂林的山水多美! 谁来说说?

生:桂林山清水秀。

生:桂林的山有各式各样的,有的像老人,有的像骆驼,有的像大象。桂林的水很清,可以看见河底。

师:你们观察得很仔细。你们想想,刚才大家这样认真地看,可以用什么词来说?

生:欣赏桂林山水。

师:对的。还可以用什么词?

生:观看。

师:观看桂林山水可以,但是玩赏的意思没说进去。

生:观赏。

师:对。用"欣赏"的句子,一般都可以换成"观赏"。比如可以说欣赏水平如镜的西湖,也可以说观赏水平如镜的西湖。但是有时候,可以用"欣赏"的句子却不能用"观赏"代替。比如可以说我欣赏音乐,却不能说我观赏音乐。为什么?

生:因为观赏是看,欣赏可以是看,也可以是听。

师:对。因为音乐是听的,观赏的"观"包含了看的意思。

二、学习课文第2自然段——漓江的水

师:现在我们来观赏一下漓江的水。先看图,再读读书,看看漓江水有多美,主要的特点是什么。大家读书的时候,要学会抓住主要意思。这一节有哪些词语把桂林的水的特点写了出来? 找出这些词并圈出来。

(生自学,师巡视)

【学习心得】李老师并没有按部就班地从头讲起,而是暂时搁下第2自然段的第一句不讲,抓主要内容讲,突出了重点,同时教给学生读书的方法,重视对学生自学能力的培养。

生:静、清、绿。

(师板书:静、清、绿)

师：漓江的水静、清、绿。请小朋友把写漓江水特点的几个词组成一个句子。

生：漓江的水又静又清又绿。

师：对不对？还可以怎么说？

生：漓江的水不但静，而且又清又绿。

师：刚才同学们用一些词把几个词连起来成为一句话，这句话就是这小节的内容。

【学习心得】抓住景物的特点，找出关键词语，并用上合适的关联词组成一句话，概括这一段的主要内容，既是阅读能力、概括能力的训练，也是语言训练。

师：如果我们告诉人家漓江的水又静又清又绿，能让人感到漓江水很美吗？假如我们把静、清、绿三个字重叠起来，怎么说？漓江的水——

生：漓江的水静静的。

生：漓江的水清清的。

生：漓江的水绿绿的。

师：把静、清、绿几个字重叠起来，语气加重，就让人觉得漓江的水很静、很清、很绿。我们看到漓江的水这么美，感叹起来该怎么说？

生：漓江的水真静啊！

生：漓江的水真清啊！

生：漓江的水真绿啊！

【学习心得】李老师十分重视学生的语言积累——不仅仅是语言材料的积累，还有语感的积累。将形容词重叠，变陈述句为感叹句，可以让学生从词和句的变化中体会词句的感情色彩。

师：现在请你们念课文中的这句话。

（生读第2自然段的第二句话）

师："漓江的水真静啊"，"静"念轻声，拖长声音，然后把声音压平。

（示范后生再念）

师：好多了。第二句"漓江的水真清啊"，看得见底，要念出清澈见底的意思来。"清"字先向上扬一点，再轻轻拖一下。

（示范后生齐念第二句）

师：绿，是很美的，要念出美的感觉来。

第八章　前辈,灯塔永恒

(生齐念第三句)

师:很好。大家用感叹句把我们对漓江的爱表达出来了。书上就是用感叹句来写的。光感叹能把漓江水怎么静、怎么清、怎么绿告诉别人吗?

生:不能。

师:漓江水静到什么程度,清到什么程度,绿到什么程度,需要补充说明。大家看书,我念上半句,你们念下半句。(略)

【学习心得】用引读方式,从"静"到"静静的"到"真静啊"到"漓江的水真静啊,静得让你感觉不到它在流动",一层层递进,学生的体会也一层层深入。

师:书上说漓江的水静得让你感觉不到它在流动,漓江的水清得连沙石都看得见,这是一幅怎样的景色呢?现在我们就来一次遐想旅行,我们从南宁坐上火车,9个小时后就到桂林了。江边有一艘小船在等我们。我们坐上这艘小船荡舟漓江,观赏着漓江的水。现在你们眯着眼,看着漓江的水,想想它怎么静、怎么绿。(哼起《让我们荡起双桨》的曲子)你们觉得怎样?

【学习心得】李老师运用遐想旅行、哼乐曲的方式来创设"荡舟漓江"的情境,引导学生身临其境地体味文中的意境。

生:我觉得漓江的水很清。

生:我觉得只听到划桨的声音。

生:漓江的水真清,一座座山的倒影都映在水中。

师:漓江的水不光静,不光清,还很绿。你们看这句"绿得仿佛那是一块无瑕的翡翠","翡"字上面是什么字,下面是什么字?

生:上面是"非"字,下面是"羽"字。

师:翡翠是什么?

生:是玉石。

师:预习得好。是玉石。这种玉石是很绿的。玉石上面如果有一个斑,那叫什么?

生:瑕。

师:漓江的水像一块无斑斑点点的玉石,叫什么?

生:无瑕的翡翠。

师:像无瑕的翡翠,漓江的水就是这么美。现在请女同学念,大家体会这种感情。

（生念课文）

师：现在李老师另念几句写漓江水的句子，意思和书上的一样，只是说法不同。你们比比看有什么不同，哪种说法好。（师读句子"漓江的水真静啊，静得你感觉不到它在流动。漓江的水也很清，连江底的沙石也可以看见。这里的江水又绿，绿得像无瑕的翡翠"）这样写美不美？为什么？

生：书上用了排比句的写法，还用了感叹句。

师：书上用了排比句，什么是排比句？书上把写漓江水美的内容排成一串句子，这些句子的结构是差不多的。这样可以加强语势，给我们很深的印象，这就是排比句。运用排比句的写法，就把这种又静又清又绿的气势写出来了。谁能朗读？

（生齐念）

【学习心得】排比句是把三个或三个以上意义相关或相近、结构相同或相似、语气相同的词组或句子并排在一起组成的句子。如何让学生体会这一修辞手法的作用呢？李老师采用比较的方法，效果显而易见。

师：这节写漓江的水，写到这儿，李老师有个问题，这段是写漓江水的，那么从第2自然段一开始就写"我们荡着小船……"可以吗？为什么要写"看见过波澜壮阔的大海，玩赏过水平如镜的西湖"？

生：写大海和西湖，可以衬托出漓江水又静又清又绿。

师：是这样。这样才让我们知道桂林的水甲天下。

师："波澜壮阔"就是大海里的波涛很大，一个接一个，气势很大。"水平如镜"的"如"是什么意思？

生：像的意思。

师：你学得很好。水静静的，很平，就像一面镜子。这些句子是衬托的，怎么念？

（生读第2自然段）

师：这节写什么？

生：写桂林的水静、清、绿。

师：这节写桂林的水的特点，写桂林的水甲天下。

【学习心得】我们常常说,不仅要关注作者写了什么,还要关注作者是怎么写的。李老师以设疑的方式,引导学生弄明白这个自然段开头一句话是起衬托的作用,从而更有说服力地告诉读者"桂林的水甲天下"。

师:现在请一个同学读第1—2自然段。

(生念课文)

师:今天我们学了排比句,我请你们做个小作业。(出示小黑板:我爱大海、西湖和漓江的水)这是一个句子,大家把它说成一个排比句。可以先说个简单的。

生:我爱波澜壮阔的大海,我也爱西湖和漓江。

师:你只说了两句。不行,要说三句。

生:我爱波澜壮阔的大海,我爱水平如镜的西湖,我爱又静又清又绿的漓江水。

师:小朋友学得很好。这节就学到这里。下课。

【学习心得】让学生朗读排比句,认识排比句的作用,李老师的教学不止于此。第一课时结束时,李老师还设计了一个学写排比句的练习:运用排比的修辞手法,把"我爱大海、西湖和漓江的水"这句话说具体说生动。这次语言实践活动切实提升了学生的语言运用能力。

第二课时

一、学习课文第3自然段——桂林的山

师:上一节课,我们观赏了桂林的水,这一节课,我们再游桂林的山。读课文第3自然段。请大家读两遍。第一遍读懂,有不懂的做上"____?"记号。第二遍要抓住重点,把表示桂林山的特点的词语圈画出来。大家在下面学,我请一个同学到上面来画。

(出示抄好第3自然段的小黑板,一生上讲台边读边画出不懂的词语)

师:她有这些不懂的问题,你们有什么不懂的问题?可以提出来。

生:"危峰兀立"是什么意思?

生:"拔地而起""香山"这两个词我不懂。

师:香山是一座山的名字,在北京。香山上的红叶很多,很有名。红叶就是

枫树叶。

师:这些问题我们一起来解决。我来南宁的时候,看到南宁也有山。南宁的山是连绵起伏的(画连绵不断的山),桂林的山好像是从地里拔出来高高挺立着的(画挺立的山),可以用什么词来说?

生:(齐声)拔地而起。

师:(出示词卡)桂林的山是一座一座分开不连在一起的(边说边画老人山、骆驼山、象鼻山),叫什么?

生:各不相连。

【学习心得】李老师在黑板上画简笔画,用生动的语言描述情境,让学生从具体形象的情境中获得鲜明的词的形象,进而理解抽象的词语"拔地而起""各不相连"。

师:(指图)你们看,这些山的形状像什么?

生:像老人,像骆驼,像大象。

师:(指老人山)你看这老人像在干什么?

生:老人望着远方。

生:老人在思考。

生:老人在沉思。

师:我们再看骆驼像在那儿干什么?

生:像伏在地上。

生:好像在沙漠里蹲着。

师:我看到这骆驼,就会产生一个联想,想到它跪着等人,等我们干什么?

生:等我们骑上去。

师:对。你们再看这只象在干什么?

生:在饮水。

师:对。桂林的山的形状有的像老人,有的像骆驼,有的像大象,变化很多,句子中用哪个词来形容?

生:形态万千。

师:(出示词卡)"万千"是什么意思?

生:就是说样子很多。

师:就是说变化多。桂林的山拔地而起,形态万千,书上用一个什么词来概

第八章 前辈,灯塔永恒

括桂林的山?

生:奇。

(师板书:奇)

师:怎么奇呀?就是刚才说的那些。"奇"是桂林的山的一个特点。这里的"奇"字当什么讲?是不是奇怪?

生:不是奇怪。是说样子很多。

生:很少见的。

师:对了。桂林的山的样子在别的地方很少见到。这里的山就是奇特。这奇特的山峰叫什么峰?

生:叫奇峰。

师:这样的奇峰一座座地排列着叫什么?

生:叫奇峰罗列。

师:"罗"是什么意思?

生:散开的。

师:对。"罗"是散开,"列"是排列。这些山峰散开地排列着,就叫奇峰罗列。大家把这句念一下。

(生齐念)

师:桂林的山这么奇特,我们要告诉没去过的人,怎么说呢?(用两种不同的语气念,让生比较哪种好,然后用手势指导生朗读)

师:在桂林,还有很高很陡的山(画又高又陡的山),这山又高又陡,很险,叫什么山?

生:危山。

师:这个"危"在这里怎么说?

生:危险。

师:你们昨天查了字典。字典上有三个注释(出示小黑板:①不安全;②损害;③高的陡的),"危峰兀立"中的"危"应该用哪个注释?

生:用第三个。

【学习心得】理解词语的方法有不少。在这里,李老师指导学生既可以根据语境,也可以通过分析关键字在词中的作用,抑或是查阅工具书(从字典中选择恰当的义项）来理解词语的意思,这是真正教给学生学习的方法,帮助他们提高自主阅读的能力。

师:对。又高又陡的山峰就是危峰。又高又陡的山耸立着叫什么?

生:危峰兀立。

师:在桂林,我们不仅可以看到一座座各不相连的山,还可以看到重重叠叠的怪石山(画怪石重叠的山),书上用一个什么词来说山石重重叠叠?

生:怪石嶙峋。

师:(出示词卡)"嶙峋"本来的意思是山石重重叠叠。石头、山石重重叠叠就叫怪石嶙峋。从"危峰兀立""怪石嶙峋"这两个词中,可以看出桂林的山还有什么特点?

生:桂林的山真险啊!

师:怎样念才能体现出桂林山势险?

(生念课文)

师:这句写桂林的山险。这个"险"是危险吗?

生:是说山陡。

师:山陡,不易通过。

【学习心得】"奇峰罗列""危峰兀立""怪石嶙峋"等词语都很抽象,学生难以理解。教师先运用描述、画图的方法,让学生从具体的形象认识这些词所表示的事物,然后启发学生从课文中找出表达这些事物的词,在此基础上再对个别词素进行分析,化难为易,顺应了学生接受知识、理解词语的思路发展过程,学生对词语的理解自然就深刻了。

师:刚才我们把不懂的词语学会了,同时也了解到桂林的山的奇和险。桂林的山除了奇和险之外,还很秀。"秀"是什么意思?

生:是美的意思。

师:"秀"可以组成哪些词表示美?

生:秀丽、秀美。

师:"秀"就是指美。你们看(指放大图中的山),这山像绿色的屏障,屏障就是屏风,一折一折的(做手势),打开可遮住后面的东西。这山像屏风一样挡住了后面的景物。现在请一个同学指着图说说桂林的山哪些像屏风,哪些像竹笋,色彩怎样明丽,怎样倒映水中。

生:(上讲台指图中的山)这山像绿色的屏障,这山像新生的竹笋。

师:"色彩明丽"指颜色鲜明、好看。这座山哪块地方色彩明丽?

(生指一座山的中部)

师:"色彩明丽"就是很美。"色彩明丽"这个词中哪个字表示美?

生:明丽。

师:丽才是美。"明"呢?

生:鲜艳。

生:明快。

师:对了。明快,色彩明快、美丽。

(师生同念课文)

师:学习第2自然段时,我们知道了写漓江的水之前的几句话是衬托的话,那么写桂林的山之前的这几句也是衬托的话。这里有个"峰峦雄伟"怎么讲?

【学习心得】"写漓江的水之前的几句话是衬托的话,那么写桂林的山之前的这几句也是衬托的话。"教师简短的提示起到画龙点睛的作用,启发学生认识这两节结构相似,避免重复的讲解。

生:峰峦就是山峰一个接一个连绵不断。

师:对。"峰峦"在这里是指大的山峰一个接一个,气势很雄伟。

师:这一节我们学完了,让我们读一遍。

(生读)

师:这节写桂林的山奇、险、秀,写出了山的特点,说明桂林的山——(生:甲天下)。现在我们看课文最后一小节还写了什么景物。谁来念一下课文?

(生念课文)

二、学习课文最后一个自然段

师:最后一节还写了哪些景物?

生:写了绿树红花、竹筏小舟。

师:还有——

生:还有迷蒙的云雾。

师:(念课文)就这么简单几笔从空中云雾迷蒙,写到山间绿树红花,再写到

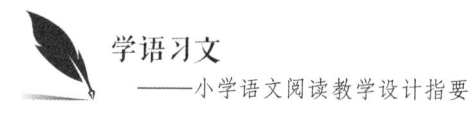

江上竹筏小舟,把桂林点缀得更加美了,就像一幅美丽的画卷。是不是这么(用手势画个方块)一张画?

生:不是。

师:画卷是长长的卷起来的画,可以展开,展开(用手势演示展开状),再展开,叫什么?

生:连绵不断。

师:对。下面还有一句"舟行碧波上,人在画中游",这句话是什么意思?

生:舟在碧蓝的江中行走。

师:什么叫舟?

生:小船叫舟。

师:这是第一句。第二句是什么意思?

生:有只小船在清清的河中走着。船上的人在美丽的江中游览,就像在美丽的画中游览一样。

师:我们坐上小船在碧波上游荡,看到两岸美丽的景色,就像在美丽的画中游览一样。这是一幅怎样的景色呢?让我们来一次遐想旅行,写一篇想象作文。

师:这篇课文开始就写了——(生接:桂林山水甲天下),再写桂林的水——甲天下,桂林的山——甲天下,最后写桂林的山水像连绵的画卷。现在请四个同学读课文,每人读一小节。

(生念课文)

【学习心得】教师开头讲文章的层次,讲完课文后回过头来再理一遍,有助于学生加深对文章结构层次的理解。

师:假如我们现在到了桂林,登上拔地而起的奇峰。看到这儿山清水秀,我们想说一句什么话?

生:这儿的山水真美啊!

生:人说桂林山水甲天下,果真是这样。

生:桂林山水甲天下。

师:这时你们只想到桂林的山水吗?我们的祖国很大,像桂林这样的山水各地都有。我们看到桂林山水,就会想到祖国的山山水水。"山水"又可以怎么说?

【学习心得】教师从对桂林山水的爱,引导到对祖国山水的爱,让学生接受了一场爱国主义教育,对课文的理解得到了升华。在掌握与理解语言文字的同时,学生受到思想的启发、情感的熏陶,培育了高尚的人格。

生:山河。

生:河山。

生:江山。

师:这些词可以和哪些形容词搭配来表示祖国山河的美?

生:山河秀丽。

生:大好河山。

生:江山多娇、锦绣河山。

师:谁能从中选一个词组说一句话表示祖国山河的美?

生:祖国的河山多壮美!

师:改成感叹句,会吗?

生:祖国的河山多壮丽啊!

师:再加重语气,改成反问句,会吗?

生:祖国的河山这么美,我能不爱吗?

师:了解了桂林山水,我们不仅知道了祖国山河秀丽,还加深了对伟大祖国的热爱。

参考文献

1. 夏丏尊,叶圣陶.文话七十二讲[M].北京:中华书局,2007.
2. 夏丏尊,叶圣陶.文章讲话[M].北京:中华书局,2007.
3. 叶圣陶.语文随笔[M].北京:中华书局,2007.
4. 叶圣陶,朱自清.略读指导举隅[M].北京:中华书局,2013.
5. 吴忠豪.从"教课文"到"教语文":小学语文教学专题行动研究[M].北京:高等教育出版社,2012.
6. 吴忠豪.吴忠豪与小学语文名师磨课[M].北京:高等教育出版社,2018.
7. 吴忠豪.听吴忠豪教授评课:第一辑[M].上海:上海教育出版社,2020.
8. 吴忠豪.小语教学专题案例透析[M].福州:福建教育出版社,2019.
9. 吴忠豪.小学语文教学内容指要[M].北京:高等教育出版社,2015.
10. 吴忠豪.小学语文课程与教学论[M].北京:北京师范大学出版社,2004.
11. 吴忠豪.小学语文课程与教学[M].北京:中国人民大学出版社,2010.
12. 吴忠豪.外国小学语文教学研究[M].上海:上海教育出版社,2009.
13. 于永正.于永正课堂教学教例与经验[M].北京:人民日报出版社,1995.
14. 于永正.于永正语文教学精品录[M].徐州:中国矿业大学出版社,1999.
15. 于永正.于永正:我怎样教语文[M].北京:教育科学出版社,2014.
16. 于永正.于永正课堂教学实录1(阅读教学卷)[M].北京:教育科学出版社,2014.
17. 王尚文.教育如天,语文是地[M].上海:华东师范大学出版社,2016.
18. 王尚文.走进语文教学之门[M].上海:上海教育出版社,2007.
19. 大地上的事情.名家文学读本导读手册[M].杭州:浙江少年儿童出版社,2017.
20. 钱理群,孙绍振,王富仁.解读语文[M].福州:福建人民出版社,2010.
21. 周一贯.小学语文文体教学大观[M].上海:上海教育出版社,2017.

22. 汪潮.小学语文课程与教学论[M].上海:华东师范大学出版社,2010.

23. 余映潮.余映潮教语文:小学卷[M].北京:语文出版社,2016.

24. 余映潮.余映潮中学语文精品阅读课教学实录[M].北京:中国轻工业出版社,2016.

25. 朱作仁,祝新华.小学语文教学心理学导论[M].上海:上海教育出版社,2001.

26. 张平南.张平南语文教学经验专辑[M].上海市师范专科学校教育研究室编印,1985.

27. 何以聪.小学教学全书·语文卷[M].上海:上海教育出版社,1995.

28. 戴宝云.小学语文教育学[M].杭州:浙江教育出版社,1992.

29. 区培民.语文课程与教学论[M].杭州:浙江教育出版社,2003.

30. 董蓓菲.小学语文课程与教学论[M].杭州:浙江教育出版社,2003.

31. 沈红旗.理想课堂——以中学语文课文解读为例[M].上海:上海教育出版社,2015.

32. 薛法根.另类课堂·语文卷[M].南宁:广西教育出版社,2006.

33. 薛法根.为言语智能而教:薛法根与语文组块教学[M].北京:教育科学出版社,2014.

34. 窦桂梅.听窦桂梅老师讲课[M].上海:华东师范大学出版社,2006.

35. 雷玲.小学语文名师教学艺术[M].上海:华东师范大学出版社,2008.

36. 姚春杰.小学语文名师课堂深度解析[M].上海:华东师范大学出版社,2008.

37. 姚春杰.小学语文名师同课异构实录[M].上海:华东师范大学出版社,2008.

38. 李振村,陈金铭.小学语文名师新秀大辩课[M].福州:福建教育出版社,2011.

39. 孙绍振.名作细读——微观分析个案研究[M].上海:上海教育出版社,2009.

40. 蒋蔚芳."读写链"研探(上下卷)[M].上海:上海社会科学院出版社,2009.

41. 张秀丽.自主建构的阅读教学[M].上海:上海世界图书出版公司,2010.

42. 兰保民.教育:直面时代的叩问[M].上海:上海教育出版社,2017.

43.《上海教育》编辑部.小学语文不同教法设计[M].上海:华东师范大学出版社,1988.

44.《小学语文教师手册》编写组.小学语文教师手册[M].上海:上海教育出版社,1983.

45. 徐家良.袁瑢语文教学三十年[M].上海:上海教育出版社,1983.

46. 赵景瑞.小学语文教学的优化与创新:特级教师赵景瑞教学艺术[M].北京:中国林业出版社,2008.

47. 中国教育学会小学语文教学研究会.中国小学语文教学改革30年[M].北京:人民教育出版社,2010.

48. 詹丹.语文教学与文本解读[M].上海:上海教育出版社,2015.

49. 邢至晖.来自课堂的有效教学36法[M].上海:上海教育出版社,2017.

50. 曹刚.探索文本解读的路径[M].上海:上海教育出版社,2020.

51. 曹刚.课文可以这样读[M].上海:上海教育出版社,2017.

52. 麦克泰格,威金斯.让教师学会提问:以基本问题打开学生的理解之门[M].俎媛媛,译.北京:中国轻工业出版社,2015.

53. 珍妮佛·塞拉瓦洛.美国学生阅读技能训练[M].刘静,高婧娴,译.北京:北京科学技术出版社,2018.

54. 安德烈亚斯·施莱歇尔.超越PISA:如何建构21世纪学校体系[M].徐瑾劼,译.上海:上海教育出版社,2018.

55. 格兰特·威金斯,杰伊·麦克泰格.追求理解的教学设计[M].上海:华东师范大学出版社,2017.

56. R·M·加涅,等.教学设计原理(第五版)[M].王小明,等译.上海:华东师范大学出版社,2007.

57. 皮连生.学与教的心理学[M].上海:华东师范大学出版社,2009.

58. 皮连生.小学语文学习与教学论[M].上海:华东师范大学出版社,2018.

59. 皮连生.小学语文教学设计与实施[M].上海:华东师范大学出版社,2018.

60. 王荣生.阅读教学设计的要诀:王荣生给语文教师的建议[M].北京:中国轻工业出版社,2014.

61. 王荣生.语文课程与教学内容[M].北京:科学教育出版社,2015.

62. 闫学.小学语文文本解读[M].上海:华东师范大学出版社,2012.

63. 丁炜.袁瑢语文教学艺术研究[M].福州:福建教育出版社,2017.

64. 汤振刚,齐云霞.斯霞语文教学艺术研究[M].福州:福建教育出版社,2018.

65. 黄朝霞.丁有宽语文教学艺术研究[M].福州:福建教育出版社,2017.

66. 李重.贾志敏语文教学艺术研究[M].福州:福建教育出版社,2016.

67. 施茂枝.支玉恒语文教学艺术研究[M].福州:福建教育出版社,2016.

68. 陆平.于永正语文教学艺术研究[M].福州:福建教育出版社,2018.

69. 吴国平.站住讲台的力量[M].上海:上海教育出版社,2017.

70. 孙建军.语文对话教学[M].上海:复旦大学出版社,2008.

71. 陈日亮.如是我读:语文教学文本解读个案[M].上海:华东师范大学出版社,2011.

72. 许进雄.文字小讲[M].天津:天津人民出版社,2016.

73. 黄厚江.享受语文课堂:黄厚江本色语文教学典型案例[M].北京:教育科学出版社,2012.

附 录

哦,我的女儿

妈妈有了宝宝,就有了一个崭新的世界;妈妈有了宝宝,就有了一块温暖如春的乐土;妈妈有了宝宝,就有了一片明净如水的蓝天。哦!我的女儿,你是妈妈的世界。

你知道吗?当你还是一个胎儿,在妈妈腹中躁动的时候,你已经带给妈妈无数的遐想和期盼。无数次,我想象着你的眼,你的鼻,你的嘴。听说多吃水果,生下的婴儿肌肤白如雪,于是妈妈每天吃三个苹果;听说多吃桂圆,婴儿眼睛又黑又亮,于是妈妈每天数着数吃桂圆;听说多看漂亮小孩的相片,婴儿准保美丽又动人,于是妈妈卧室墙上贴满了洋娃娃的相片。现在想来,那简直令人捧腹大笑,你的爸爸妈妈相貌平平,又为何奢望你美若天仙呢?不过有一点,倒是可以广而告之,优美抒情的轻音乐,可以让腹中的胎儿安静下来,生下来的宝宝也将性情温和、不暴不躁,于是妈妈每天晚上坐在录音机旁听音乐,有时还把录音机放在腹部,让你听得更真切,果然不出所料,你文文静静、温柔善良,是个可爱的小女孩。

就在等待和期望中,爸爸妈妈度过了漫长的十个月。终于在一天深夜,你悄悄发了个信号,告诉妈妈:"我要出来了!"于是我们不慌不忙做好一切准备工作,等着你的降临。可是调皮的你似乎在考验我们的耐心,整整12小时,手术室外爸爸不停地抽烟,外婆焦急地来回走动,手术室内妈妈静静地听着邻床一个阿姨在哭叫,心里可自信了:我的宝宝一定不会把妈妈折腾得死去活来。"哇!"你终于使着劲儿来到了这个世界。妈妈笑了,勉强睁开眼打量着小小的你:两只眼睛,两只耳朵,一张嘴,两只小手,十根手指,不多也不少,一切正常。这是上天的恩赐,给了我一个健健康康的你,我才不在乎你是否有桂圆核似的眼睛,是否有如雪的肌肤,是否像洋娃娃那样人见人爱,我只要你!

女儿,你是我们全家的开心果,大家抢着抱你、唤你、吻你,你使我们全家的语言都幼儿化，你唤醒了我们所有人的童心，你牵动着我们所有人的喜怒哀乐。宝宝的世界在一天天变化，3岁的你将面临人生的第一场考试。那天妈妈把你送到幼儿园楼下，老师要你自己上楼去面试，你是那么的胆怯，那么的不知所措，你一步三回头，慢慢地走上楼梯，眼里含着泪水，盼着妈妈来抱你。在妈妈的注视下，你终于独自推开了教室的门，消失在妈妈的视线中。不知过了多久，那扇神秘的门终于又打开了，你孤零零地站在楼梯口。终于扑到了妈妈的怀里，你又是那么的自豪，那么的兴奋，于是不久，你收到生平第一封来信，你被市级示范幼儿园录取了，妈妈始终不曾打听你考试的内容，因为那是你的秘密。

孩子，你是那么的幸福，所有的人都那么爱你。随着你一天天长大，大人们的念头也就越来越复杂。看到你涂鸦的画被贴在幼儿园的画廊，爸爸妈妈觉得你应该可以成为一个画家；看到你被少年宫选中参加舞蹈班，爸爸妈妈觉得你应该可以成为一个舞蹈家；看到你被商厦里的大钢琴吸引住，怯生生地用手指去敲琴键，爸爸妈妈又觉得你似乎可以成为钢琴家；看到你拿着硕大的毛笔写呀写、涂呀涂，爸爸妈妈又异想天开，觉得你或许也可以成为大书法家。啊，这个家，那个家，无数的设想都包含着一个希望，而我们真正希望的是你能成为一个自食其力、对社会有用的平常人。女儿，你还小，有无数的机会在等着你，有无数条道路供你选择，妈妈能做的，就是给你一个温暖快乐的童年，愿你快快乐乐，愿你健健康康，愿你平平常常，愿你顺顺利利。爸爸妈妈更愿你做个勇敢的小女孩，无论有多少艰难险阻，无论有多少羁绊挫折，都要去寻找你的海洋、你的森林、你的天空、你的山岭，乃至你的世界。心地要善良，胸怀要宽广，身体要健康，精神要振作。

如今的你，已是一年级的小学生了。长大的你，也有了烦恼。要考试，你担心考得不好，爸爸妈妈会责怪你；要选干部了，你担心选不上中队长，妈妈会没面子。哦，我的女儿！那晚，你问妈妈是希望你当大队长还是中队长。妈妈搂着你，轻轻地告诉你：不管你是大队长还是普通的小学生，不管你考双百分还是八十分，你永远是我的宝贝女儿，我永远是你的好妈妈。你满足地笑了，笑得那么灿烂，那么美丽。

写于1998年暑假

致敬我的语文老师

四十多年前一个阳光灿烂的早晨,我背着个大书包怯生生地站在虹口区四平路第一小学的校门口,迎接我的是一个中等身材、慈眉善目的中年女老师。女老师微笑着向我伸出手,于是大手牵小手,一路走进了一年级1班的教室。从那天起,我最喜欢上的课是语文课,最爱的老师是我的班主任,她有着温和的笑脸、悦耳的普通话,还有一个好听的名字——吴秀。吴老师不仅教会我识字、拼音、讲普通话,还给我信心和鼓励。整整三年,每一天我都是那么快乐。后来有一阵子,我得了慢性肾炎不得不休学在家。我哭了,整天嚷着要上学。吴老师知道后就天天上门给我补课。我不哭了,因为我又能看到老师的笑脸,听到老师的声音了。从那时起,我就立誓长大了也要当一名小学老师,和吴老师一样有着温和笑脸的老师。

五年后,我以优异的成绩考入了市重点中学——复兴中学,长大做教师的念头依然常常在头脑中闪现。幸运的是我又遇到了一个好老师,一个足以影响我一生的老师——上海市特级教师杨墨秋女士。杨老师那齐耳的短发总是打理得整整齐齐,白皙的脸上总是洋溢着慈祥的笑容。博学又善教的她,在课堂上博古通今,引经据典,绘声绘色,声情并茂,听得孩子们如痴如醉,常常忘了下课。是她把我领进色彩斑斓的文学殿堂,是她让我感受到祖国语言文字无与伦比的魅力。初中三年,我如饥似渴地阅读着,全身心地沉浸在阅读的幸福中。当老师就要当语文老师,当老师就要当和杨老师一样出色的语文老师,从此我有了自己的人生目标。初三毕业时,我毅然放弃了直升本校高中的机会,报考了师范学校,并以全市第一名的优异成绩被上海师范专科学校录取。

师专的商友敬先生是我遇到的又一位好老师。学识渊博、为人谦和、对语文教学研究颇有造诣的商老师让我知道了如何才能成为一名称职的语文老师。我永远记得商老师说的一句话:"一个优秀的语文教师,应该努力使学生喜欢语文这门工具性学科,使学生热爱我们祖国的语言文字,热爱我们中华民族的传统文化。"商友敬先生像父兄一样关爱、呵护着我们,他成了我甚至众多女生心中的男神,即使在毕业后,我们也都愿意和他分享初为人师的幸福和烦恼,倾听他给予我们的过来人的经验和教训。每每走进商老师的书房,心就会自然而然地静下来，再和先生聊上一会儿，仿佛充了电，满血复活，神清气爽。如父如兄，亦师亦友，在我成长的道路上，商老师就是这样一个不可或缺的存在。

时光荏苒，如今的我已是一名有着三十年教龄的语文老师了。多少年来，我常常为自己在学生时代能遇到这样三位优秀的语文老师而感到无比的幸福。"做一个受学生爱戴的好老师——在若干年后，学生还能为自己曾经遇到过我这样的老师而感到无比幸运"，我一直努力地朝着这个目标前行……

写于2017年9月获得三十年教龄荣誉证书之际

后 记

一

这本书能够和大家见面,要感谢的人很多。

首先要感谢吴忠豪教授。他是我教研员职业生涯的领路人。在担任教研员的二十多年里,我先后参与了吴教授的好几个课题的研究,尤其是市级重点课题"小学语文课程改革"。在近五年的研究过程中,我悟到了不少从事课题研究的思想、方法和途径,结识了不少志同道合的朋友;从 2001 年起,我有幸参与了由吴忠豪、蒋人杰等一批语文教育专家主编的二期课改实验本教材的编写,一次次研讨、磨稿的过程,使我对语文课程体系有了一定的认识和研究,学科专业素养有了长足的进步。本书能够成稿并获得师资培训中心资助出版,得益于吴教授当年亲自指导我申报市级共享培训课程《新课程背景下小学语文教学设计与实施》。正是因为共享课程得到了各区参培教师的一致好评,才有了这次著书立说的机会。在成书过程中,吴教授多次悉心指导,并亲自为我写序,我心中感激不尽。

感谢朱蓓莉女士。和朱老师结缘成为师徒始于 1996 年,至今已有 26 个年头,我们情同母女。尤为感动的是在我从事教研工作之初,朱老师曾领着我走遍了卢湾区的每一所小学,把我介绍给每一位校长,让我能稳稳地迈好教研员工作的第一步。师傅所给予我的帮助不仅限于语文教学研究,她更是我的人生导师。

感谢给予我课堂教学指导的专家、名师。书中每章后都有"我的语文课",收录了近几年我上过的公开课、研究课。其中的点评文字大多是根据现场专家的讲话实录整理出来的。前辈们在评课中总是不吝溢美之词,这是对我的鼓励和鞭策,我深知自己做得还远远不够,但是我会朝着这个方向去努力。丁炜、步根海、吴立岗、吴忠豪、徐根荣、章健文、朱蓓莉都是上海小语界赫赫有名的专家教授、特级教师,有幸能得到他们的教诲和提点,是吾之幸也,自当感激不尽,铭

后记

记于心。

感谢师资培训中心和我所任职的上海市黄浦区教育学院。没有中心的"知新书系"项目,没有学院对我专业发展的大力支持,拙作和大家见面的可能性恐怕微乎其微。

感谢资深编辑宁彦锋先生和我的师兄吴国平先生、师弟丁慈矿先生。在书稿的研磨过程中,他们毫不吝啬地贡献了智慧,毫无保留地提出了意见和建议。

感谢我的女儿。也许是水平有限,也许是恰逢教材更替,成书的过程十分艰难,因此常有懈怠情绪,也曾多次想半途而废。每当我情绪低落时,女儿总在一旁鼓励我、支持我,为我加油呐喊,甚至愿意出资设奖以激发我码字的热情。吾家有女,学业优秀,工作出色,使我常常自惭形秽,似乎此书不能问世,便有愧于"母亲"的称号。女儿成了我身边的榜样。

要感谢的还有很多,不能一一枚举,此处只能用省略号表示……

二

从讲稿到书稿,一字之差,其间的艰辛是我始料未及的。"知新书系"立项之初,恰逢统编小学语文教材在上海全面实施,我在初稿完成后又花了近五年时间数易其稿,修改调整了大部分课例。今天终于完稿了,也算给自己35年的职业生涯一个交代。

1987年7月,我从上海师范专科学校毕业,被分配到虹口区公平路第二小学[①]任教,四年后调至卢湾区茂名南路第二小学[②],1999年2月又调入卢湾区教师进修学院[③],担任语文教研员。屈指数来,在基层学校教语文、做班主任12年,在教研员岗位工作23年。35年的光阴,弹指一挥间,不变的是我对语文课堂、语文教学研究的挚爱和热忱。即便从2008年起承担了学院的行政管理工作,我也始终不曾离开课堂,不忘初心,坚守讲台,坚守着小学语文的这一方热土。有人说,人的一辈子如果能从事自己喜欢的工作,并将这份工作视为奋斗一生的事业,那一定是无比幸福的。我想我是幸福的!

[①] 虹口区公平路第二小学后并入虹口区第二中心小学。
[②] 卢湾区茂名南路第二小学后并入卢湾区第二中心小学,并于2012年更名为黄浦区卢湾二中心小学。
[③] 卢湾区教师进修学院于2012年和黄浦区教师进修学院合并,更名为上海市黄浦区教育学院。

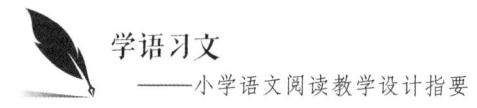

如今呈现在您面前的这些文字,可以说凝聚着我从教 35 年来对小学语文阅读教学的点滴感悟。也许浅薄,也许微不足道,但是我依然希望它能对当今的语文教学和现在的青年教师有所助益,我心足矣!

2022 年 1 月 7 日

图书在版编目（CIP）数据

学语习文：小学语文阅读教学设计指要 / 魏玉梅著. — 上海：上海教育出版社，2022.11
ISBN 978-7-5720-1727-8

Ⅰ.①学… Ⅱ.①魏… Ⅲ.①阅读课－教学设计－小学 Ⅳ.①G623.232

中国版本图书馆CIP数据核字(2022)第195618号

总 策 划　刘　芳　宁彦锋
责任编辑　周琛溢
封面设计　王　捷

学语习文：小学语文阅读教学设计指要
魏玉梅　著

出版发行	上海教育出版社有限公司
官　　网	www.seph.com.cn
地　　址	上海市闵行区号景路159弄C座
邮　　编	201101
印　　刷	上海颛辉印刷厂有限公司
开　　本	700×1000　1/16　印张 16.5
字　　数	332 千字
版　　次	2022年11月第1版
印　　次	2022年11月第1次印刷
书　　号	ISBN 978-7-5720-1727-8/G·1584
定　　价	68.00 元

如发现质量问题，读者可向本社调换　电话：021-64373213